岩溶隧道突水风险评估与灾害控制

Risk Assessment and Disaster Control of Water Inrush in Karst Tunnel

葛颜慧　许振浩　黄　鑫　郭　明　陈禹成　著

人民交通出版社股份有限公司

北　京

内 容 提 要

本书在调研国内外研究的基础上,结合大量岩溶隧道突水风险评估与灾害控制工程实践,归纳了岩溶发育特征与赋存规律,同时建立了岩溶隧道突水风险定量评估体系与突水风险源辨识体系,提出了岩溶隧道突水的四色预警机制与预控对策,形成了岩溶隧道突水应急预案,优化了突水逃生路线,并开展了岩溶隧道突水风险评估与预警工程应用,并结合典型工程实例,提出了隧道岩溶灾害处治的基本原则和关键技术。

本书可供从事土木、交通、水利水电、矿山、地质建设的工程技术人员参考及使用,还可作为相关高校师生的参考用书。

图书在版编目(CIP)数据

岩溶隧道突水风险评估与灾害控制 / 葛颜慧等著
. — 北京 : 人民交通出版社股份有限公司, 2021.12

ISBN 978-7-114-17136-9

Ⅰ.①岩… Ⅱ.①葛… Ⅲ.①岩溶—隧道工程—突水—风险评价②岩溶—隧道工程—突水—灾害防治 Ⅳ.①U458

中国版本图书馆 CIP 数据核字(2021)第 200582 号

Yanrong Suidao Tushui Fengxian Pinggu yu Zaihai Kongzhi

书　　名:岩溶隧道突水风险评估与灾害控制
著 作 者:葛颜慧　许振浩　黄　鑫　郭　明　陈禹成
责任编辑:王　霞　刘国坤
责任校对:孙国靖　扈　婕
责任印制:张　凯
出版发行:人民交通出版社股份有限公司
地　　址:(100011)北京市朝阳区安定门外外馆斜街 3 号
网　　址:http://www.ccpcl.com.cn
销售电话:(010)59757973
总 经 销:人民交通出版社股份有限公司发行部
经　　销:各地新华书店
印　　刷:北京虎彩文化传播有限公司
开　　本:787 × 1092　1/16
印　　张:12.75
字　　数:291 千
版　　次:2021 年 12 月　第 1 版
印　　次:2021 年 12 月　第 1 次印刷
书　　号:ISBN 978-7-114-17136-9
定　　价:68.00 元
(有印刷、装订质量问题的图书由本公司负责调换)

前言

随着经济的蓬勃发展和基础设施的不断完善，我国隧道与地下工程快速发展，已经成为世界上隧道与地下工程建设规模最大、速度最快、难度最大的国家。随着“一带一路”倡议的逐渐实施和新一轮的“西部大开发”的持续推进，我国交通运输、水利水电等基础设施建设将会得到进一步的飞速发展。隧道工程建设也逐渐向地质地形条件更加复杂的西部山区和岩溶地区转移，隧道建设呈现“大埋深、长洞线、高应力、强岩溶、高水压、构造复杂、灾害频发”等特点，突水、突泥、塌方、大变形、瓦斯突出等地质灾害日益严重，常常造成大量经济损失、人员伤亡和环境破坏。自2000年以来，我国发生隧道突水灾害事故达600余起，伤亡千余人，如：渝怀铁路圆梁山隧道施工过程中先后发生大规模突水突泥71次，最高岩溶水压达到4.6MPa，最大涌水量达$7.2\times10^4m^3/h$，灾害造成9人死亡，隧道采用迂回导坑处理约1年才通过；宜万铁路马鹿箐隧道施工期间先后发生10余次特大规模的突水突泥灾害，其中2006年1月21日与2008年4月11日的两次特大突水、突泥灾害共导致15人死亡，工期延误超过2年；2018年佛山市轨道交通2号线盾构区间隧道突水、贵南高铁朝阳隧道平导突水、湖北宝林引水隧洞突水等；2019年青岛地铁4号线静沙区间隧道突水、云凤高速公路安石隧道突水等。突水灾害防控已成为隧道安全建设亟待解决的关键问题之一。

岩溶隧道突水灾害难以有效防控的主要原因在于缺乏有效的岩溶隧道突水风险评价方法和灾害源辨识体系，未能建立完善的预警机制和应急预案。作者及所在团队长期从事隧道突水灾害地质预报、风险评价、灾害预警与防治方面的研究，始终遵循“理论与实践相结合”“从工程中来，到工程中去”和“服务工程”的指导思想，与中铁十七局集团第四工程有限公司、中铁十四局集团有限公司、沪蓉西高速公路建设指挥部、湖北高路鄂西高速公路建设指挥部等单位开展深入合作，依托沪蓉西高速公路乌池坝隧道、齐岳山隧道、龙潭隧道，恩来恩黔高速公路花果山隧道、当阳坪隧道、三峡翻坝高速公路鸡公岭隧道、季家坡隧道，利万高速公路齐岳山隧道等30余座岩溶隧道工程，开展科研攻关与工程应用，做到“产—学—研—用”相结合，解决岩溶隧道突水风险评价、预警及灾害控制难题。

本书详细介绍了岩溶隧道突水风险评估与灾害控制的研究现状和研究成果，共分为7章。第1章主要对岩溶隧道突水风险源辨识、突水风险评估、突水预警机制与预警预案、岩溶灾害处治的研究现状、存在问题和发展趋势进行了综述。第2章介绍了岩溶发育的四个基本条件，分析了岩溶的发育机制，研究了地层岩性、岩层产状和岩性组合、地质构造、气候条件、地形地貌等因素对岩溶发育的影响机制，归纳了岩溶发育的区域分布特征、水平分带特征、垂直分带特征以及成层性特征，并对岩溶发育的一般规律进行了总结，进一步地根据溶洞形态及规模、充填特征、充填物性质、涌水量、突水动态变化特征以及地质构造特征等因素对溶洞进行了分类。第3章着重分析了影响岩溶隧道突水的主要因素，建立了岩溶隧道施工期风险评估指标体系并确定各因素的权重，采用统计调查法确定各指标的隶属度，利用模糊综合评判方法评价隧道突水风险，将隧道突水风险量化，并对该方法进行了工程验证。根据各种超前地质预报方法的优缺点和对岩溶水预报的敏感性，建立了岩溶隧道突水风险源辨识体系，提出了综合超前地质预报原则，优化了综合超前地质预报的预报方案和流程，提高了岩溶水位置探查的准确性。第4章提出了岩溶隧道突水的"四色"预警机制，制订了预警机制的流程和预警发布的流程，建立了预警指标体系和各指标的预警标准，提出了隧道突水预警警度、警限及不同预警等级突水灾害预控对策。第5章建立了适于应对突水灾害的应急组织机构，明确了突水应急响应、应急保障和应急救援等程序，研究了隧道突水时水在隧道中的流动规律，优化了逃生路线，制订了应急演练程序并实施了应急演练。第6章开展了乌池坝隧道、齐岳山隧道、龙潭隧道突水风险评估，制订了综合超前地质预报方案，并进行了突水预警，通过典型工程实例应用加强读者对隧道突水风险评估与预警的理解。第7章总结了岩溶处治的基本原则，提出了不同规模、不同充填特性、隧道不同位置溶洞的处治方法与处治技术，并结合花果山隧道、黄土坡1号隧道、齐岳山隧道、当阳坪隧道、高罗隧道、牛塘隧道、白岩脚隧道、大岩坝隧道8个鄂西山区典型隧道工程遭遇溶洞时的处治案例进行具体阐述，同时根据岩溶水处治的基本要求，结合三峡翻坝高速公路鸡公岭隧道和季家坡隧道岩溶突水案例进行具体阐述。本书是作者和团队人员多年来在该领域研究成果的总结，希望能为隧道突水灾害风险评估和灾害控制的研究和实践提供有益参考。

本书由山东交通学院葛颜慧、山东大学许振浩、河南理工大学/山东大学黄鑫、中铁工程设计咨询集团有限公司郑州设计院郭明和湖北交投鄂西高速公路建设管理有限公司陈禹成负责撰写、审查和统稿，山东大学林鹏、潘东东，湖南省交通科学研究院有限公司周轮参与了本书编写。上述参编单位及本书依托工程项目承建单位在编写过程中给予了大力支持，提供了许多宝贵资料。在此向所有编审人员的辛勤付出和支持单位表示衷心感谢和崇高敬意。

本书的研究成果得到了国家自然科学基金项目(41302225)"基于多元信息耦合的岩溶隧道施工期突水突泥动态风险评价"的资助，在此表示感谢。

由于作者水平和能力有限，书中难免存在疏漏和不足之处。敬请读者批评指正！

作　者

2020年9月

目录

第1章 绪论

1.1 研究背景与意义

随着我国交通、水利水电及其他地下工程修建技术的迅猛发展，尤其是岩溶地区地下工程的大量兴建，突水突泥等地质灾害的发生也越来越频繁。据有关资料统计，在岩溶地区隧道修建过程中，突水灾害造成的人员伤亡和财产损失均超过了塌方、瓦斯等其他灾害，成为岩溶隧道建设过程中的主要地质灾害之一（葛颜慧，2010）。突水灾害轻则导致施工中断，重则冲毁机具、造成人员伤亡和重大的经济损失。如果处理不当，轻则影响隧道正常运营，重则引发严重地质灾害，影响隧址区经济的可持续发展，造成恶劣的社会影响。

岩溶地区隧道修建过程中，很多隧道在施工期发生过突水事故，严重影响了施工并造成了重大人身财产损失。衡广铁路大瑶山隧道在施工和运营过程中多次发生突水灾害，其中竖井施工过程中，于1985年4月17日发生突水突泥，最大涌水量达4100m^3/d，含泥沙量约20%，造成淹井，致使停工达1年之久，经开挖迂回平行导洞（平导）才处理通过；2001—2002年，渝怀铁路圆梁山隧道揭露5个大规模溶洞，发生多次突水突泥（图1-1），最大涌水量达$6.9\times10^3 m^3/h$，其中3号溶洞突泥造成9人死亡，采用迂回导坑处理约1年才通过；2002年至2004年，渝怀铁路武隆隧道施工期间突水达10次之多，其中2003年6月25日，突水量最大达718万m^3/d（图1-2），造成了严重的财产损失；2004年2月22日，成黔公路通渝隧道突水突泥（图1-3），涌出量3000m^3，导致100m隧道和施工设备被掩埋，5人死亡；2006年1月21日，马鹿箐隧道发生突水（图1-4），最大涌水量达到30万m^3/h，总涌水量达$1100\times10^3 m^3$，造成11人死亡，处理达1年之久；2007年8月5日，宜万铁路野三关隧道发生特大突水（图1-5），1.5h内突水量$151\times10^3 m^3$，突泥石量$53.5\times10^3 m^3$，造成10人死亡；2008年4月11日，宜万铁路马鹿箐隧道突水，造成5人死亡。近年来，突水事故仍然频繁发生。2018年6月10日，贵南高铁朝阳隧道辅助坑道出口平导PDK170+671处掌子面突发瞬时突水突泥，水位高度大约在底板以上2.5m，持续时长约1h，造成3人死亡，大量机具设备和应急物资被瞬间吞噬（黄鑫，2019），事故现场如图1-6所示；2019年11月26日云南临沧市凤庆县在建云凤高速公路安石隧道发生突水突泥事故，现场涌水量约800m^3/h，突泥约 15000m^3,突水速度约 13m/s,突水突泥十分猛烈,造成仰拱施工部位一辆挖掘机被掀翻推移 48m 后掩埋,重约 110t 的二次衬砌台车被推出 148m,造成 12 人遇难,10 人受伤,直接经济损失 2525.01 万元。这些突水事故造成了重大的人员伤亡和财产损失,严重影响了隧道正常施工。

a)

b)

图 1-1 渝怀铁路圆梁山隧道突泥现场

a)

b)

图 1-2 渝怀铁路武隆隧道突水现场

a)

b)

图 1-3 成黔公路通渝隧道突泥现场

a)

b)

图 1-4　宜万铁路马鹿箐隧道突水现场

a)

b)

图 1-5　宜万铁路野三关隧道突水现场

a)

b)

图 1-6　贵南高铁朝阳隧道突水突泥现场

岩溶隧道突水灾害常常会诱发次生地质灾害和环境灾害，如诱发大变形、塌方灾害，引起地面塌陷，造成隧址区水资源减少甚至枯竭。20 世纪 70 年代施工的襄渝铁路中梁山隧道，因突水致使当地 48 处泉水中的 18 处出现枯竭；20 世纪 80 年代后修建的衡广铁路南岭隧道，因突水突泥引起地面塌陷，地表的生态环境也受到了严重影响；京广铁路大瑶山隧道班古坳地区因突水突泥疏干了地表水，引起班古坳地区地表岩溶塌陷 200 余处，致使水资源减少，引起环境地质灾害，且由于塌洞引起隧道内突泥，造成了不可逆转的环境病害；渝怀铁路歌乐山隧道由于施工过程中采取以排为主的岩溶水治理措施，导致影响范围内的居民和企事业单位的生产生活用水受到不同程度的影响，生态环境受到了局部破坏。

在湖北沪蓉西高速公路修建过程中，也有很多因隧道突水导致环境被破坏的例子。突水突泥如果处理不当，则将引发环境地质灾害。如齐岳山隧道出口端处于季节变化带，地表岩溶洼地与隧道内突水点有较强的水力联系，每逢降雨便诱发隧道突水，曾淹没隧道约 400m，水面超过隧道内地下河水位 0.5m 之多（李利平，2009）。龙潭隧道发生大规模突水突泥 2 次，突泥量超过 9000m^3，诱发大规模塌方 3 次，导致工期延误超过 1 年。谭家坝隧道 K224 + 410 ~ K224 + 430 垭口段因隧道突水疏干了地表鱼塘内的水，致使地表形成了 5 处岩溶塌陷区（图 1-7）。

a)

b)

图 1-7 泉水断流和地表水疏干形成塌陷区

随着我国新一轮“西部大开发”的快速推进和“一带一路”倡议的逐步实施，西部地区诸如交通、能源等基础设施建设大幅度展开。加快西部地区交通建设是西部大开发战略的重点（黄镇东等，2000）。我国西部地区多为岩溶山区，高速公路建设必然以桥隧为主，且多隧道和长隧道是 21 世纪山岭隧道修建的两大特点（王梦恕，2004）。宜万铁路线路长 377km，隧道 114 座，隧道总长度占线路总长度的 59.65%，其中长度大于 10km 的隧道有 3 座。湖北沪蓉西高速公路全长 320km，分东线和西线两个项目建设，东线线路总长 198km，隧道 29 座，占线路总长度的 27.02%，特长隧道 8 座；西线线路总长 122km，隧道 14 座，占线路总长度的18.21%，特长隧道 2 座。利万高速公路全长 96km，隧道 36 座，占线路总长度的 39.07%。三峡翻坝高速公路全长 58km，隧道 13 座，其中特长隧道 5 座，存在突水高风险的特长隧道 2 座。大广南高速公路、宜巴高速公路等建设项目隧道的比例也极高，且突水高风险隧道也很多。

随着岩溶山区深埋长大隧道工程越来越多，工程建设将面临更多的岩溶突水地质灾害问题。如何才能有效地避免和减轻岩溶隧道突水灾害，从而避免岩溶塌陷和环境地质灾害，是岩溶隧道施工过程中亟待解决的难题。1998 年 9 月，“减轻自然灾害预警系统（Early Warning System）国际讨论会”在德国波茨坦召开，会议指出：预警是减轻自然灾害的一个里程碑，应成为未来 21 世纪减灾对策的主要组成部分（林蓉辉，1999）；根据《中华人民共和国减灾规划（1998—2010 年）》，减灾工作的指导方针是“以防为主，防、抗、救相结合”（中国国际减灾十年委员会，1994）。2016 年，《中共中央　国务院关于推进防灾减灾救灾体制机制改革的意见》中指出，要“坚持以防为主、防抗救相结合，坚持常态减灾和非常态救灾相统一，努力实现从注重灾后救助向注重灾前预防转变,从应对单一灾种向综合减灾转变,从减少灾害损失向减轻灾害风险转变”。因此,建立科学的岩溶隧道突水风险评价与预警机制具有重要的理论意义和工程应用价值。

目前,岩溶隧道突水地质灾害预警仍处在起步阶段,由于突水的地质过程、形成条件及诱发因素的复杂性、多样性,致使灾害前兆信息较难捕捉,加之动态监测技术的不成熟和理论研究的不完善,使得地质灾害预报预警成为一项十分困难的世界性前沿课题。在多项国家自然科学基金项目及企事业单位委托科研项目的支持下,依托沪蓉西高速公路乌池坝隧道、齐岳山隧道、龙潭隧道,恩来恩黔高速公路花果山隧道、当阳坪隧道、三峡翻坝高速公路鸡公岭隧道、季家坡隧道,利万高速公路齐岳山隧道等30余座岩溶隧道工程,研究团队在突水灾害风险源辨识、突水地质灾害风险评价、预警预案与防治技术等方面开展了大量研究。本书将介绍研究团队在岩溶隧道突水风险评价与灾害控制方面的研究成果,为在建和拟建的岩溶隧道安全施工提供借鉴和参考。

1.2 研究现状

1.2.1 岩溶隧道突水灾害风险源辨识研究现状

辨识岩溶隧道突水灾害源是开展岩溶隧道突水灾害预警的基础和前提。由于岩溶隧道突水灾害源具有强隐蔽性,研究岩溶隧道突水灾害源的识别方法至关重要。目前岩溶隧道突水灾害源的主要识别方法为地质分析法和地球物理勘探法(以下简称物探法)。

地质分析法是隧道施工过程中常用的灾害源辨识方法之一,通过地质分析可以判定岩溶灾害源的大致发育规模和位置。地质分析主要是通过岩溶发育规律和赋存特征来进行灾害源的辨识。研究岩溶发育规律的近代岩溶学已经有130多年的发展史,一般以进化论、解析论和系统论的方法研究岩溶地貌和水文网形态、可溶岩与地下水间的“水岩作用”和岩溶圈(张之淦,2007)。

Folk(1959)划分了石灰岩的类型,并分析了每种类型石灰岩的岩溶发育特征。Wilson(1974)研究了英国某地区岩溶台地边缘的岩溶发育特征与发育规律。Bathurst(1976)分析了碳酸盐岩的起源,研究了不同类型碳酸盐岩的岩溶发育规律。Burger 和 Dubertret(1975)研究了法国岩溶区的水文地质特征。Quinlan(1990)研究了岩溶区的岩溶发育特征,分析了岩溶地下水的危害。Filipponi 等(2001)研究了某岩溶隧道隧址区的岩溶发育规律,并提出了预测施工过程中岩溶可能出现位置的方法。Philipp Häuselmann 等(1999)认为,地质结构环境在溶洞发育的各个阶段起了非常重要的作用,地质构造和岩性代表了地质控制作用,地貌特征、生物气候、水动力学以及搬运过程在溶洞形成过程中也起了重要作用。Plan 等(2003)认为,岩溶地貌是岩溶发育的一个重要因素,岩溶洼地或落水洞积聚的水借助孔隙直接进入岩溶管道,积水区域的面积与岩溶管道的直径成比例。Pascal Fenart 等(1999)认为,岩溶是各种复杂因素综合作用的结果,他们针对越南下龙湾东北部岩溶的具体情况,主要研究了地质构造和新地质构造作用对岩溶形态形成和演化的影响情况,认为地质构造作用与强烈溶蚀作用导致了该处岩溶地貌的形成和演化。Randall 和 George(2001)、Randall 等(2002)利用岩性、断层、节理、岩溶特征等信息构建了一个概念模型,研究结果表明:地层岩性、岩层倾角、局部基准面影响岩溶管道和溶洞的发育。

国内研究人员对地表和地下的岩溶发育和空间分布规律做了大量的研究。卢耀如(1965)研究了中国南方的岩溶发育基本规律,指出岩溶化程度受岩石类型、成分、层厚、水动力条件等因素的影响。任美锷等(1979)研究了我国岩溶地貌类型的地带性规律,剖析了深部岩溶作用机制并提出了深部岩溶的成因类型。易志雄(1998)研究认为,在岩溶地区从事工程建设,首先要查明岩溶发育规律,从岩溶与地层的关系、岩溶与构造的关系、岩溶与岩石结构构造的关系、岩溶与第四系覆盖层及地下水的关系、岩溶与地形地貌的关系等方面进行分析。陈佑德(2001)指出,可溶性岩石、地质构造、水文条件等是控制岩溶风景资源类型形成和分布的主要因素,碳酸岩分布是影响岩溶风景类型的形成和分布的基础,地质构造控制着岩溶发育的方向和类型。沈继方等(1996)研究了清江流域碳酸盐的岩溶岩组类型、洞穴系统的发育条件,并对岩溶水系统进行了系统的研究,进一步对清江流域岩溶分区进行了划分。王增银等(1995,1999)分析了清江流域溶洞发育特征,并将溶洞划分为伏流型和汇流型两种;分析了岩溶地貌的特点,并着重根据该区构造运动发展史和古水文网的发育演变情况分析了岩溶地貌演化过程,划分了岩溶发育期。

物探法是通过分析掌子面前方围岩的地震波传播速度、介电常数、电阻率等地球物理场参数变化来识别地层岩性、地质构造、含水体等岩溶灾害源。物探地质预报技术主要有地质雷达技术、超前预报技术(TSP)、地震负视速度法、水平声波剖面法(HSP)、真地震反射成像技术(TRT)、陆地声纳法、面波法、红外探水法、隧道电法(BEAM 法)等。

1984 年,美国学者 Benson 等(1995)在北卡罗莱纳州威尔明顿西南部的一条军用铁路线上运用地质雷达进行潜在岩溶危害的超前地质预报研究工作。地质雷达具有分辨率高、无损伤、探测和数据处理快、机动灵活等特点,但其预报距离较短,只能预报掌子面前方 10 ~ 30m 以内的地质情况,而且很难克服施工隧道内的干扰因素,影响探测成果的准确性(Ulriksen 和 Peter,1982; Black 和 Kopac,1992;Casas 等;1996;Brooks,1996)。1992 年,瑞士 Amberg 公司推出用于隧道超前预报的 TSP 方法,近年又推出 TSP203 系统。TSP 对工作面前方遇到与隧道轴线近于垂直的不连续体(节理、裂隙、断层破碎带等)的界面,其结果是相当准确可靠的,但如果不连续体的界面形状不规则,准确预报的难度较大(Christian,2002)。TSP 对溶洞的探测效果较差,如果溶洞体的尺寸较大,且呈近平面状,TSP 有可能探测到,但需要具有丰富地质经验的专家进行分析(Inazaki 和 Isahai,1999;Shimizu 和 Kato,2004)。1995 年日本推出 HSP 法。2000 年,随着隧道反射地震波电子计算机断层扫描技术的进一步发展,美国 NST 工程公司发展了 TRT 技术,在结晶岩体中的探测距离可达 100 ~ 150m,该方法在奥地利通过阿尔卑斯山的铁路双线隧洞施工中进行了全程超前地质预报(Button 等,2002)。Louis 等(2002)利用地震波反射和电阻成像技术探测了 Lakka 岩溶含水层的厚度,判断该含水层与附近的一条河流无水力联系。Sumanovac 等(2001)在克罗地亚采用双梯度成像技术、2D 电阻成像技术、折射法以及高分辨率反射法进行岩溶探测,认为只有将地震波法和电阻法结合起来,才可以获得更多的岩性和水循环方面的信息,探测结果更精确。Gautam 等(2000)运用电阻法和 γ 射线对尼泊尔博卡拉谷地的岩溶情况进行了探测,结果表明,γ 射线对近地空洞比较敏感,电阻法对 5 ~ 20m 的中等距离深度较为有效。

20 世纪 80 年代初,我国首先提出用物探方法对隧道进行超前地质预报,针对大瑶山隧道上崩塘竖井—滑石排2号斜井可能出现的岩溶水问题，铁道部攻关项目中列出用物探方法进行超前地质预报的研究内容。1986年，铁道部隧道工程局在南岭隧道探查和处理岩溶过程中，曾用雷达和瑞利面波法对掌子面前方开展地质探查试验。近些年来，在隧道工程建设中开展了大量的物探技术探查隧道不良地质体的研究，并被作为隧道（尤其是岩溶地区）施工工序列入工程成本（王梦恕，2004），为探测岩溶地区不良地质、避免地质灾害奠定了基础。白冰等（2001）综述了探地雷达测试技术的基本理论、测试方法、数据处理技术和资料解释原理，对探地雷达在岩土工程中的应用现状和发展趋势进行了深入研究。吴俊等（2003）利用地质雷达预报方法对贵州地区岩溶隧道的岩溶、断层破碎带、小断层突水等不良地质进行了成功预报，分析了这些不良地质雷达图像的典型特征，为地质雷达在隧道短期地质超前预报积累了一定的经验。余志雄等（2005）利用傅里叶谱分析和复信号技术进行地质雷达数字处理，结果表明，复信号技术处理的成果明显优于傅里叶谱分析的处理结果，且复信号技术能更清晰地探查出湖底不同时期沉积的淤泥的分界面和水库的岩溶发育情况。刘斌等（2009）将复信号技术引入了地质雷达岩溶水探测中，得出了判断水体的依据，提高了地质雷达探测岩溶水的准确性，并成功预报了齐岳山隧道的岩溶裂隙水。柳刚等（2009）利用小波分解和软阈值处理方法对实际探地雷达信号进行了降噪处理，结果显示，经过小波变换的雷达剖面分辨率明显改善。王鹰等（2003）阐述了红外探测仪的基本工作原理，利用红外探测技术成功预报了圆梁山隧道突水地段，证明红外探水在预报岩溶水方面具有较高的准确性。李貅等（2000）根据获得不同时间域的电磁场信息反映不同深度介质的地电特征，利用瞬变电磁法探明了矿井中的突水通道及富水部位在立体空间上的分布情况，证实了地表水和地下水的补给关系。瞬变电磁法对低阻含水断层、充泥充水溶洞、含水含泥破碎带等含水体不良地质体反应灵敏，并结合长凼子隧道、八字岭隧道等工程实例，证明采用瞬变电磁法进行隧道不良地质体超前地质预报是有效的（李貅等，2006）。苏茂鑫等（2009）发展了瞬变电磁三维成像技术并将该技术应用于隧道超前地质预报，提高了瞬变电磁的预报精度。吴有信（2007）用瞬变电磁预报了马鹿箐隧道含水层、断层、岩溶等不良地质情况，探讨了不良地质的判别标准。肖书安（1998）阐述了TSP测量原理、测量方法的理论基础及其判译准则，并介绍了TSP在Vereina隧道中的应用情况，该预报方法准确地判断了隧道的不良地质。齐传生（1999）介绍了TSP202系统的测量原理、洞内数据采集、室内计算机资料的分析与应用以及在十几座隧道中成功预报实例的研究成果，表明TSP能较准确地预报断层及断层破碎带等不良地质。刘志刚（2001；2003）阐述了TSP超前地质预报系统能解决的主要技术问题，并以在中国的应用为实例论述了TSP应用效果、存在的问题与展望，以及我国TSP探测解译技术的发展，大大提高了TSP预报不良地质体的精度。李忠、刘秀峰等（2002；2003）从地质构造学理论、爆破地震学理论出发，对如何提高TSP202超前预报探测系统的探测距离进行了初步探讨，并提出了进行超长距离探测时的行之有效的技术措施。山东大学岩土与结构工程研究中心通过大量的现场试验，研究了TSP203系统地震波的反射特性，提出了溶洞、断层、岩溶水等不良地质体的判译准则，提高了TSP法超前地质预报的精度（薛翊国等，2007；许振浩等，2008；孙克国等，2008；）。钟世航等（1995；2005）用自主发明的“陆地声纳法（极小偏移距超宽频带弹性波反射单点反射连续剖面法）”，在掌子面上设水平和铅垂两条测线，点距为25～30cm，用锤击作震源，在靠近激震点处设检波器接收反射波。它近于自激自收的方式，对面状界面、小溶洞和溶槽、溶管等反应敏感；利用互相垂直的两条测线的资料可得到更丰富的信息，同时对前方不良地质体进行空间定位。朱劲等（2007）利用 Beam 法在铜锣山隧道进行了超前地质预报，并与地质雷达探测结果、TSP 结果及现场开挖结果进行了对比，结果表明，BEAM 法对掌子面前方水体有良好的探测效果。杨卫国等（2006）利用 BEAM 法在全断面硬岩隧道掘进机（TBM）设备及洞壁上安装电极发射电流和进行观测处理，通过监视器实时评价和显示出前方地质情况的好坏。

由于岩溶隧道地质条件十分复杂，单一预报方法不能满足隧道不良地质预报的需要，尤其是包含水体预报的需要。地质雷达、瞬变电磁、直流电法以及红外线法对水体较为敏感，是预报水体的重要方法。但是由于物探的多解性，单一预报方法对地质预报的准确度并不十分可靠，同时不同的方法对不同的地质缺陷预报效果也不尽相同。国内外都在试图发展准确预报不良地质的三维可视化物探设备，但从目前状况看，还没有哪种设备能对各种地质缺陷做出准确预报。因此，开展综合超前地质预报研究非常有必要。

大瑶山隧道采用了浅层地震反射波超前探测、超前声波探测与显微构造分析等与超前导坑以及洞内素描和赤平投影等方法相结合的方法进行隧道地质预测预报；军都山隧道采用了以地质素描为基础配合钻速测试和声波测试相结合的超前地质预报技术（孙广忠，1990）。刘志刚等（2003；2006）提出了以地面地质调查法、地质雷达、TSP 三种超前地质预报技术为手段综合超前地质预报技术，并在广仁岭公路隧道进行了应用，成功预报了断层，预报位置和规模精度均比单一预报方法有所提高。齐传生等（2004）在圆梁山隧道施工过程中采用 TSP、红外探测等多种物探和地质素描、钻探相结合的综合超前预报方法预报含水体的不良地质。Zang 等（2004）建立了采用 TSP、地质雷达和超前水平钻孔相结合的综合预报方法。谢勇谋等（2004）以工程地质分析为主线，提出以声波测试、地质雷达、地震反射负视速度法等物探相结合的综合超前地质预报方法。闫红江（2005）采用以地质法为基础、以 HSP 声波反射法为主要手段，配合采用 TSP203 系统的综合超前地质预报技术在牛岭界隧道进行施工地质预报。王锦山等（2007）基于地质力学理论，提出了宏观预报、长期预报、短期预报和灾害临近警报的整套超前预报技术手段，并通过厦门海底隧道的预报实践进行了验证。由于湖北沪蓉西高速公路沿线地质条件极其复杂，岩溶、地下水等不良地质十分发育，李术才院士团队（李术才等，2007；李术才等，2008；薛翊国等，2008；张庆松等，2009）在研究各种预报方法的基础上，建立了“洞内外结合，长短结合，地质与物探结合，不同物探方法结合”的综合超前地质预报体系，优化了综合超前地质预报体系的流程，建立了适合岩溶水探查的基于风险分级的综合超前地质预报技术，为岩溶隧道建设过程中岩溶和突水地质灾害的风险源的辨识提供了重要的依据。经过不断发展，形成了四阶段全过程突水突泥灾害源综合超前地质预报方法与体系，主要包括宏观地质预报、长距离超前探测、中距离超前探测和短距离超前探测四个阶段，确保了不遗漏任何一个重大突水突泥灾害源（李术才，2015）。

岩溶隧道施工期超前地质预报研究成果虽然比较丰富，研究成果涉及的探测方法和仪器也比较多，都在不同类型不良地质体的探测方面起到了较好的作用，但迄今为止，仍没有哪一种方法能准确预报所有的不良地质体，不能很好地辨识岩溶隧道突水风险源。为此，不少学者建立了综合超前地质预报体系，但均未将隧道突水风险等级与预报体系联系起来，因而不能非常准确地确定不良地质体的位置和性质。没有针对高风险岩溶隧道突水风险源辨识的综合预报体系是岩溶隧道突水地质灾害频发的主要原因之一。

1.2.2 岩溶隧道突水灾害风险研究现状

美国的Einstein(Einstein和Vick,1974;Einstein等,1994;Einstein 1996)于20世纪70年代将风险分析引入到隧道与地下工程中,并指出了隧道工程风险的特点和应遵循的理念。1983年,剑桥大学的Salazar在博士论文"隧道设计和建设中的不确定性以及经济评估的实用性研究"中,将不确定性的影响和工程造价联系起来。Narayanan指出了风险分析在降低软土隧道造价中的作用。20世纪90年代,由于多起惊人的隧道塌陷和突水事故,建设人员开始关注、重视地下工程施工中的潜在风险,风险管理成为地下工程施工的一个重要环节,也在隧道工程中得到应用。Snel(Snel,1993;Snel和Van Hasselt,1999)研究了阿姆斯特丹南北地铁线路设计和施工中的风险管理问题,在考虑投资、工期和工程质量等因素影响的基础上,提出了"IPB"风险管理模式。Stuzk等(1996)建立了以概率方法和有效的统计及风险分析为工具的决策和风险分析系统,将风险分析技术贯穿斯德歌尔摩环形公路隧道修建过程,从风险和可靠性角度得到了有关隧道技术的有价值的结论。Nilsen等(1992)深入研究了复杂地层条件下的海底隧道风险问题。国际隧道协会(ITA)委员Heinz(1996)研究了穿越海峡的隧道、穿越阿尔卑斯山的隧道的风险评估问题。日本的左藤久等在隧道工程的事故统计方面做了大量细致的工作,为隧道风险评估提供了依据(左藤久等,1998;先明其,1998)。Reilly(2000)提出了"隧道工程的建设过程就是全面的风险管理和风险分担的过程",将隧道与地下工程中的主要风险分为四类:造成人员受伤或死亡、财产和经济损失的风险,造成项目造价增加的风险,造成工期延误的风险和造成不能满足设计、使用要求的风险。Clark和Borst(2002)运用风险指数的评估方法对美国西雅图地下交通线工程规划和初步设计阶段进行了地质风险、合同风险、设计和施工风险的分析工作。2002年10月,国际隧道协会由Søren Degn Eskesen等(2004)撰写了《隧道风险管理指南》,为隧道工程风险分析和管理提供了标准和方法。2004年国际隧道协会年会专门设置了安全、费用与风险的专题,Reilly和Brown(2004)使用风险和不确定性的方法修正了正常费用估计的范围,并将其应用于美国华盛顿州的基础设施项目建设中。

我国隧道及地下工程引入风险管理理论较晚。1992年,丁士昭教授对我国广州地铁首期工程、上海地铁1号线工程等地铁建设中的风险模式进行了研究(黄宏伟,2006)。范益群(1998)以可靠度理论为基础,提出了地下结构的抗风险设计概念,计算出基坑、隧道等地下结构风险发生的概率以及定性评价风险造成的损失,并提出改进的层次分析方法。2003年,同济大学对崇明越江通道工程进行了风险评估(黄慷和杨林德,2004;陶履彬,2006),该风险评估项目为这一学科的发展提供了新的贡献。整个沪崇通道的风险评估研究共提交了17个专题报告,涉及工程建设的各个方面,包括前期选线、施工风险管理、环境保护、运营事故控制以及财务分析等,可以说是国内风险分析技术应用在隧道工程上的第一个大型项目。但总体来说,目前关于隧道工程的风险研究还不太完善,还基本停留在定性分析或者半定量分析阶段,仍然需要做大量的工作。Mcfeat - Smith和Harman(2004)提出了亚洲复杂地质条件下隧道工程的风险评估模式,根据风险发生的后果和发生频率的高低将风险分为五级。陈龙(2004)提出了风险值与风险指标两个评价指标,并给出了计算方法和评价标准,通过专家调查法得到软土地区盾构隧道施工期主要风险事故的发生概率及损失,给出了耐久性损失、工期损失、直接费用损失、环境影响损失的概率分布曲线。杨林德(2004)采用蒙特—卡罗法计算了结构耐久性的失效风险，并讨论了各主要因素对耐久性失效风险的影响程度，从而得到了水底隧道钢筋混凝土管片构件耐久性失效风险分析的量化指标。陶履彬等(2004)从技术的可行性和工程的可造性方面进行风险分析，对长江口越江工程桥隧方案进行比选风险评估。苏燕和周健(2004)研究地层作用下隧道及其周围土层的动力可靠性，针对上海某越江隧道风险评估提出了隧道抗震风险评估的基本思路，并提出相应的防震控制措施。王岩和黄宏伟(2004)较全面分析了影响地铁区间隧道安全体系的各个因素，建立了层次结构模型，得出影响因素对各个评价指标的相对权重，再运用模糊综合评判法对整个安全体系进行多层次的综合评估，建立了一套科学合理的地铁区间隧道安全评估方法。黄宏伟等(2005)开展了地铁建设和运营阶段的风险管理研究，给出了地铁不同阶段中的风险因素、分析和控制的整体思路。黄宏伟等(2007)对上海地铁11号线的工可阶段进行了风险评估，研究了建设中各关键节点工程的施工环境、工艺、质量和安全等方面可能存在的风险事故，并采用专家调查法和层次分析法对各风险点进行了评估，得到了定量的风险估计，为工程的决策、招投标及工程保险等提供了较为可靠的科学依据。闫玉茹等(2007)对拟采用钻爆法施工的大连湾海底隧道推荐轴线的2种方案的施工风险进行了辨识、分析，并采用基于信心指数的专家调查法对风险进行评价，风险评估主要从南岸陆域段隧道施工、海域段隧道施工、北岸隧道施工及施工对周围环境的影响四个方面展开，得出预工可研究阶段推荐方案风险较大，并针对大连海底隧道施工风险特点，提出了风险控制措施以及相应的结论和建议。尤建新等(2006)提出了我国地铁建设风险管理体系应是一个适合地下铁路实际建设的，以风险控制管理为核心，融合质量、环境、职业安全健康等各方面管理要求的安全生产健康环境质量管理体系。姚浩等(2007)采用模糊综合评价模型对软土地区盾构隧道施工进行了研究，用层次分析法计算各风险事件的相对权重，采用梯形隶属度函数来计算各种风险事件对风险水平的隶属度。沈荣喜等(2008)用极限平衡理论分析海底隧道突水的力学机理，对影响临界水压的因素进行分析，认为岩体物理力学参数、隧道上覆岩层厚度、隧道开挖半径及支护形式与强度是影响临界水压的主要因素，提出了预防海底隧道突水的措施。李剑(2008)通过模糊综合评价方法对悬浮隧道的整体风险进行了分析，把悬浮隧道结构整体风险因素划分为八类，得到了其安全风险的量化数值，对悬浮隧道的可行性研究方面做了初步探索。赵延喜和徐卫亚(2009)通过深入分析影响TBM施工的风险因素，建立了TBM施工风险综合评价指标体系；基于风险影响因素的层次性，提出了TBM施工风险二级模糊综合评判计算模型，并利用层次分析法确定各级因素权重，利用模糊集法确定隶属函数，划分了风险接受等级，并将该方法应用于南水北调西线工程深埋长隧洞中，结果表明，该方法比较合理和实用。

我国对于岩溶隧道风险的研究，更是处于起步阶段，并且大部分的研究都是以岩溶探查和岩溶地质等突水影响因素对隧道突水风险进行判断。刘丹和杨立中(2003)利用环境同位素，通过研究秦岭特长隧道流经断层的河水与隧道内水无水力联系来判断该断层无突水风险，排除了河水通过断层溃入隧道的可能性。韩行瑞(2004)通过对隧道洞身揭露的岩溶层段、岩溶水系统及类型、岩溶水动力垂向分带及横向分带、岩溶结构面等方面进行了系统的研究，判断岩溶隧道施工期突水的可能性及性质。白明洲等(2006a;2006b)应用岩溶水文地质基本理论，从地层岩性、地质构造、地下水循环条件以及区域地壳运动等岩溶形成发展的控制性因素进行研究，指出岩溶突水地质灾害可能发生的工程位置与岩性分异界面、岩层接触界面、褶皱核部转折端、断层等地质因素有密切关系，这些部位是大型洞穴可能出现的位置，也是岩溶突水灾害形成的可能部位，提出了岩溶山区隧道施工过程中岩溶灾害危险地段的判定原则；在对齐岳山隧道隧址区的岩溶分布规律深入认识的基础上，进一步考虑隧道高程和线路走向，判定了可能发生岩溶突水突泥等施工地质灾害的危险地段。李冰等(2006)提出了岩溶突水灾害的类型、隧道施工岩溶灾害危险地段的划分原则和岩溶灾害危险性分级。杜毓超等(2009)提出了基于层次分析法(APH)的岩溶隧道突水专家评判系统，实现了定量或半定量化描述突水影响因素，并提出了隧道岩溶突水综合指标进行隧道突水风险评判。张庆松等(2009)依托乌池坝隧道，初步提出了高风险岩溶隧道四级风险评价体系，指导隧道超前地质预报方案的制订与施工。匡星等(2010)提出了包括预测、预报和预警三方面内容的岩溶隧道地质灾害系统，建立了基于模糊综合评价模型的隧道岩溶突水突泥灾害综合评估方法，并在齐岳山隧道中进行了岩溶突水突泥灾害风险评价应用，验证了上述方法的可行性。毛邦燕等(2010)提出了隧道突水突泥危险性分级体系，建立了隧道突水突泥风险评价模型及评价指标体系，确定了各因素指标权重和隶属度，并在圆梁山隧道毛坝向斜段开展了工程应用。许振浩等(2011)提出了基于层次分析法的岩溶隧道突水突泥三阶段风险评估方法，通过开展隧道施工方案制订前(初次评估)、施工前(二次评估)、施工期(动态评估)三阶段的隧道突水突泥风险实时评估，实现了隧道突水突泥风险评估的动态修正与管理。李利平等(2011)基于突水突泥典型影响因素，采用综合赋权法确定评价指标的权重，建立了岩溶隧道突水突泥风险模糊层次评价模型，可用于勘察阶段(预评价)、设计阶段(预评价)和施工阶段(动态评价)的隧道突水突泥风险评价。李术才等(2013)建立了岩溶隧道突水危险性评价的属性综合识别体系，该体系包括两个属性识别模型，分别适用于设计阶段和施工阶段。Li Xue-ping 和 Li Yu-nan(2014)采用地理信息系统技术，开展了隧道突水突泥风险动态预测，并制订相应的预防措施，研究了有地质缺陷和无地质缺陷 2 种岩溶隧道突水突泥风险评估模型。朱珍等(2015)选取影响隧道突水的 6 个地质因素作为评价指标，采用加权平均法建立了相关模型进行隧道突水风险评估。杨小礼和张胜(2018)在对属性数学理论优化的基础上，选取影响隧道突水的 5 个因素作为评价指标，建立了隧道突水评估模型。黄鑫等(2018)研究了隧道穿越地下河发育区突水的孕灾环境和致灾因子，遴选出隧道突水的主要影响因素，建立了隧道穿越地下河发育区突水风险评估层次模型，确定了评价指标的权重，并在利万高速公路齐岳山隧道德胜场地下河的风险评估中进行了应用。

我国学者高度重视隧道风险评估，展开了大量的研究并取得了许多有价值的科研成果。目前，隧道风险评估大都集中在一般地区隧道、地铁及水底隧道，针对岩溶隧道风险评估，尤其是岩溶隧道突水的风险评估研究，还有待进一步开展和完善；岩溶隧道突水风险均为定性评估，即根据岩溶发育规律、地质学理论判断是否会发生突水风险，定量风险评价方面的研究涉及较少；此外，岩溶隧道突水灾害的主控因素、风险评估模型有待进一步完善。

1.2.3　岩溶隧道突水灾害预警研究现状

预警思想自古有之，如“禁于未发之谓预”“防为上、救为次、戒为下”“止之于始萌，绝之于未形”，“除患于未萌芽，然后能转而为福”等等，均揭示了预防和警戒的道理。但预警一词最早起源于军事领域，民用领域的预警机制和预警工程都是借鉴于军事领域。真正意义上的民用预警理论首先在经济领域得到了应用，它的提出可以追溯到19世纪末期，英国经济学家Jiewensi的"气象说"(陈福生等，1962)、John Maynard Keynes的"宏观经济学"和Gottfried Von Haberler的"繁荣与萧条"(朱应庚等，1963)对经济预警的理论依据"经济周期"进行探讨。在1888年举行的巴黎统计学大会上法国经济学家Fourille发表了"社会和经济气象研究"一文，提出经济监测预警思想，并用不同颜色来测定经济波动，标定不同的国民经济状态。但当时的预警不能用数学、生物学中的定量分析方法进行定量分析，只能以不同颜色来形象描述"警情"和"警度"。这一时期的预警理论以哈佛指数未能预见到震撼西方世界的1929年经济大危机而宣告结束。20世纪30年代开始，经济预警理论开始进入第二发展阶段，在实践中不断修正、发展和完善。

我国也于1961年展开了对现代预警问题的研究，其中，刘国光等对关于社会主义经济波浪式发展的分析是涉及这方面研究的率先尝试。自1989年我国开始发布经济景气指数检测预警指数(张泽厚，1992)，标志着预警理论在我国有了突破性进展。随着经济预警理论的日臻完善，预警理论逐渐深入到各个领域，诸如气象、地震、矿山和交通等各种自然、社会灾害中。

1972年6月16日，联合国人类环境会议通过的《人类环境宣言》及第42届联合国大会《第169号决议》决定将1990—2000年定为"国际减轻自然灾害十年"，加快了国际防灾减灾进程，我国也于1989年4月成立了"中国国际减灾十年委员会"。为增进各国迅速有效地减轻自然灾害的能力，尤其是协助发展中国家建立预警系统和抗灾结构，鼓励预警技术创新，第44届联合国大会制定了《国际减轻自然灾害十年国际行动纲领》。而预警是减轻灾害的主要对策之一，促使在世界范围内展开了各种灾害的预警系统，根据系统外部环境和内部条件的变化，对风险事件进行预测和报警，促进了预警理论的科学研究。Smith(1996)和John Twigg(2003)把预警程序分为三个相互联系的阶段：①评价或预报：在科学理论的指导下，运用先进技术对灾害进行评价或预报，得出评价或预报结论；②警告/传播：将评价或预报结论以消息的形式传达给人们，对人们提出警告，以便指导人们的行动；③反应：将警告转化为行动，制订对策和预防措施，以避免灾害发生或者减轻灾害程度。因此，预报必须准确，警告必须及时传达到人群，人们对危险警告才有充分的准备以做出合理的反应。

我国地质灾害预警开始于20世纪60年代对铁路沿线泥石流的预报，并于七八十年代形成了比较科学的泥石流预警系统(余昆，1986)。近些年来，"灾害预警"逐渐成为一个综合性的科学概念。刘传正(1994；2000；2001；2004)对地质灾害及其灾害预警的含义、分类、分级、预警研究的基本思路进行了探讨，并提出建立突发性地质灾害的预警准则。廖育民(2003)等对泥石流、崩塌、滑坡、地裂缝、岩溶地面塌陷与地面沉降、海水入侵、地震灾害、沙漠化、火山等地质灾害预报预警和综合防治进行了系统研究。佘廉等人(2004a；2004b；2004c)对公路交通、铁路交通、水运交通灾害预警体系等做了系统的研究，提出了预警管理的原理与方法，应急决策和应急救援的模式和手段。李红杰等(2004)对采掘业灾害特征、灾害预警体系、安全评价及灾害防控对策进行了系统的研究，其中对矿井透水灾害进行了详细研究。刘志刚和赵勇(2001)对岩溶隧道(洞)突水地质灾害监测、警报技术进行了研究。隋海波和程久龙(2009)构建了工作面底板突水安全预警系统，提出系统的逻辑结构和总体构架。霍灵军等(2008)构建了以水质化学成分差异快速检测为手段的奥灰水突水预警系统。高延法等(2009)将底板突水领域专家经验和理论成果与计算机人工智能技术相结合，通过突水系数法和突水优势面两条推理途径，运用典型突水案例加权类比的推理策略建立了底板突水专家系统。胡子平(2009)对宜万铁路Ⅰ级风险隧道进行了突水突泥报警系统设计。马士伟等(2009)提出了隧道突水灾害的形成和发生必须具备的四项基本条件，在此基础上对水压、水质、围岩位移、钢拱架应力等监控对象给出预警标准，提出了岩溶隧道突水灾害三级监控预警，开发了隧道突水灾害预警系统，并通过现场应用验证了该预警系统的适应性。杨寅静(2011)运用数值模拟方法对岩溶区隧道突水地质灾害的临界预警特征进行了研究，临界预警特征主要指临界水压力和临界安全厚度。孙荣波(2015)从岩溶隧道突水突泥预警机制和救援预案两方面着手研究了预警防灾体系。王成亮(2015)对预警等级、预警指标、预警方法和预警响应进行了研究，将水压力、涌水量及围岩变形量作为预警指标，并利用地理信息系统(GIS)和AutoCAD软件二次开发平台，建立了隧道工程施工期岩溶突水灾害监测预警系统。王升(2016)将位移、渗压、应力、应变等物理场前兆信息和地质场作为隧道突水突泥灾害前兆信息预警指标，搭建了基于物联网的隧道突水突泥远程智能检测系统，研发了隧道突水突泥灾害多源前兆信息分析预警软件。

在隧道突水预警机制建立的基础上，通过制订合理的应急预案可以指导灾害应急救援，能够有效降低灾害发生时的人员伤亡，减少财产损失。应急演练是检验应急预案可行性的有效手段，通过应急演练可以发现应急预案中的不足之处，进而保证应急预案在灾害应急救援过程中发挥重要的指导作用。佟淑娇等(2007)研究了地铁施工隧道防坍塌应急演练的组织结构、应急内容和程序及应急技术措施等。柳孝荣和陈程(2008)通过隧道工程发生塌陷事故应急救援的实践，提出了应急救援预案编制中应注意的几个方面的问题，介绍了应急救援实施过程中的一些经验。杨培中等(2008)进行了隧道火灾的数值仿真与应急响应研究。叶英(2009a)针对隧道超前地质预报的精度和不良地质类型，对隧道施工不良地质进行了预警分级并建立了预控方案和处治措施。此外，叶英(2009b)还进行了隧道施工多元信息远程实时预警、风险管理及应急响应系统的研究。刘辉和张智超(2009)分析了公路隧道施工过程中危险源辨识特点，提出了隧道施工过程中危险源的系统辨识，统计分析了隧道施工事故，制订了公路隧道施工事故应急预案。柳林超(2010)研究了盾构隧道施工灾害(事故)预防与应急处治技术，初步开发了盾构隧道施工灾害处治系统软件。宋福渊和耿冬青(2011)针对城市地铁隧道施工中出现的道路及地面沉陷、邻近建筑物出现异常、地下管线断裂、隧道内坍塌等各类险情，提出了具体的应急解决措施。蔡广逸(2013)进行了隧道工程应急指挥系统的分析与设计。祝河清(2014)介绍了现场安全应急演练工作的组织与实施流程，为安全演练开展提供经验。魏世玉(2014)结合应急监测实例，提出以边墙点的重心作为沉降监测基准，以非接触式解析法进行净空收敛监测的应急监测解决方案。其成果有助于险情诱因的判断，对应急排险方案的制订具有一定参考价值。张姬(2016)分析了公路隧道施工中的危险因素及辨识内容，制订了施工事故应急预案的具体内容。何水源(2019)对高速公路隧道施工出现安全问题的主要原因进行了分析，并制订了高速公路隧道施工的安全管理措施和应急处理预案。陈科(2019)研究了七曜山隧道"特大突泥突水灾害"应急救援事件，其成功处治的经验对应急预案的建立有良好的启示意义。董爱斌和张慧敏(2019)以龙泉山高瓦斯地铁隧道为例，介绍了应急救援体系建设采取的应急救援措施及应急设施管理，讨论了应急管理机制，可为类似地铁瓦斯隧道施工应急管理提供参考。王四伟(2019)通过对高角度逆冲富水富砂断层隧道施工存在的安全隐患及采取的应对措施进行研究与分析,给出了类似情况下安全顺利通过该类型断层的一些预防措施和救援方法。

目前,预警机制的研究成果大都集中在泥石流、崩塌、滑坡、地裂缝、岩溶地面塌陷与地面沉降等常见地质灾害方面,岩溶隧道突水地质灾害预警机制研究成果总体上相对较少,突水灾害的预警指标也仅涉及到地质现象和钻孔突水指标,岩溶隧道突水预警指标体系、预警警度和警限的研究成果较少,隧道突水后人员最佳逃生路线的研究也鲜有报道。

1.2.4 岩溶灾害处治研究现状

岩溶是山岭隧道和矿山巷道等地下工程建设中常见的地质灾害之一。在隧道工程中,岩溶造成灾害主要表现形式为水害和洞害。水害即隧道施工中发生岩溶突水灾害;洞害是指在隧道施工过程中,溶洞使得隧道的施工力学动态更为复杂,易造成围岩中应力的过度集中,隧道周边变形量增加,并可能引起隧道开挖中局部围岩的坍塌、掉块,影响隧道施工,直接危及施工人员和机械设备的安全。因此,开展岩溶灾害处治技术的研究对隧道工程施工有重要的实践价值和指导意义。

由于岩溶具有复杂性、隐蔽性、高风险性等特点,因此,岩溶处治技术应该结合岩溶发育特征和隧道现场施工环境等多方面因素综合考虑,及时采取合理的防治措施往往可以避免灾难性的后果。因此,必须在分析隧道岩溶发育特征及机理的基础上,对于不同类型的岩溶,有针对性地制定防治原则和相应的施工工艺和措施。

隧道岩溶灾害的处治十分复杂,众多学者和工程技术人员在岩溶处治技术方面开展了大量理论与实践研究。黄木林和孙嘉明(2000)采用隧道外增设引水隧洞的排水措施来处治108国道大普吉隧道岩溶灾害问题。罗昭辉和李勇(2001)针对渝合高速公路尖山子隧道的岩溶突水段,采用“以防为主,防排结合”的方案,对突水点前后25m范围内隧道围岩进行注浆加固、堵水,在衬砌外形成一个止水围幕防止地下水侵入隧道内;对分布在隧道侧墙外及底板以下黏土夹碎石和砂等充填的带状溶洞,换填仰拱以下1m范围内溶洞充填物,提高其地基承载力,隧道作成钢筋混凝土拱形封闭结构跨过溶洞段。刘汝明等(2002)总结了嵩待公路岩溶的处治措施。杨丽若和李德宏等(2007)总结提出岩溶的综合治理措施包括:①封闭、跨越、加固洞穴;②引排、截流岩溶水;③清除充填物或注浆,对软弱土地基加固;④回填夯实,封闭地表塌陷,疏排地表水。并对岩溶洞穴和岩溶水处治方法和原则进行了阐述。吴跃华和郑极新(2007)总结了岩溶水、充填溶洞、岩溶孔洞的处治措施,提出了采取全环设置过水断面的衬砌结构形式改善隧道的防排水。范波(2008)给出了隧道不同充填介质的大型溶洞的处治技术。雷华等(2009)在总结分析常见溶洞处治方案的基础上,针对湾田3号隧道遭遇的溶洞,提出了“跨越处理方案”和“回填处理方案”。陈扬勇等(2009)基于施家梁隧道岩溶水处治的工程实践,指出岩溶水处治时应注重溶洞之间的连通性,对无明显岩溶水存在的溶洞也应加以重视。吴臻林等(2009)在分析阿尔及利亚东西高速公路西标段W7中PK78+070~PK78+128段溶洞发育特征的基础上,提出了以开挖直接揭露并进行回填为主、个别溶洞钻孔注浆为辅的处治方案。赵向阳(2010)针对渝湘高速公路鹰嘴岩隧道ZK39+810~ZK39+860段岩溶突水,采用“以堵为主,限排为辅”的处理原则,将天气转晴作为处治时机,将岩溶水及填充物基本排净后进行处理,具体处治方案包括溶腔回填、注浆处理、排水处理、导水处理、加强二次衬砌等处治措施。王珏和王浩(2010)针对渝湘高速公路长滩隧道 K19 +635 ~ K19 +678 段大型溶洞突水灾害,提出采用左洞拱桥、右洞简支现浇箱梁桥的桥跨方式通过岩溶突水区域。薛斌和申志军(2010)针对宜万铁路隧道不同类型的岩溶,采用了规模化处治技术,主要措施包括:注浆加固、溶腔防护加固、分水降压、释能降压、迂回绕避和隧底溶腔桩基、注浆、钢管桩、加强板、拱桥等溶腔处治技术。朱海涛(2011)给出了宜万铁路齐岳山隧道不同岩溶类型的处治技术。田军和杨献章(2011)针对羊角脑隧道施工过程中出现的地表塌陷及岩溶突水灾害,提出采用注浆处理、改进掘进措施并控制爆破作业工法等治理措施进行处治。王木群(2011)结合多个具体的工程实例,提出不同大小位置、有无充填物、填充物的类型等的溶洞处治方法;根据"以堵为主、排堵结合"的思想来处理岩溶水。杨兵(2011)根据马鹿箐隧道突水特征,应用超前地质预报技术、水文观测、反坡追排水清淤技术和泄水释能工法等技术进行溶腔的岩溶水处治,溶腔揭示后采用的帷幕注浆加固地层及全断面管棚技术及桩基承台跨越溶腔等措施进行处治。马栋(2012)将岩溶划分为 2 个基本类型,并提出针对性处治措施。对于高压富水溶腔采用释能降压技术,通过查找溶腔、锁定溶腔、打开溶腔、处治溶腔四个阶段完成对溶腔的处治,并分析了野三关隧道"602"块石充填溶腔处治技术,大支坪隧道"990"泥沙充填溶腔处治技术。杨秀飞(2012)针对贵州省黎平至洛香高速公路上皮林隧道 YK45 +125 处岩溶坍塌突泥,综合采用大管棚辅以小导管作为超前支护、洞内加强支护结构、三台阶七部施工方法等措施成功处治该岩溶。董志明和郑鹏武(2013)针对古家山隧道岩溶发育特征,采取了回填、加固、跨越等溶洞处治方案,特别是采用了 ϕ75mm 大直径自进式锚杆进行了超前支护。程帮富(2013)在总结岩溶一般处治方案的基础上,提出了木里饮水隧洞岩溶处治方案和技术,对高压富水情况,提出采用释能降压处治方案,并对隧洞围岩进行了加固处理。郭明(2014)结合恩来恩黔高速公路的工程实例总结了溶洞处治原则与处治技术,针对不同类型的溶洞分别提出合理的处治措施。王建望(2014)针对云雾山隧道岩溶发育情况,提出帷幕注浆管棚处理溶腔技术、高压富水溶腔释能降压技术、迂回绕行泄水降压等岩溶溶洞超前预处理施工技术,并研究了溶腔揭示后溶洞的处理方法。张建国(2014)对鸡口山隧道溶洞开挖回填法、超前注浆法和超前管棚支护法 3 种方法进行数值模拟和围岩变形分析,最终确定了采用超前注浆法处治施工。孙柏林等(2015)针对尚家湾隧道 ZK67 +360 充填型溶腔塌方提出护拱法配合砂浆锚杆稳固塌腔岩面的处治方法,效果良好。李建伟(2016)通过分析隧道岩溶发育特征,采用"超前预报、注浆固结、超前支护、堵排结合、加强监测"等手段,对不同位置不同类型的溶腔进行针对性处理,现场显示处治措施效果良好。田珂(2017)采用数值模拟方法对比分析了中坝隧道突水突泥注浆处治方案,认为合理运用超前注浆、大管棚注浆等注浆堵水措施能够提高处治施工的安全性,并对"D9K55 +222"突泥突水和"8·6"突泥处治措施进行了分析。朱俊霖(2018)通过数值模拟确定采用圆形钢管混凝土桩作为隧道底部充泥型溶洞的加固桩基础。张文峰(2019)针对黔张常铁路高山隧道巨型溶洞提出绕避、桥跨、回填等处治方案并进行了对比分析,最终采用了回填方案中的洞渣回填 + 上部注浆的溶洞处理方案。刘彦波(2019)对荷香隧道施工中所遇岩溶地下河的处治方案进行对比分析,最终确定采用新增泄水洞排水施工方案。

综上所述,在隧道岩溶灾害处治技术方面,相关学者和工程技术人员已经开展了较多的研究和工程实践,在岩溶水灾害方面,形成了"防、排、堵、截相结合,因地制宜,综合治理"原则及相关处治技术;在溶洞处治方面,根据不同位置、不同大小、是否充填及充填物特性等不同类型的溶洞,形成了引排水、回填封堵、跨越、绕行等处理方法。隧道岩溶灾害的处治技术正在向着标准化和模块化处治技术体系方向发展。

1.3 本书的主要内容

本书在国家自然科学基金项目(41302225)“基于多元信息耦合的岩溶隧道施工期突水突泥动态风险评价”的资助下,广泛调研和收集岩溶隧道突水灾害的工程与研究资料,明确岩溶发育的影响因素和基本规律,研究岩溶隧道突水灾害的风险评估模型,建立岩溶隧道突水风险源辨识—隧道综合超前地质预报技术体系,岩溶隧道突水的四色预警机制,制订岩溶隧道突水应急预案,优化突水逃生路线,设计并实施应急演练方案,形成岩溶处治技术体系。主要研究内容如下:

(1)岩溶发育机制与影响因素及赋存特征研究。本书在总结岩溶发育机制的基础上,分析影响岩溶发育的因素,归纳岩溶发育的区域分布特征、分带特征与成层性特征,通过总结岩溶的发育规律,并根据岩溶特征划分溶洞类型,为岩溶隧道突水风险评估与控制研究提供地质基础。

(2)岩溶隧道突水风险评估与风险源辨识研究。在掌握岩溶发育基本规律基础上,基于模糊综合评判方法,探讨岩溶突水风险评价指标体系,重点研究岩溶隧道突水风险等级划分、评估模型和评估标准,结合典型工程,对研究成果进行工程验证。研究岩溶隧道施工期突水风险源辨识方法,对风险评估结果进行修正。

(3)岩溶隧道突水预警机制研究。明确岩溶隧道突水预警机制的概念,研究岩溶隧道突水预警机制实施过程,结合预警的目的和原则,重点探讨岩溶隧道突水灾害的四色预警机制;研究岩溶隧道突水灾害预警的指标体系,确定突水灾害预警的警度和警限,据此进行突水风险预警决策,建立预警信息发布流程,并制订相应的预防控制措施。

(4)岩溶隧道突水应急预案研究。在岩溶隧道突水风险评估及预警机制研究的基础上,研究岩溶隧道突水的预警预案,建立应急组织机构,制订应急响应的程序、级别和行动,探讨应急保障所需物资与设备及其布置;利用数值模拟方法优化岩溶隧道突水的逃生路线,形成应急救援行动方案,设计并实施应急救援演练方案。

(5)岩溶处治技术研究。结合岩溶区隧道溶洞和突水灾害处治的工程实践经验,总结岩溶处治的基本原则;在溶洞类型划分的基础上,研究不同规模、不同充填特性、不同位置的溶洞的处治方法与处治技术;在典型岩溶隧道工程中开展岩溶处治技术应用,验证溶洞处治技术与岩溶水处治技术的适用性。

第2章 岩溶发育机制与影响因素及赋存特征

岩溶发育特征与规律是岩溶突水风险评估与灾害控制研究的基础,只有掌握了岩溶发育特征和规律,才能正确认识和把握隧道施工过程中可能遇到的岩溶突水灾害的规模及区域,为进一步开展岩溶致灾构造探测、隧道突水风险评估与防控提供指导。本章从岩溶发育机制入手,分析岩溶发育的影响因素,探讨岩溶发育特征与规律并对溶洞类型划分。研究成果可为后续章节岩溶隧道突水风险评价与风险源辨识、突水预警机制的研究奠定地质基础,也为岩溶区隧道等地下工程的勘察、设计、施工及灾害处治提供参考和借鉴。

2.1 岩溶发育机制

岩溶是地下水和地表水对可溶性岩石的物理破坏和化学侵蚀作用的总称(张之淦,2006;任美锷等,1983)。早在20世纪50年代,著名岩溶学者索科洛夫就曾提出,岩溶是指可溶性岩石在流水的作用下被破坏的地质过程,同时提出岩溶发生的四个基本条件,即岩石具有可溶性、岩石具有渗透性、地下水具有侵蚀性、地下水具有流动性。当上述四个条件同时具备时,才会发育岩溶。其中,具备可溶性和渗透性的岩石是岩溶发育的物质基础(许振浩等,2011;李术才等,2013;王木群,2011),地质构造是岩溶发育的充分条件,具备侵蚀性和流动性的地下水是岩溶发育的必要条件。此外,岩溶发育还受到气候、地形、生物和土壤等自然条件的影响。岩溶地层在地下水的侵蚀、搬运和溶解作用下会出现溶蚀、溶解现象,进而发育形成岩溶管道、溶蚀裂隙、溶洞、地下河等不同形态的岩溶现象。

岩溶作用过程如式(2-1)~式(2-4)所示(任美锷等,1983;张英俊等,1985;袁道先等,1994)。大气和土壤中的CO_2溶解于水并与水化合生成碳酸,见式(2-1);水中碳酸的含量与CO_2的含量有关,当水与空气中的CO_2含量减少,碳酸含量也随之减少;碳酸会离解成H^+和HCO_3^-,见式(2-2),CO_2在水中的含量越多,离解出H^+也越多;H^+是很活跃的离子,与$CaCO_3$中的CO_3^{2-}结合形成HCO_3^-,从而使Ca^{2+}离子溶解于水中,见式(2-3)。最终碳酸钙以Ca^{2+}和HCO_3^-离子形式溶解于水,并随着地下水的流动逐渐流失,总反应式如式(2-4)所示。

$$CO_2 + H_2O \longrightarrow H_2CO_3 \tag{2-1}$$

$$H_2CO_3 \longrightarrow H^+ HCO_3^- \qquad (2\text{-}2)$$

$$H^+ + CaCO_3 \longrightarrow HCO_3^- + Ca^{2+} \qquad (2\text{-}3)$$

$$CO_2 + H_2O + CaCO_3 \Leftrightarrow 2(HCO_3)^- + Ca^{2+} \qquad (2\text{-}4)$$

式(2-4)的反应是可逆的，主要取决于 H^+ 的浓度。当地下水的酸碱度 $pH<7$ 时，则有足够的 H^+ 与 CO^{2-} 化合成 HCO_3^-，使 $CaCO_3$ 溶解。当地下水的酸碱度 $pH>9$ 时，那么除去 HCO_3^- 以外，水中还有相当数量的 CO^{2-}，它将与溶解于水中的 Ca^{2+} 重新结合成 $CaCO_3$ 而沉淀。在岩溶作用过程中，溶解流失的 $CaCO_3$ 远远多于重新沉淀的 $CaCO_3$（刘光亚，1979）。

上述化学反应宏观表现为碳酸盐岩不断被溶解，首先产生溶蚀裂隙，并随着时间的推移，地下水不断地渗入溶蚀裂隙中并在其内流动，进一步增大了碳酸盐岩的溶蚀量，使侵蚀进一步扩大。经过漫长的历史时期，可溶岩地层溶蚀形成各种孔洞，并逐渐发育形成溶洞、管道、地下河以及复杂的岩溶地下水系统。

2.2 岩溶发育影响因素

岩溶发育形态十分复杂，具有显著的不规则性和不均一性，其形成是众多因素综合作用的结果，主要受地层岩性、地质构造、岩层产状和岩性组合、气候条件、地形地貌以及其他因素的控制。

2.2.1 地层岩性

地层岩性是岩溶发育的物质基础，也是控制岩溶发育的主要原因。可溶岩的岩性不同，其溶蚀强度会出现显著的差异。根据岩溶发育的四个基本条件，地层岩性不同主要体现在岩石的可溶性和透水性不同。

1）可溶性

（1）从岩层的化学成分来讲，一般而言，可溶岩的溶解度越大，溶蚀速度越快，岩溶的发育程度也越高，更易发育溶洞溶腔及地下河等大型岩溶。在常见的碳酸盐类岩石中，石灰岩、白云岩、硅质灰岩、泥灰岩中的岩溶发育程度依次降低（李术才等，2018）。

（2）从岩石的结构来讲，结晶岩石的晶粒越小，相对溶解度越大（黄鑫等，2020）。以白云岩为例，相对溶解度自微粒、细粒到中粒依次减小；鲕状结构与隐晶-细晶质结构的石灰岩溶解速度较块；不等粒结构岩石比等粒结构岩石的相对溶解度大；岩石的孔隙度越高，越有利于岩溶发育。

（3）从碳酸盐岩的成层构造来讲，一般岩层愈厚、岩性越纯，岩溶就愈发育。这是由于质纯、厚层岩石原生裂隙稀疏、宽大，透水性强，且其中含不溶物较少，溶解度较大；薄层碳酸盐岩常含有较多泥质，溶解度小，故岩溶发育程度较弱。

此外，当地层中还有硫化矿体时，也有利于岩溶发育。这是因为硫化矿体易于氧化。当硫化矿物发生氧化作用后会产生大量硫酸根离子，使地下水发生酸性化学反应，严重侵蚀碳酸盐类岩石，导致岩溶发育强烈（周轮，2017）。

2）透水性

岩石的孔隙和裂隙决定了可溶性碳酸盐岩的透水性，其中构造裂隙尤为重要。岩体中地下水的渗流主要是沿着孔隙和裂隙发生的,因此裂隙的发育程度和延伸方向,直接影响地下水径流的强度和方向。一般而言,岩石的孔隙度越大、构造裂隙越发育,岩石的透水性越强,岩溶的发育程度也越高。

2.2.2　地质构造

地质构造与岩溶发育的关系极为密切,通常而言地质构造复杂地段和岩溶个体形态分布密集地段具有一致性。地质构造不仅控制岩溶发育的方向,而且还影响岩溶发育的形态和规模。

1)构造裂隙

完整地壳岩层在构造运动的影响下发生断裂、错动,岩层的完整性和连续性遭到破坏,可溶性岩石中产生大量的构造裂隙,这为岩溶发育提供了有利条件。对于断层构造而言,岩石破碎、风化严重和节理裂隙密集区主要分布在断层带部位,破碎围岩为地表水体入渗至地下岩体提供了通道;对于褶皱构造来说,其核部在岩层挤压下变形发生破碎,加之地表降雨集水沿地面岩体裂隙、岩层分界处进入核部。在长时间的溶蚀作用下,核部沿岩体层面不断被剥蚀形成空腔并夹杂碎石、岩溶水体等充填物。总之,地下岩溶的发展方向常常受构造裂隙的延伸方向控制。构造裂隙比较发育的地方岩体支离破碎,为地下水运移提供很好的储存和运输空间。地下水沿着岩体裂隙不断流动溶蚀,溶蚀裂隙逐渐扩大,形成溶洞、溶腔等地下空洞。在后期构造运动、地震或人类活动的印象下,洞顶失稳崩塌,进一步形成了大型溶洞。

2)可溶岩层与非可溶岩层接触带

碳酸盐类等可溶岩层与非可溶岩层的接触带往往是地下水流动条件发生改变的地方(刘光亚,1979)。当可溶岩层比非可溶岩层的透水性大时,非可溶岩层起到相对隔水或阻水的作用,使可溶岩层中的地下水运动受到阻挡,在接触带附近造成集中水流,并迫使地下水沿着两种岩层的接触面流动。这样,在紧靠接触面的可溶岩层里便形成了比其他可溶岩层更为有利的岩溶发育条件。当可溶岩层的透水性比非可溶岩层的透水性小时,则非可溶岩层中的地下水流遇到可溶岩层时,便在接触面附近集中并沿接触面流动,使紧靠接触面的可溶岩石首先被溶蚀,接触面附近较为畅通的流水条件有利于岩溶发育。

2.2.3　岩层产状和岩性组合

碳酸盐岩为沉积岩,层理明显,层面裂隙发育,尤其是不同含水岩组接触带层理裂隙发育更甚,地下水通常沿层面裂隙流动。岩层产状和岩性组合会影响下水的流动进而影响岩溶发育。因此,岩层产状和岩性组合是岩溶发育的重要影响因素之一。

1)岩层产状

在相同水动力条件下,岩层的产状决定了岩层节理裂隙的发育,从侧面也确定了岩溶水的侵蚀方向和侵蚀面积,进而对溶洞的发育速率、方向以及所形成的规模产生影响。对层间岩溶水来说,岩层的产状更控制了地下水的补给、径流和排泄。此外,岩层的渗透率具有各向异性特征,地下水沿垂直岩层层面方向的渗透系数小,沿岩层层面方向入渗系数大。岩层渗透率不同影响地下水的补、径、排和入渗条件。一般而言,水平产状的岩层入渗条件差,岩溶发育较弱;垂直产状岩层虽然渗透系数大,但因地表汇水面积小,溶蚀作用差,对形成大型岩溶不利。

因此,岩层倾角为25°~65°时,降雨入渗条件和汇水条件最为有利,岩溶也最为发育。(李术才等,2019,徐振浩等,2011)

2)岩性组合关系

岩溶是否发育以及发育的强弱等与岩性组合的类型有关。由于可溶岩具备岩溶发育的基本条件,可形成适水性岩层;非可溶岩透水性相对较差,视为隔水层或相对隔水层。透水层与隔水层在空间上排列组合不同,地下水径流条件就会发生变化,会产生不同的岩溶发育规律。

2.2.4 气候条件

气候条件是岩溶发育重要影响因素之一,其主要包括降雨量、蒸发量和气温三个方面,三者都对岩溶发育有重要影响。

大气降雨是地下水的主要补给源之一,地下水补给的强弱影响着地下水循环。因此,降雨量的多少直接影响地表及地下岩溶的发育;而较高的蒸发量则会减弱降水对可溶岩的溶蚀作用,特别是减弱水向地下的渗透和地下岩溶的发育(袁道先,1994);气温对岩溶发育的影响主要表现在三个方面:①温度越高,越有利于地下水对碳酸钙的溶蚀。此时,温度对岩溶发育的影响为正影响;②温度升高,CO_2在地下水中的溶解度降低,不利于碳酸的形成以及它对碳酸钙的溶解。此时,温度为岩溶发育的影响为负影响;③从地球系统科学考虑,气温升高,植被、细菌及土壤空气中的CO_2含量将会增加,从而促进岩溶发育。此时,温度对岩溶发育的影响为正影响,且影响程度远远超过(2)的负影响。因此,通常认为温度对岩溶发育的影响为正影响。

2.2.5 地形地貌

地形地貌也是岩溶发育的重要影响因素之一。地形地貌不同,其地表汇水能力也不同。地势越低,地表汇水面积越大,则在同等条件下输入地下水的量越大,促进了地下水的流动和循环,因此,越有利于岩溶的发育(任美锷等,1983)。汇水面积越大,在地表越易形成较大的槽谷和洼地,漏斗、落水洞等岩溶形态也会大量发育。地表岩溶形态是地下河系统的地表形迹,洼地、漏斗、落水洞都是地下河系统的输入点,输入水量取决于各输入点的地表汇水面积(葛颜慧等,2010)。岩溶竖井、落水洞、洼地、岩溶漏斗、岩溶塌陷、溶洞、槽谷等地貌特征通常能够反映深部地下的岩溶形态。一般而言,洼地、地下河入口等大型集水输入点的地下延伸就是地下河高级别支流河道。

地下水渗透量大小还会受地表坡度的影响。一般而言,地表坡度平缓,径流缓慢,渗透量大,岩溶较发育。反之,地表坡度越大、地形越陡峭,径流速越快,岩溶水难以储存于山体内部,岩溶发育越差,此时的岩溶发育多以如石芽、溶沟、溶槽等地表冲蚀为主(郭明,2014;周轮,2017)。

2.2.6 其他因素

除了受地层岩性、地质构造、岩层产状和岩层组合、气候条件和地形地貌的影响外,岩溶的发育还受到水文条件、地表植被、土壤、生物活动等因素的影响。

水是岩溶发育最直接最活跃的因素,从地表水、地下水主要受降水补给的角度考虑,可以认为水文条件是气候条件的派生因素,但这还远没有发挥出地表水和地下水在岩溶发育中的巨大功能。因为雨水降落到地表后，不单是进行能量的释放，而且受到地质、地形、植被等条件的综合影响，还要进行能量的重新调配和聚集，有时可发挥更大的溶蚀作用。如外源水的作用，它可以把来自非岩溶区的水集中起来，注入可溶岩地区，因而在相同的降水条件下起到"事半功倍"的作用（袁道先，1994）。

植物对岩溶发育的影响主要表现在三个方面：（1）植物根部的机械破坏作用以及分解植物残余物、腐殖质能产生大量的游离 CO_2；（2）植物覆盖可增加空气湿度和降水，截留径流，减弱地表径流，加强下渗作用，有利于溶蚀作用，促进地下岩溶发育；（3）由于植被大面积覆盖，不能形成厚层地表径流，阻碍地表冲刷作用，地表岩溶发育缓慢，地下岩溶作用加剧。

土壤对岩溶发育的影响主要表现在：岩溶水中的 CO_2 主要来源于土壤，是由土壤中亿万微生物制造的。土壤中的生物化学作用，为降水及地表水入渗提供大量 CO_2，从而加速水对可溶岩的溶解，促进岩溶的发育。要发育大型洞穴，它的地表必须有土壤覆盖层。

岩溶发育与生物活动密不可分。生物对岩溶发育的影响主要体现在对岩溶的溶蚀作用和沉积作用，即由生物作用特别是细菌类微生物及藻类微生物的作用产生的 CO_2，在水、酸（H_2CO_3，H_2SO_4）或碱（NH_4OH）作用下导致的溶蚀作用或沉积作用。生物的溶蚀作用包括直接作用和间接作用两种。直接作用是指大量的生物（藻类、菌类等）对可溶岩的溶蚀和钻孔作用以及植物、动物对可溶岩的破坏作用；间接作用主要是指生物的新陈代谢或死亡腐烂，为地下水提供大量的 CO_2，提高了岩溶水的溶蚀能力。生物的沉积作用包括各种水生生物对水体中 CO_2 的同化作用，该过程在植物体内则为光合作用，可以消耗 CO_2 致使钙发生沉积，以及生物构架作用，是苔藓类及藻类乃至草丛等植物所共有的一种重要作用。在此过程中植物本身作为钙华沉积的重要组成部分而又同时作为方解石沉积依附的骨架形成疏松多空隙的钙华。总的来说，生物因素对岩溶作用起到促进和增强的作用。

2.3 岩溶发育的特征与规律

在上述影响因素作用下，岩溶发育呈现出一定的特征和规律。在隧道建设中，根据岩溶的发育特征与规律，结合前期地质调查资料，可以提前制订合理的突水超前地质预报方案、隧道施工方案和突水应急处理措施，为规避施工期岩溶地质灾害的发生提供重要的依据。本节将对岩溶发育的区域分布特征、水平分带与垂直分带特征、成层性特征和岩溶发育的一般规律进行研究。

2.3.1 岩溶发育的区域分布特征

我国可溶岩地层分布广泛，面积超过 300 万 km^2，约占国土面积的 1/3。从大范围来说，岩溶发育特征受自然地理条件、气候环境条件的影响很大，区域地质背景也是其重要影响因素之一。由于以上条件的差异性，岩溶发育程度具有明显的地域性特征。岩溶地貌又称为喀斯特地貌，在我国分布较为广泛，从热带到寒带各种喀斯特地貌类型较为齐全，并表现出很强的区域性，但主要分布在我国西部的碳酸盐岩出露地区，其中以广西、贵州和云南东部所占的面积最大，是世界上最大的喀斯特区之一。广西境内主要是热带和亚热带喀斯特，贵州、云南、西藏多为高原喀斯特,高山喀斯特多分布在四川、云南和西藏等高海拔地区。

我国南北方岩溶分布差异主要是由于南北方气候、降雨、岩性等方面的差异造成的(刘光亚,1979)。

我国南方气温高,雨量多,水的径流交替强烈;可溶岩以泥盆系、石炭系、二叠系的石灰岩层为主,时代较新,硅、镁质较少,质纯层厚,裂隙比较发育,所以岩溶发育速度较快。另外,又因南方土壤植被发育,它们分解出的CO_2和分泌的有机酸都较多,更能加速和促进岩溶发育过程。所以,在我国南方的碳酸盐岩地层区,地表和地下岩溶构造强烈发育。地表岩溶构造表现为岩溶洼地、落水洞、岩溶漏斗、峰林、天生桥、干谷等。地下岩溶构造以溶洞、地下河、地下湖为主,溶洞数量多,规模大,且常形成地下河系。

我国北方地区气温较低,降水量少,地表径流较少,土壤植被也不如南方发育;可溶岩以寒武、奥陶系碳酸盐类岩层为主,时代较老,大部分已经硅化和白云岩化,溶解度较低。因此,我国北方岩溶发育程度较南方低,地表岩溶地貌不发育,漏斗、溶井、落水洞、溶蚀洼地等现象均很罕见,而以岩溶泉、干谷地貌为主。由于地质构造条件对岩溶发育的控制作用相对较大,地下岩溶则以互相连通的溶蚀裂隙为主,发育程度较深。溶洞数量少且发育规模小,常形成地表岩溶径流带,地下河少见。

2.3.2 岩溶发育的分带特征

地下水在岩溶发育过程中起着至关重要的作用。地下水的流动性和侵蚀性使得可溶性岩石不断溶蚀,岩溶不断发育。地下水的动力分带直接影响岩溶的发育程度,其主要分为水平和垂直两个方向。

1)岩溶发育水平分带特征

岩溶水动力水平分带可以分为补给区、径流区和排泄区(李术才,2015)。岩溶发育在水平方向,从分水岭补给区、地下径流区至河谷排泄区,岩溶化程度呈现出由弱到强的变化特征。分水岭地区的地下水径流量小,岩溶作用较弱。随着向河谷排泄区过渡,径流区地下水汇水面积增加,径流量增大,地下水运动和交替条件越来越好,岩溶发育程度也相应地增强。因此,强岩溶带多分布在地下水径流区和排泄区。

2)岩溶发育垂直分带特征

在垂直分带上,岩溶发育除受地层岩性、构造影响外,主要受水流循环强度和深度的控制。一般情况下,岩溶发育程度随着深度的增加而逐渐减弱。这是因为岩溶水的侵蚀性主要来源于地表土壤中的CO_2和有机酸,而土壤层中CO_2和有机酸分布在地表,随着地下水运动其侵蚀性向深部衰减(葛颜慧,2010;李术才,2015)。

在垂直方向上,一般可将岩溶地层划分为四个分带,由上向下依次为:垂直下渗带、季节变动带、水平径流带、深部循环带。

(1)垂直下渗带,也称垂直渗流带,位于地表以下、季节变动带之上。垂直下渗带中含水较少,地下水主要以垂直下渗运动为主。垂直下渗带为较强岩溶发育带,以垂直型岩溶形态为主,如漏斗、落水洞、竖井、天坑、垂向溶缝等。

(2)季节变动带是指枯季水位和雨季洪峰水位之间的地段,雨季被地下水淹没,旱季则成为垂直下渗带的一部分。季节变动带内水的化学和物理活性最强,是岩溶作用较强的岩溶化带。季节变动带中垂直岩溶和水平岩溶均有发育,且极易发育岩溶管道、溶洞和地下河系统。因此,通过季节变动带内的隧道遇到大型溶洞、岩溶管道的概率较大,溶洞及其充填物坍塌的处理问题必须引起重视。旱季,隧道基本没有突水的威胁,但可能有溶洞充填物的坍塌。雨季,特别是大的降雨过程,由于区域地下水位上升,可能产生突水(泥),降雨结束后,突水(泥)的概率逐渐减弱。季节变化带最大厚度可达到80~100m(葛颜慧,2010;李术才,2015)。

(3)水平径流带位于季节变动带和深部循环带之间,处于最低地下水位以下,其下限为当地侵蚀基准面。地下水以水平运动为主,岩溶以水平岩溶形态为主,大量的溶洞、地下河、地下湖泊等都产生于此带。

(4)深部循环带位于水平径流带之下,埋藏深度较大,地下水以孔隙水和裂隙水为主,活动强度低,水动力循环较弱,岩溶发育相对较弱。岩溶发育规模相对较小,以溶隙和溶孔为主,发生突水概率也相对较小。但由于地下水位较高、水压大,当揭露裂隙或小型充水充泥溶洞时也会发生严重的突水突泥灾害,需特别注意。

2.3.3 岩溶发育的成层性特征

地壳的抬升与下降可对岩溶发育产生较大影响。当地壳长期稳定时,岩溶即在某一基准面的高程处得到充分发育,形成一个似层状强岩溶带。如果地壳上升,随后又长期稳定,由于排泄基准面相对降低,岩溶又在新的基准面处发育,于是又形成一层强岩溶带。如果地壳下降,排泄基准面相对上升,则已经形成的岩溶带即沉入地下深处,在它上面继续发育新的岩溶带。大厚度碳酸盐类岩石在地壳间歇性升降运动的作用下形成多层岩溶带(刘光亚,1979)。

2.3.4 岩溶发育的一般规律

1)岩溶多分布于厚层质纯灰岩地层

可溶性岩石是岩溶发育的物质基础,岩石的可溶性越强,岩溶越发育(刘光亚,1979)。根据不同碳酸盐地层内部岩溶发育程度进行划分,可溶性由高到低:首先是石灰岩,该类岩石易受水侵蚀,岩溶最为发育,多由小型溶洞和溶蚀裂隙组成,并有一定数量的大型溶洞;其次是白云岩以及白云质灰岩等岩层,该类岩溶较发育,仅次于石灰岩;再次是泥灰岩、泥质灰岩、及泥质、白云质角砾岩等岩层,其岩溶发育相对很弱;随后是大理岩,岩溶弱发育或极弱发育;最后是蚀变灰岩、矽卡岩等,岩溶发育甚微或不发育。在各类碳酸盐分布地区,岩溶主要沿着厚层质纯灰岩地层发育。

2)岩溶多沿着构造破碎带分布

(1)岩溶沿断层破碎带发育

可溶岩层中的断层破碎带,特别是张性断层破碎带,地下岩溶特别发育,常发育有地下河或强岩溶带,在断层交叉的部位常形成大型溶洞、地下河天窗及地下湖池等岩溶形态(刘光亚,1979)。

(2)岩溶沿着褶曲轴部发育

可溶岩层褶曲构造的轴部,因为纵张裂隙分布较多,有利于地下水活动,岩溶发育。地下水易沿着张裂隙溶蚀扩展,形成溶蚀裂隙和溶洞,发展成为强岩溶带或地下河。向斜轴部的纵张裂隙发育较深,容易溶蚀成地下河。背斜轴部的纵张裂隙发育深度较浅,故岩溶通道的发育深度也较浅。从褶曲轴部张裂隙发育的条件来看，背斜优于向斜，但因向斜轴部常有良好汇水条件，当向斜拗陷不深时，其轴部的岩溶发育往往比背斜轴部强烈(刘光亚，1979)。

(3)岩溶沿着层面构造裂隙发育

可溶岩层的层面裂隙也为岩溶发育提供了条件。岩层褶曲过程中最容易产生层间滑动，在两翼产生层面扭裂隙，在轴部产生层面张裂隙。这些层面构造裂隙是地下水活动的通道，岩溶很容易沿着它们发育起来。在包气带中，由地面下渗的水，顺着层面倾斜方向运移，促使岩溶沿着层面倾斜方向发育。在饱水带中，地下水多沿层面裂隙顺着岩层走向运移，所以溶洞和溶蚀裂隙也顺岩层走向发育(刘光亚，1979)。

3)岩溶多沿可溶岩层与非可溶岩层接触带分布

当产状倾斜的可溶岩层与上覆和下伏的非可溶岩层接触时，常在其上覆接触带形成一系列溶井、落水洞等垂直形态的岩溶，在下伏接触时常形成一系列岩溶接触泉。当灰岩等透水层位于页岩等隔水岩层之上时，地下水在透水层内部下渗并汇集在隔水层顶板，则在接近隔水层顶板处易发育大型岩溶系统。当透水岩层位于隔水岩层之下时，在隔水层底板与透水层顶板的接触部位容易形成岩溶。当透水岩层与隔水岩层互层时，岩溶化程度随着隔水岩层数量的增多而减弱(任美锷等，1983)。

4)岩溶多沿地下水强烈交替带分布

岩溶发育离不开水的溶蚀，水的溶蚀能力是其形成不可缺少的条件。岩溶水中 CO_2 的含量及地下水交替的程度决定着岩溶发育的大小。水中侵蚀性 CO_2 主要来源于土壤层的生物化学作用及大气。由于近地表处浅层水中 CO_2 含量较高，则对碳酸盐岩的溶蚀能力较强。地下水在不断交替更新过程中，其溶蚀能力始终保持在最强状态。而停滞的水溶解了 $CaCO_3$ 岩石后，很快就会变成饱和溶液，失去其溶蚀能力(刘光亚，1979)。所以，在水交替循环较强较快的区域，岩溶发育强烈，水交替循环较弱较慢的区域，岩溶弱发育，在水停滞不循环的区域，岩溶不发育。

5)岩溶在硫化物矿体氧化带附近发育

硫化物矿体易于氧化，氧化反应生成的硫酸根离子，改变了地下水的 pH 值，使得地下水变为酸性，对碳酸盐岩进行侵蚀，促进岩溶强烈发育。由于硫化矿体氧化带的分布并不普遍，所以他对碳酸盐类岩层的岩溶发育是局部的(刘光亚，1979)。

2.4 溶洞类型划分

在隧道施工过程中，岩溶突水致灾构造主要有溶蚀裂隙型、溶洞溶腔型、管道及地下河型(黄鑫，2019)。其中由于揭露溶洞溶腔型致灾构造发生的突水灾害致灾规模大且工程上发生更为频繁，因此，有必要对溶洞类型进行合理划分，总结不同类型溶洞的特征，为岩溶隧道突水灾害防治对策的制订提供有效的依据。

本节在前人研究的基础上，根据溶洞形态及规模、充填性特征、充填物性质、涌水量、突水动态变化特征以及地质构造特征等因素对溶洞进行合理分类(刘招伟，2007；朱海涛，2011；马栋，2012；程邦富，2013)，以指导岩溶隧道突水灾害防治与安全施工。溶洞分类如图 2-1 所示(郭明，2014)。

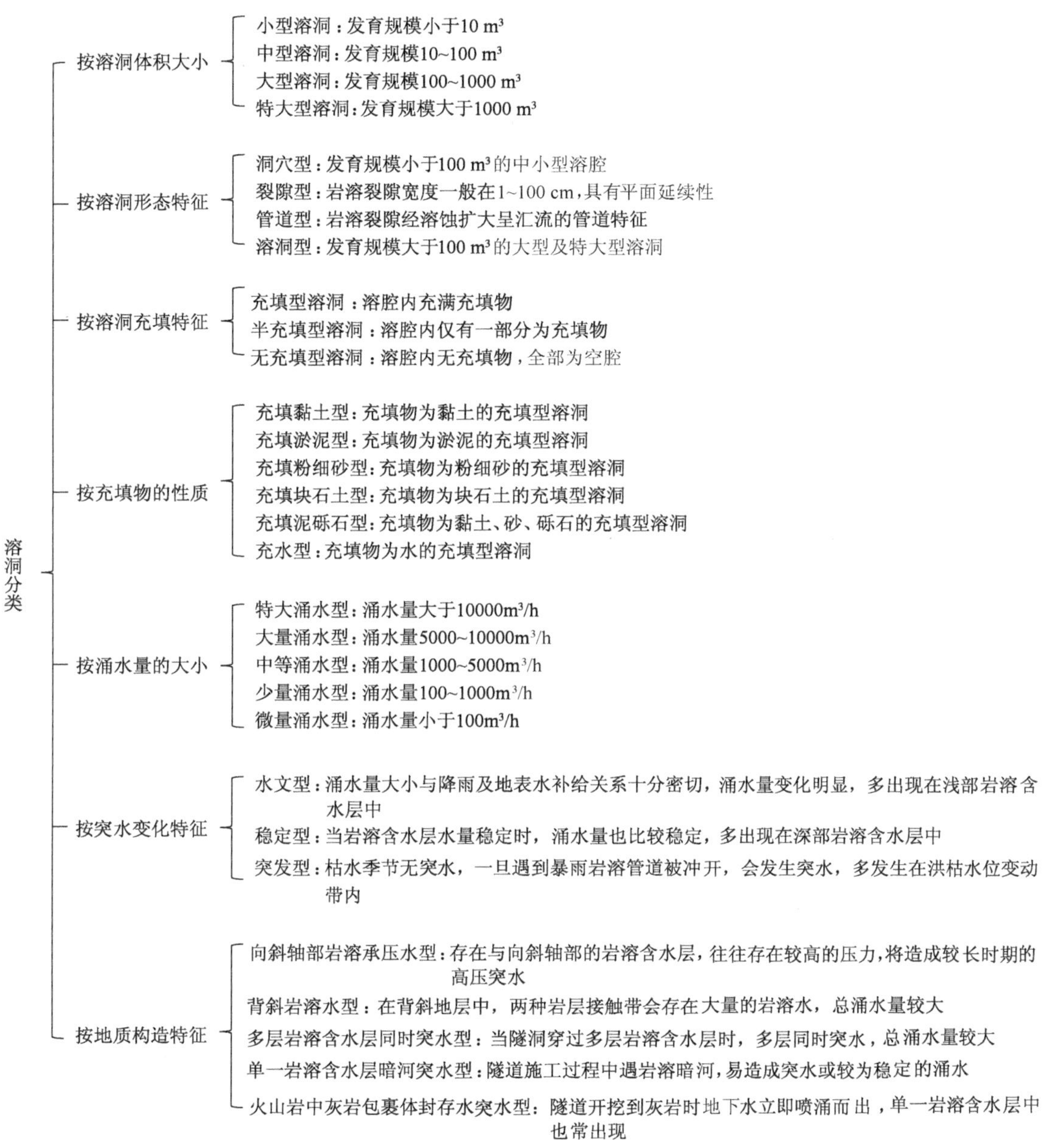

图 2-1　溶洞分类

2.5　本章小结

本章从分析岩溶发育机制入手，首先介绍了岩溶发育应具备的四个基本条件，即岩石具有可溶性、岩石具有渗透性、地下水具有侵蚀性、地下水具有流动性，分析了岩溶的发育机制，主要是 CO_2 等具有侵蚀性的气体溶于水中，使得地下水具有侵蚀性，通过对碳酸盐岩的不断侵蚀，使岩石发生溶蚀、溶解，形成岩溶管道、溶蚀裂隙和溶洞等岩溶现象。其次，总结了岩溶发育的主要因素,分析地层岩性、岩层产状和岩性组合、地质构造、气候条件、地形地貌等因素对岩溶发育的影响机制。再次,归纳了岩溶发育的区域分布特征、水平分带与垂直分带特征以及成层性特征,并对岩溶发育的一般规律进行了总结。最后,根据溶洞形态及规模、充填特征、充填物性质、涌水量、突水动态变化特征以及地质构造特征等因素对溶洞进行了分类。研究结果可为岩溶隧道突水风险评价与风险源辨识、突水预警的研究奠定地质基础。

第3章

岩溶隧道突水风险评估与风险源辨识

岩溶隧道突水风险评估与风险源辨识，是在掌握岩溶发育基本规律的基础上，对隧道不同区段的进行风险评估，划分区段突水风险等级；在划分风险等级的基础上，对不同突水风险等级区段实施相应的超前地质预报方案，根据综合超前地质预报找出突水风险源，以指导开展预警工作。因此，开展岩溶隧道突水风险评估与风险源辨识对岩溶隧道突水灾害控制具有重要意义。本章基于模糊综合评判方法，建立岩溶突水风险评估指标体系，提出了岩溶隧道突水风险评估模型，并依托马鹿箐隧道进行工程验证，进而提出综合超前地质预报方法并进行岩溶隧道突水风险源辨识，为岩溶隧道突水机制的研究奠定基础。

3.1 模糊综合评估

3.1.1 概述

层次分析法（The Analysis Hierarchy Process，简称 AHP）是 1977 年由美国运筹学家 T. L. Saaty 提出的一种新的定性分析与定量分析相结合的系统分析决策方法。它把复杂问题分解为诸多主要组成因素，再将每个因素按支配关系分成许多次级因素，将这些因素按支配关系分组形成有序的递阶层次结构，通过两两比较同一层次中各个因素的相对重要性，确定各个因素相对重要性的总顺序。该方法在处理复杂决策问题上具有很强的实用性和有效性。

模糊层次分析法（Fuzzy Analytic Hierarchy Process，简称 FAHP）是模糊数学的一种具体应用方法，由我国学者王培庄教授最早提出，是一种将模糊数学与层次分析法相结合，在多因素场对事物和系统进行综合评价的方法。该方法已大量应用于岩土工程领域（王之汉等，1998；刘端伶等，1999；刘伟韬等，2000；刘伟韬等，2001；许传华和任青文，2004）。它应用模糊变换原理和模糊数学的基本理论——隶属度或隶属度函数描述中间过渡的模糊信息量，将模糊信息定量化，考虑与评价事物和系统相关的各个因素，合理地选择因素域值，做比较合理的划分，再利用传统的数学方法对多因素进行定量评价，从而科学地得出评价结论。其特点在于，评判逐对进行,对被评价对象有唯一的评价值,不受被评价对象所处对象集合的影响。

复杂事物在进行综合评判时由于涉及的因素很多,而每个因素往往还由若干其他因素决定。这时,如仅采用一级模糊综合评判,便不能考虑因素的各个层次,使得综合评判不能全面考虑每一级因素的影响。为避免上述弊端,可采用多级模糊综合评判的方法。

3.1.2 多级模糊综合评判

多级模糊综合评判的基本思想是:先按最低层次的各个因素进行综合评判,然后再按上一层次的各因素进行综合评判,这样一层一层依次往上评,一直评到最高层次,得出总的评判结果。

以二级模糊综合评判为例说明,二级模糊综合评判的主要步骤(王彩华和宋连天,1988;肖盛燮,1993)如下。

1)确定因素层次

设研究的问题主要影响因素有 m 个,其因素集为:

$$U=\{u_1,u_2,\cdots,u_m\} \tag{3-1}$$

$u_i(i=1,2,\cdots,m)$为第一层次(即最高层次)中的第 i 个因素,它由第二层次中 n 个因素决定,即:

$$u_i=\{u_{i1},u_{i2},\cdots,u_{in}\}\quad(i=1,2,\cdots,m) \tag{3-2}$$

$u_{ij}(i=1,2,\cdots,m,j=1,2,\cdots,n)$由第三层次的因素决定。这样,每个因素决定它的下一层次因素的数目不一定相等,即不同的 i,仍可有不同的 n。

因素层次多少是根据具体问题的性质和需要确定。不同性质的问题,有不同的因素层次;同一性质的问题,一般层次划分越多,评判会越准确,但工作量也会越大,因此,并不是层次分得越多越好。

2)建立权重集

根据每一层次中各个因素的重要程度,分别给每一因素赋以相应的权数,可得到各个因素层次的权重集如下:

第一层次的权重集:

$$A=(a_1,a_2,\cdots,a_m) \tag{3-3}$$

则第一层次中第 i 个因素 u_i 的权数为 $a_i(i=1,2,\cdots,m)$。

第二层次的权重集:

$$A_i=(a_{i1},a_{i2},\cdots,a_{in})\quad(i=1,2,\cdots,m) \tag{3-4}$$

其中,$a_{ij}(i=1,2,\cdots,m,j=1,2,\cdots,n)$是第二层次中决定因素 u_i 的第 j 个因素 u_{ij}的权数。

若还有更低层次的因素,则还应有相应的权数和权重集。

3)建立评估集

评估集是以总评判的各种可能的结果为元素组成的集合,故不论因素层次有多少,评估集只有一个。设总评判的可能结果共有 p 个,则评估集一般地表示为:

$$V=(v_1,v_2,\cdots,v_p) \tag{3-5}$$

其中,$v_k(k=1,2,\cdots,p)$即为总评判的第 k 个可能的评判结果。

4)一级模糊综合评判

每一因素都是由低一层次的若干因素决定,所以每一因素的单因素评判是低一层次的多个因素的综合评判。因此,模糊综合评判应从最低层次开始,一级模糊评判应是最低层次的综合评判。下面评判以两个因素层次为例。

在两个因素层次情况下,一级模糊综合评判应按第二层次诸因素进行。设评判对象按第二层次中的任一因素 u_{ij} 评判,对评价集中第 k 个元素的隶属度为 $r_{ijk}(i=1,2,\cdots,m,j=1,2,\cdots,n,k=1,2,\cdots,p)$,则第二层次的单因素评判矩阵为:

$$R_i=\begin{bmatrix} r_{i11} & r_{i12} & \cdots & r_{i1p} \\ r_{i21} & r_{i22} & \cdots & r_{i2p} \\ \cdots & \cdots & \cdots & \cdots \\ r_{in1} & r_{in2} & \cdots & r_{inp} \end{bmatrix}=[r_{ijk}]_{n\times p}(i=1,2,\cdots,m,j=1,2,\cdots,n,k=1,2,\cdots,p) \quad (3\text{-}6)$$

矩阵中的第 j 行表示按第二层中第 j 个因素 u_{ij} 的评判结果。

于是,第二层次的模糊综合评判集为:

$$B_i=A_i\cdot R_i=(a_{i1},a_{i2},\cdots,a_{in})\cdot\begin{bmatrix} r_{i11} & r_{i12} & \cdots & r_{i1p} \\ r_{i21} & r_{i22} & \cdots & r_{i2p} \\ \cdots & \cdots & \cdots & \cdots \\ r_{in1} & r_{in2} & \cdots & r_{inp} \end{bmatrix}=(b_{i1},b_{i2},\cdots,b_{ip}) \quad (3\text{-}7)$$

其中,$b_{ik}(i=1,2,\cdots,m,k=1,2,\cdots,p)$ 表示按第二层次中的决定因素 u_i 的各因素 $u_{ij}(j=1,2,\cdots,n)$ 进行综合评判时,评判对象对评价集中第 k 个元素的隶属度。

5)二级模糊综合评判

为了综合考虑所有因素的影响,还必须进行二级模糊综合评判,即对上一层次中各因素的影响进行综合评判。在仅有两个因素层次的情况下,二级模糊综合评判即是按第一层次的所有因素 $u_i(i=1,2,\cdots,m)$ 进行综合评判。显然,二级模糊综合评判的单因素评判矩阵,应为一级模糊综合评判矩阵:

$$R=\begin{bmatrix} B_1 \\ B_2 \\ \vdots \\ B_m \end{bmatrix}=\begin{bmatrix} A_1\cdot R_1 \\ A_2\cdot R_2 \\ \vdots \\ A_m\cdot R_m \end{bmatrix}=[r_{ik}]_{m\times p} \quad (3\text{-}8)$$

其中,$r_{ik}=b_{ik}(i=1,2,\cdots,m;k=1,2,\cdots,p)$。

于是,二级模糊综合评判集为:

$$B=A\cdot R=A\cdot\begin{bmatrix} A_1\cdot R_1 \\ A_2\cdot R_2 \\ \vdots \\ A_m\cdot R_m \end{bmatrix}=(b_1,b_2,\cdots,b_k) \quad (3\text{-}9)$$

$b_k(k=1,2,\cdots,p)$ 即为二级模糊综合评判指标,表示评判对象按所有各类因素评判时,对评价集中第 k 个元素的隶属度。

如果拟研究的问题还有两个以上的因素层次,则可按上述步骤进行更多级的模糊综合评判。

6)评判指标的处理

得到评判指标 $b_i(i=1,2,\cdots,n)$ 之后，一般采用加权平均法确定评判对象的最终结果。取以 b_i 为权数，对各个评价集元素 v_i 进行加权平均的值为评判结果，即：

$$v=\frac{\sum_{i=1}^{n}b_iv_i}{\sum_{i=1}^{n}b_i} \tag{3-10}$$

则 $\underset{1\leqslant i\leqslant n}{Max}\left\{\sum_{i=1}^{n}b_iv_i/\sum_{i=1}^{n}b_i\right\}$（即隶属度最大）的等级就是对应的突水风险等级。

3.1.3 权重确定

通过上述步骤，已经确定了各因素的评判结果，求得模糊综合评判集，但最低层次各因素相对于评价目标的影响权重尚不知道。各因素的相对权重可通过专家评分法求得，即可以利用层次分析法确定权重（赵焕臣等，1986；秦寿康，2003）。具体步骤如下。

1)确定评价因素集

确定影响因素，即因素集 $U=\{u_1,u_2,...,u_n\}$。

2)构造判断矩阵

对所确定的因素两两进行比较，构造判断矩阵。

$$A=\begin{bmatrix}a_{11} & a_{12} & \cdots & a_{1n}\\ a_{21} & a_{22} & \cdots & a_{2n}\\ \cdots & \cdots & \cdots & \cdots\\ a_{n1} & a_{n2} & \cdots & a_{nn}\end{bmatrix} \tag{3-11}$$

a_{ij}表示因素 u_i 与 u_j 比较的重要程度，一般用 1 ~ 9 标度方法表示，并且该标度能较好地将思维定量化，其含义见表 3-1。

1 ~ 9 尺度 a_{ij} 的含义 表 3-1

标　度	含　义
1	表示两个因素相比，具有同样重要性
3	表示两个因素相比，一因素较另一因素“稍微”重要
5	表示两个因素相比，一因素较另一因素“明显”重要
7	表示两个因素相比，一因素较另一因素“强烈”重要
9	表示两个因素相比，一因素较另一因素“极端”重要
2,4,6,8	上述相邻判断的中间值
倒数	因素 u_i 与 u_j 比较判断若为 a_{ij}，则因素 u_j 与 u_i 比较判断为其倒数，$a_{ij}=1/a_{ji}$

3)计算权重

计算判断矩阵每一行的乘积 M_i：

$$M_i=\prod_{j=1}^{n}b_{ij}(i=1,2,\cdots,n) \tag{3-12}$$

计算 M_i 的 n 次方根 W_i：

$$W=(W_1,W_2,\cdots,W_n)^T \tag{3-13}$$

其中，$W_i=\sqrt[n]{M_i}(i=1,2,\cdots,n)$。

将向量 $W=(W_1,W_2,\cdots,W_n)^T$ 正规化，得向量 $\alpha=(\alpha_1,\alpha_2,\cdots,\alpha_n)^T$ 即为所求的特征向量，其中：

$$\alpha_i=\frac{W_i}{\sum_{j=1}^{n}W_j}(i=1,2,\cdots,n) \tag{3-14}$$

4）一致性检验

计算判断矩阵的最大特征根 λ_{max}：

$$\lambda_{max}=\frac{1}{n}\sum_{i=1}^{n}\frac{(AW)_i}{W_i} \tag{3-15}$$

其中，$(AW)_i$ 表示向量 AW 的第 i 个元素。

则判断矩阵的一致性检验指标 CR 为：

$$CR=\frac{CI}{RI} \tag{3-16}$$

其中，$CI=\frac{1}{n-1}(\lambda_{max}-n)$。

RI 为判断矩阵的随机一致性指标，取值见表 3-2。

随机一致性指标 *RI* 的数值　　表 3-2

阶数 n	1	2	3	4	5	6	7	8	9
RI	0	0	0.58	0.90	1.12	1.24	1.32	1.41	1.45

当随机一致性比率 $CR\leqslant0.1$ 时，认为层次单排序的结果有满意的一致性，说明确定的各指标的权重是合理的，否则需要调整判断矩阵的元素取值，直至具有满意的一致性。

3.1.4　隶属度函数

隶属度函数是对模糊概念的定量描述，是运用模糊集合理论解决实际问题的基础。隶属度函数的确定过程，本质上应该是客观的，但由于模糊集理论研究的对象具有模糊性和经验性，每个人对于同一个模糊概念的认识和理解就会产生差异，要找到一种统一的隶属度计算方法是不现实的，因此隶属度函数带有主观性。对同一模糊现象，人们使用不同的方法所建立的反映这一模糊现象的隶属函数是不同的，但只要隶属函数能恰如其分地刻画该模糊现象，在解决和处理模糊现象时仍能殊途同归。隶属度函数一般是根据经验或统计确定，也可由研究领域的专家给出。

1）定性指标隶属度确定

模糊统计法通过模糊统计试验的方法来确定隶属度函数。模糊统计的基本思想是对论域 X 上的一个确定的元素 x_0 是否属于该论域上一个变量 x 的清晰集合 A_a，作出确切的判断，清晰集合 A_a 联系一个模糊集合 A，其相应的模糊概念水平为 a，A_a 的每一次判定都是对 a 作出一个确定的划分。它要求在每次试验中，A_a 的性质必须是个确定的清晰集合。在各次统计中，x_0 是固定的，A_a 的值是变动的。做 n 次试验，其模糊统计可按下式进行计算：

$$x_0 \text{ 对 } a \text{ 的隶属度频率}: f = \frac{x_0 \in A_a \text{ 的次数}}{n} \tag{3-17}$$

随着 n 的增大,隶属度频率 f 会趋向确定,频率所确定在的那个数就是 x_0 对 A 的隶属度。

2)定量指标隶属度函数确定

定量指标隶属度可采用隶属度函数表示,隶属度函数有多种形式,根据实际问题确定和选用。常用的一维隶属度函数形式主要有以下几种。

(1)上限型:

$$\mu(x)=\begin{cases}1 & x\leqslant a_1\\ \dfrac{a_2-x}{a_2-a_1} & a_1<x\leqslant a_2\\ 0 & x>a_2\end{cases} \tag{3-18}$$

(2)下限型:

$$\mu(x)=\begin{cases}0 & x\leqslant a_1\\ \dfrac{x-a_1}{a_2-a_1} & a_1<x\leqslant a_2\\ 1 & x>a_2\end{cases} \tag{3-19}$$

(3)中间型:

$$\mu(x)=\begin{cases}0 & x<a_1\\ \dfrac{a_4-x}{a_4-a_3} & a_1<x\leqslant a_2\\ 1 & a_2<x\leqslant a_3\\ \dfrac{a_4-x}{a_4-a_3} & a_3<x\leqslant a_4\\ 0 & x>a_4\end{cases} \tag{3-20}$$

3.2 突水风险评估指标体系

建立能够量化的风险评估指标体系是岩溶隧道突水地质灾害风险评估的关键。它是评估岩溶隧道施工突水灾害是否发生的指示器,通过对体系各指标进行综合评估,由综合评估结果判断发生突水风险的大小,以便指导灾害预警。

3.2.1 评估指标选取原则

评估指标体系直接影响评价结果和精度。选取的指标以能够反映隧道突水风险为目标。但指标的选择应该抓住主要影响因素,因素太多,可能增加系统指标体系结构的复杂程度,对评估结果的精度提高不大,甚至掩盖了主要因素;因素太少,评估过程简单易行,但难以全面系统地反映客观情况。

由于岩溶突水的不确定性因素太多,岩溶隧道施工过程中突水灾害的发生就较难预测。在建立指标体系时,必须分清主次,突出重点,合理取舍影响突水灾害的所有因素,以构造层次清晰、结构合理的指标体系。在指标选取的过程中,应该遵循以下原则。

1)系统性

指标体系选用的指标必须能很好地反映岩溶隧道突水灾害特征,指标体系应具有明确的层次结构,各评估指标表述了不同层次评估指标的从属关系和相互作用关系,从而使评估体系成为有序、系统的层次结构。

2)科学性

岩溶隧道突水风险评估指标需要通过总结灾害客观规律,研究灾害发生的理论知识,实现经验与知识的互补,并且保证评估指标概念清晰且在能够进行定性分析的同时,尽量做到定量分析,以减少评估过程中的人为因素的干扰,确保评估结果的客观性。

3)稳定性

指标体系的设计应该符合客观实际,具有较好的灵敏性,以直接反映隧道施工过程中灾害发生的风险。但评估指标不能呈现高敏感性,要具有较好的稳定性。不能因为某些指标较小的扰动,致使评估结果出现较大的波动,影响整个评估结果的准确性,这样的指标应尽量少用甚至不用。

3.2.2　评估指标体系建立

基于已发生突水的岩溶隧道和正在修建的岩溶隧道数据,并通过对中国科学院岩溶研究所及部分高校和科研单位的几十位专家进行调查和咨询,建立了层次结构分析模型,通过征集专家评分的方法,根据他们的经验对每个因素打分,进行各因素间的总分比较,建立了层次结构分析的判断矩阵,由此计算得出各个不同因素最终的权值。采用多相模糊统计的方法构造了只能定性描述指标的隶属度函数,采用待定系数法求得了可以定量描述指标的隶属度函数。

1)突水判断依据

(1)溃决突水

岩溶隧道修建过程中,灾难性涌水都由溃决突水引起,其发生条件是在隧道附近存在规模巨大、串通良好、充水(泥)溶洞管道系统,充填物质部分被压实、呈半胶结状态,一般在20m水头下启动溃决过程。溃决之前经常有一个泥沙细粒物质的潜蚀、管涌阶段,在隧道中表现为出浑水。水头小于20～30m时,一般不发生瞬时溃决,而形成相对较慢的泥沙蠕动和泥石流,危害性相对减弱。

预测溃决突水的依据为:

①强岩溶含水层。只有强岩溶含水层才能形成体积巨大的充水(泥)溶洞管道系统。

②岩性界面。在非可溶岩地层和强岩溶地层界面上易于发育大型溶洞管道系统。

③地质结构面。大型溶洞管道系统发育受地质结构面控制。

④水头压力。一般而言,200m以上的水头才可能导致突水。

⑤古老地下河系统。已证实沪蓉西地区在古老岩溶台面以下,发育大量规模巨大的充填和半充填洞穴系统。

(2)雨季突水

雨季涌水量取决于降雨量、入渗条件及汇水面积,其中入渗条件及汇水面积取决于当地地质条件。

因此，岩溶地区隧道修建过程中，突水灾害主要受岩溶发育和岩溶水的影响。由岩溶发育规律可知，岩溶发育和岩溶水主要受岩组岩性、地下水动力分带、地质构造和地貌的影响，因此，岩溶隧道施工期突水风险指标体系的主控因素即为地层岩性、地下水动力分带、地质构造和地形地貌。

2）建立层次结构

为对岩溶隧道施工期突水风险进行模糊综合评判，对其指标体系的主控因素进行递阶分析，把研究对象划分为3个层次（图3-1），共确定了4个一级指标，11个二级指标用于对岩溶隧道施工期突水风险进行评价。岩溶隧道施工期突水风险作为目标层，是这一问题的最终目的（A层次）；岩组岩性、地下水动力分带、地质构造和地形地貌决定了突水风险的大小，但受到与其相关的具体因素的影响，是解决问题的中间环节，为模型的准则层（B层次）；各个层次的具体指标构成了该模型的决策层（C层次），通过对该层次问题的决策，即可最终达到所要求解的目标。

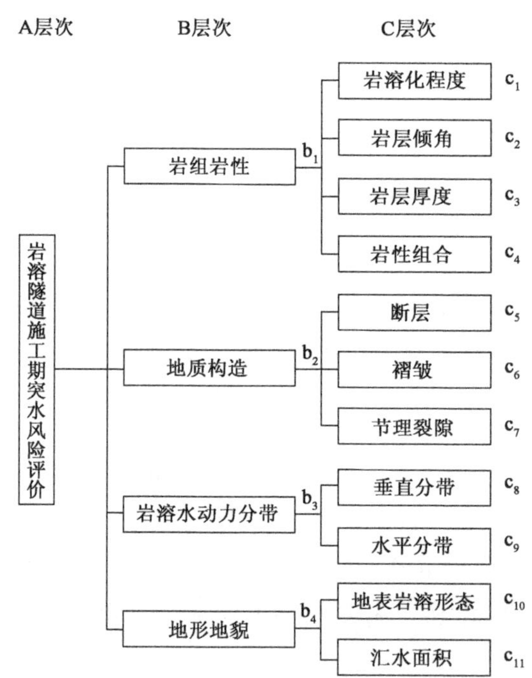

图3-1　岩溶隧道施工期突水风险评价层次结构图

3）确定权重

（1）确定 b_1、b_2、b_3、b_4 对A的权重

组建A-B的判断矩阵如下：

A	b_1	b_2	b_3	b_4
b_1	1	1/3	1/5	1/3
b_2	3	1	1/2	1/2
b_3	5	2	1	3
b_4	3	2	1/3	1

可求得 A-B 的特征向量：$\alpha=(0.08, 0.19, 0.48, 0.25)^T$，最大特征值 $\lambda_{max}=4.131$。

$CR=0.048<0.1$，具有满意的一致性。

(2)确定 c_1、c_2、c_3、c_4对 B_1的权重

组建 B_1-C 的判断矩阵如下：

B_1	c_1	c_2	c_3	c_4
c_1	1	2	3	3
c_2	1/2	1	1/2	1/3
c_3	1/3	2	1	1/2
c_4	1/3	3	2	1

可求得 B_1-C 的特征向量：$\alpha=(0.44, 0.12, 0.17, 0.26)^T$，最大特征值 $\lambda_{max}=4.258$。

$CR=0.096<0.1$，具有满意的一致性。

(3)确定 c_4、c_5、c_6对 B_2的权重

组建 B_2-C 的判断矩阵如下：

B_2	c_5	c_6	c_7
c_5	1	2	3
c_6	1/2	1	2
c_7	1/3	1/2	1

可求得 B_2-C 的特征向量：$\alpha=(0.57, 0.28, 0.15)^T$，最大特征值 $\lambda_{max}=3.182$。

$CR=0.091<0.1$，具有满意的一致性。

(4)确定 c_8、c_9对 B_3的权重

组建 B_3-C 的判断矩阵如下：

B_3	c_8	c_9
c_8	1	1
c_9	1	1

可求得 B_3-C 的特征向量：$\alpha=(0.5, 0.5)^T$，最大特征值 $\lambda_{max}=2$，二阶矩阵总是具有一致性，不需检验随机一致性。

(5)确定 c_{10}、c_{11}对 B_4的权重

组建 B_4-C 的判断矩阵如下：

B_4	c_{10}	c_{11}
c_{10}	1	2
c_{11}	1/2	1

可求得 B_4-C 的特征向量：$\alpha=(0.67, 0.33)^T$，最大特征值 $\lambda_{max}=2$。

4)确定隶属度

(1)地层岩性

地层岩性指标水平划分见表 3-3，各指标隶属度见表 3-4。

地层岩性水平划分 表3-3

岩溶化程度(c_1)	岩层倾角(c_2)	岩层厚度(c_3)	岩层组合(c_4)
强	$10° \leq \beta \leq 70°$	巨厚、厚层	可溶非可溶倾斜产状相间接触面
中等	$0° < \beta < 10°, 70° < \beta < 90°$	中厚层	可溶非可溶岩直立产状相间接触面
弱	水平或垂直,连续厚度不超过100m	薄层	水平下覆隔水层
微弱	水平或垂直,连续厚度超过100m	破碎	水平上覆隔水层

地层岩性指标隶属度 表3-4

岩溶化程度(c_1)	岩层倾角(c_2)	岩层厚度(c_3)	岩层组合(c_4)
1.0	0.9	0.9	0.8
0.8	0.6	0.7	0.6
0.4	0.3	0.1	0.2
0	0.1	0	0

(2)地质构造

地质构造指标水平划分见表3-5,各指标隶属度见表3-6。

地质构造水平划分 表3-5

断　　层	褶　　皱	构 造 裂 隙
张性断层	向斜轴部、褶皱构造转折端	巨裂隙
张扭断层	褶皱翼部	大裂隙
扭性断层	背斜轴部汇水条件好	中裂隙
压性断层	背斜轴部汇水条件差	微小裂隙

地质构造指标隶属度 表3-6

断　　层	褶　　皱	构 造 裂 隙
0.9	0.8	0.8
0.8	0.6	0.6
0.6	0.4	0.2
0.2	0.1	0

(3)地下水动力分带

岩溶水动力分带垂直分带的隶属度函数为式(3-21):

$$\mu(x)=\begin{cases}0 & x\leq 0\\ \dfrac{x}{60} & 0<x\leq 60\\ 1 & x>60\end{cases} \tag{3-21}$$

水平分带指标水平划分及隶属度见表3-7。

水平分带水平划分及其隶属度 表3-7

水平分带	隶属度
排泄区	0.9
径流区	0.8
补给区汇水条件好	0.5
补给区汇水条件差	0.1

(4)地形地貌

地表岩溶形态指标水平划分及其指标隶属度见表3-8。

地表岩溶形态水平划分及其隶属度 表3-8

地表岩溶形态	隶属度
暗河入口、岩溶竖井等发育强烈	0.9
岩溶竖井、岩溶洼地等发育强烈	0.6
岩溶竖井、岩溶洼地等发育较强	0.3
岩溶竖井、岩溶洼地等发育微弱	0.1

汇水面积指标隶属度见式(3-22):

$$\mu(x)=\begin{cases}0 & x\leqslant 0\\ \dfrac{x}{10} & 0<x\leqslant 10\\ 1 & x>10\end{cases}\tag{3-22}$$

3.3 突水风险评估

3.3.1 突水风险等级划分

根据地层岩性、地质构造、地下水动力分带、地形地貌等因素,利用模糊数学和层次分析法,判断可能发生的突水灾害的流量,综合考虑该突水灾害可能造成的后果,将岩溶隧道施工期突水风险分为很高、较高、中等和很小四个等级(Ⅰ-Ⅳ级),Ⅰ级风险为很高,Ⅳ级风险为最低,突水风险等级划分依据见表3-9。

岩溶隧道突水风险等级划分 表3-9

风险等级	划分依据
Ⅰ	突水突泥风险很高,可能发生大于10000m^3/h的特大型突水突泥灾害
Ⅱ	突水突泥风险较高,可能发生1000~10000m^3/h的大型突水突泥灾害
Ⅲ	突水突泥风险中等,可能发生100~1000m^3/h的中—小突水突泥灾害
Ⅳ	突水突泥风险很小,即使涌水也不会超过100m^3/h

3.3.2 评估模型

岩溶隧道施工期突水风险分为四级,则评价集 $V=(\mathrm{I},\mathrm{II},\mathrm{III},\mathrm{IV})$。不同因素的隶属度值对应突水风险等级的单因素评估值见表3-10。根据预测区域各指标的水平，求出其对应的隶属度值，依据表3-10给出的单因素隶属度评估值，可得到C层次的岩溶隧道施工期突水风险等级的评估矩阵，如式(3-23)所示。

单因素隶属度评估值　　表3-10

隶属度	突水风险等级			
	Ⅳ	Ⅲ	Ⅱ	Ⅰ
1.0	0	0	0.2	0.8
0.9	0	0	0.3	0.7
0.8	0	0.1	0.4	0.5
0.7	0	0.2	0.5	0.3
0.6	0	0.2	0.6	0.2
0.5	0.1	0.4	0.4	0.1
0.4	0.2	0.6	0.2	0
0.3	0.3	0.5	0.2	0
0.2	0.5	0.4	0.1	0
0.1	0.8	0.2	0	0
0.0	0.9	0.1	0	0

$$R_i^{(C)} = \begin{bmatrix} r_{i11} & r_{i12} & \cdots & r_{i14} \\ r_{i21} & r_{i22} & \cdots & r_{i24} \\ \cdots & \cdots & \cdots & \cdots \\ r_{in1} & r_{in2} & \cdots & r_{in4} \end{bmatrix} (i=1,2,\cdots,m, j=1,2,\cdots,n) \tag{3-23}$$

对C层次进行综合评判即可得到B层次的各因素对应的评价矩阵：

$$R^{(B)} = \begin{vmatrix} A^{(B_1)} \cdot R_1 \\ A^{(B_2)} \cdot R_2 \\ A^{(B_3)} \cdot R_3 \\ A^{(B_4)} \cdot R_4 \end{vmatrix} \tag{3-24}$$

对B层次进行综合评判，可得对目标A层次的评估集：

$$B = A^{(A)} \cdot R^{(B)} = (b_1 \quad b_2 \quad \cdots \quad b_4) \tag{3-25}$$

当评估区段的某一指标不存在时，可以使该指标在各个风险等级上的评估值相等，这样对评估结果没有影响。

3.3.3 评估标准

评判结果 $B=(b_1 \quad b_2 \quad \cdots \quad b_4)$，依据最大隶属度原则，$b_i = \max\{b_1, b_2, b_3, b_4\}$，则突水风险等级即为 i 项对应的等级。

3.4 工程验证

3.4.1 工程概况

1)地形地貌

马鹿箐隧道全长7876m,路肩标高1038.02m,最大埋深660m,全隧道左侧25m设置平行导坑。

隧道位于鄂西构造溶蚀中高山区,地表标高1000~1500m,相对高差在200~500m,岩溶地貌发育。隧道位于金子山复向斜中四方洞向斜南东翼的单斜地层中,岩层倾向NW300°~330°,倾角平缓,一般5°~15°,局部存在宽缓小褶曲。节理裂隙的发育主要受区域构造应力方向的控制。隧道位于小溪河系统上游补给区,漏斗、落水洞、地下河系统(图3-2)普遍发育,岩溶发育强烈。

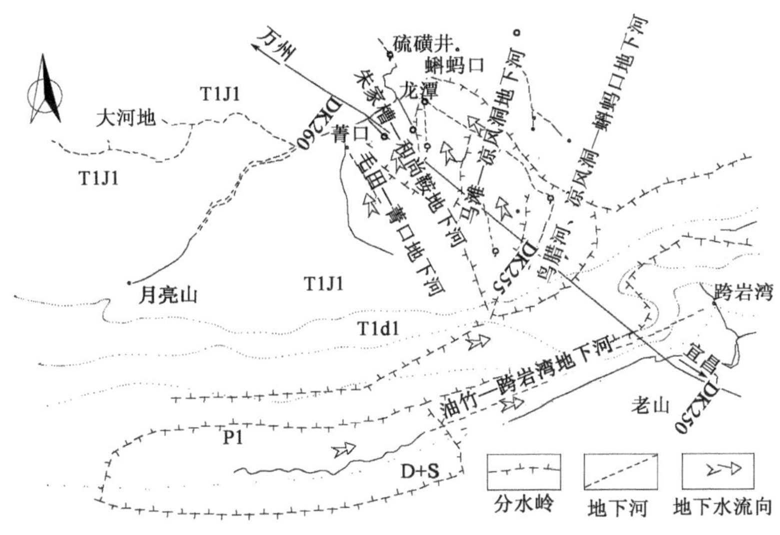

图3-2 马鹿箐隧道暗河分布示意图

2)隧道地层

隧道从东往西依次出露地层为泥盆系中上统砂页岩;二叠系的栖霞组灰岩及煤系地层、茅口组灰岩、吴家坪组煤系地层、长兴组灰岩;三叠系的大冶组灰岩夹页岩、嘉陵江组灰岩(图3-3),可溶岩地层占隧道长度的94.1%。

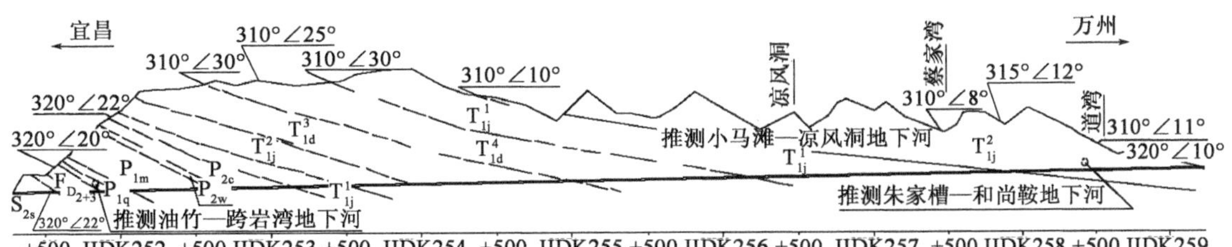

图3-3 马鹿箐隧道纵断面示意图

3)地下河

(1)乌腊河—凉风洞—蝌蚂口地下河(箐口子系统的主通道):入口位于右侧约220m的乌腊河落水洞,流经乌腊河竖井、凉风洞、龙潭,至蝌蚂口流出。水流进入乌腊河落水洞和竖井时的高程分别为1255m和1112m,第一级排泄口蝌蚂口地下河出口高程为989m,水力梯度37.1‰,发育在T_{1j}地层,路肩标高在970~1036m,在乌腊河处,隧道高程在暗河高程以下240~285m,隧道处在深部循环带,在道湾洼地以后,地下河高程在路肩高程以下。地下河主管道位于线路右侧1km。

(2)小马滩—凉风洞地下河:属箐口子系统的分支,进口位于小马滩,在凉风洞处汇入箐口子系统。小马滩落水洞深46m,洞底高程1251m,凉风洞落水洞深80m,洞底高程1046m,水力坡度102.5‰,地下河在DK256+300附近与隧道相交,地下河高程为1148m(相交处路肩高程1000m),高出线路路肩148m,隧道处在深部循环带,地下河河水可能通过各种通道(主要为溶隙、溶孔)深入隧道,汇水面积4km^2。

(3)朱家槽—和尚鞍或道家湾管道流:朱家槽落水洞高程1220m,和尚鞍管道流出口高程1142m,道家湾管道流出口高程1065m,推测管道流在DK258+420附近横穿隧道,管道流比路肩高35m,隧道处在水平径流带,汇水面积1.2km^2。

(4)毛田—箐口地下河:毛田地下河天窗高程1165m,箐口地下河出口高程1050m,水力坡度3.7‰。距离隧道出口0.6~2km,汇水面积4km^2。

(5)油竹—跨岩湾地下河:枯季最小流量0.7m^3/s,最大流量大于10m^3/s,地下河发育高程与隧道线路高程一致。

4)地质构造

隧址区内未见明显断裂构造,主要发育两组节理,一组产状300°~340°∠80°~90°,为纵张节理;另一组产状210°~270°∠60°~80°,为横张节理。

3.4.2 风险分析

应用岩溶隧道施工期突水风险模糊综合评判模型评估马鹿箐隧道隧址区几条地下河对应的重点地段,验证评估模型的正确性与实用性。评估各区段各指标的隶属度见表3-11。

马鹿箐隧道风险评估各指标隶属度表　　表3-11

指　标	指标隶属度				
	乌腊河—凉风洞	小马滩—凉风洞	朱家槽—和尚鞍	毛田—箐口	油竹—跨岩湾
c_1	1	1	1	1	1
c_2	0.9	0.9	0.9	0.9	0.9
c_3	0.9	0.9	0.9	0.9	0.9
c_4	纯碳酸盐	纯碳酸盐	纯碳酸盐	纯碳酸盐	纯碳酸盐
c_5	无	无	无	无	无
c_6	0.6	0.6	0.6	0.6	0.6
c_7	0.8	0.8	0.8	0.6	0.8
c_8	1	1	0.8	0.7	1

续上表

指　　标	指标隶属度				
	鸟腊河—凉风洞	小马滩—凉风洞	朱家槽—和尚鞍	毛田—箐口	油竹—跨岩湾
c_9	0	0.8	0.8	0.1	0.8
c_{10}	0	0.9	0.9	0	0.9
c_{11}	0.3	0.6	0.3	0	0.6

1)鸟腊河—凉风洞段

根据各指标隶属度,查表3-10可得到各指标的评估矩阵,根据评估矩阵和隶属度对突水风险进行评估。

(1)评估矩阵

$$R_1^{(C)}=\begin{bmatrix}0&0&0.2&0.8\\0&0&0.3&0.7\\0&0&0.3&0.7\\0.25&0.25&0.25&0.25\end{bmatrix}\qquad R_2^{(C)}=\begin{bmatrix}0.25&0.25&0.25&0.25\\0&0.2&0.6&0.2\\0&0.1&0.4&0.5\end{bmatrix}$$

$$R_3^{(C)}=\begin{bmatrix}0&0&0.2&0.8\\0.9&0.1&0&0\end{bmatrix}\qquad R_4^{(C)}=\begin{bmatrix}0.9&0.1&0&0\\0&0.2&0.6&0.2\end{bmatrix}$$

(2)各指标权重

$A^{(A)}=(0.08,0.19,0.48,0.25)^T$　　$A^{(B_1)}=(0.44,0.12,0.17,0.26)^T$

$A^{(B_2)}=(0.57,0.28,0.15)^T$　　$A^{(B_3)}=(0.5,0.5)^T$　　$A^{(B_4)}=(0.67,0.33)^T$

(3)风险评估

目标A层次的隶属度为:$B=(0.362\quad 0.107\quad 0.196\quad 0.335)$。

根据最大隶属度原则,可判定该段突水风险等级为Ⅳ级。

2)小马滩—凉风洞段

(1)评估矩阵

$$R_1^{(C)}=\begin{bmatrix}0&0&0.2&0.8\\0&0&0.3&0.7\\0&0&0.3&0.7\\0.25&0.25&0.25&0.25\end{bmatrix}\qquad R_2^{(C)}=\begin{bmatrix}0.25&0.25&0.25&0.25\\0&0.2&0.6&0.2\\0&0.1&0.4&0.5\end{bmatrix}$$

$$R_3^{(C)}=\begin{bmatrix}0&0&0.2&0.8\\0&0&0.3&0.7\end{bmatrix}\qquad R_4^{(C)}=\begin{bmatrix}0&0&0.3&0.7\\0&0.2&0.6&0.2\end{bmatrix}$$

(2)各指标权重

$A^{(A)}=(0.08,0.19,0.48,0.25)^T$　　$A^{(B_1)}=(0.44,0.12,0.17,0.26)^T$

$A^{(B_2)}=(0.57,0.28,0.15)^T$　　$A^{(B_3)}=(0.5,0.5)^T$　　$A^{(B_4)}=(0.67,0.33)^T$

(3)风险评估

$B=(0.044\quad 0.071\quad 0.302\quad 0.583)$,该段突水风险等级为Ⅰ级。

3）朱家槽—和尚鞍地下河段

（1）评估矩阵

$$R_1^{(C)}=\begin{bmatrix}0 & 0 & 0.2 & 0.8\\0 & 0 & 0.3 & 0.7\\0 & 0 & 0.3 & 0.7\\0.25 & 0.25 & 0.25 & 0.25\end{bmatrix}\qquad R_2^{(C)}=\begin{bmatrix}0.25 & 0.25 & 0.25 & 0.25\\0 & 0.2 & 0.6 & 0.2\\0 & 0.1 & 0.4 & 0.5\end{bmatrix}$$

$$R_3^{(C)}=\begin{bmatrix}0 & 0.2 & 0.6 & 0.2\\0 & 0 & 0.3 & 0.7\end{bmatrix}\qquad R_4^{(C)}=\begin{bmatrix}0.1 & 0.3 & 0.4 & 0.2\\0.3 & 0.5 & 0.2 & 0\end{bmatrix}$$

（2）各指标权重

$A^{(A)}=(0.08,0.19,0.48,0.25)^T$　　$A^{(B_1)}=(0.44,0.12,0.17,0.26)^T$

$A^{(B_2)}=(0.57,0.28,0.15)^T$　　$A^{(B_3)}=(0.5,0.5)^T$　　$A^{(B_4)}=(0.67,0.33)^T$

（3）风险评估

$B=(0.072\quad 0.171\quad 0.387\quad 0.371)$，该段突水风险等级为Ⅱ级。

4）毛田—箐口地下河段

（1）评估矩阵

$$R_1^{(C)}=\begin{bmatrix}0 & 0 & 0.2 & 0.8\\0 & 0 & 0.3 & 0.7\\0 & 0 & 0.3 & 0.7\\0.25 & 0.25 & 0.25 & 0.25\end{bmatrix}\qquad R_2^{(C)}=\begin{bmatrix}0.25 & 0.25 & 0.25 & 0.25\\0 & 0.2 & 0.6 & 0.2\\0 & 0.2 & 0.6 & 0.2\end{bmatrix}$$

$$R_3^{(C)}=\begin{bmatrix}0 & 0.2 & 0.5 & 0.3\\0.8 & 0.2 & 0 & 0\end{bmatrix}\qquad R_4^{(C)}=\begin{bmatrix}0.9 & 0.1 & 0 & 0\\0.9 & 0.1 & 0 & 0\end{bmatrix}$$

（2）各指标权重

$A^{(A)}=(0.08,0.19,0.48,0.25)^T$　　$A^{(B_1)}=(0.44,0.12,0.17,0.26)^T$

$A^{(B_2)}=(0.57,0.28,0.15)^T$　　$A^{(B_3)}=(0.5,0.5)^T$　　$A^{(B_4)}=(0.67,0.33)^T$

（3）风险评估

$B=(0.389\quad 0.180\quad 0.248\quad 0.183)$，该段突水风险等级为Ⅳ级。

5）油竹—岩湾地下河段

（1）评估矩阵

$$R_1^{(C)}=\begin{bmatrix}0 & 0.1 & 0.4 & 0.5\\0 & 0 & 0.3 & 0.7\\0 & 0.2 & 0.5 & 0.3\\0.25 & 0.25 & 0.25 & 0.25\end{bmatrix}\qquad R_2^{(C)}=\begin{bmatrix}0.25 & 0.25 & 0.25 & 0.25\\0 & 0.2 & 0.6 & 0.2\\0 & 0.1 & 0.4 & 0.5\end{bmatrix}$$

$$R_3^{(C)}=\begin{bmatrix}0.9 & 0.1 & 0 & 0\\0.8 & 0.2 & 0 & 0\end{bmatrix}\qquad R_4^{(C)}=\begin{bmatrix}0 & 0.2 & 0.6 & 0.2\\0.9 & 0.1 & 0 & 0\end{bmatrix}$$

(2)各指标权重

$A^{(A)}=(0.08,0.19,0.48,0.25)^T$ $A^{(B_1)}=(0.44,0.12,0.17,0.26)^T$

$A^{(B_2)}=(0.57,0.28,0.15)^T$ $A^{(B_3)}=(0.5,0.5)^T$ $A^{(B_4)}=(0.67,0.33)^T$

(3)风险评估

$B=(0.503\quad 0.167\quad 0.192\quad 0.138)$,该段突水风险等级为Ⅳ级。

实际开挖过程中,风险评估结果与实际开挖结果一致(施工过程中该段发生大型突水事故),说明该模型对突水风险评估具有很好的适用性。

3.5 岩溶隧道突水风险源辨识

岩溶隧道突水灾害风险源辨识主要是针对隧道施工过程中岩溶区域富水异常体的发育位置、范围、规模、性质及含水率进行识别。结合岩溶发育的特点,在风险等级划分的基础上,采用超前地质预报方法对岩溶致灾构造进行探测,对岩溶异常体进行定位,实现对岩溶隧道突水风险源的识别。

3.5.1 超前地质预报方法

超前地质预报方法一般分为地质分析法和地球物理类方法。地质分析法主要为工程地质调查法、超前导洞(坑)法、超前钻孔法、断层参数预测法等;地球物理类方法主要为TSP地震探测法、地质雷达法、瞬变电磁法、激化电极法、激发极化法等。不同预报方法的特点见表3-12,适用范围见表3-13。

常见的超前预报方法的特点　表3-12

预报方法	特点
地质分析法	可以随时进行,不干扰施工,通过对资料的分析,可以推断和预报隧道施工前方的工程地质和水文地质情况。通过该方法,可以预报围岩类别、突水、断层、地温、高应力、有害气体,但地质分析的结果较为宏观,不能做到精确地判断,需要与物探方法相结合。地质素描作为地质分析法的主要手段,优点是不占用施工时间,设备简单,不干扰施工,出结果快,预报的效果好,而且可为整个隧道提供完整的地质资料;缺点是预报距离较短
超前钻探法	这种方法可以反映岩体的大概情况,比较直观,施工人员可根据现场的地质情况来安排下一步的施工组织。可以预报围岩类别、突水、断层、高应力、有害气体等。但该方法也存在不足之处:①在复杂地质条件下预报效果较差,很难预测到正洞掌子面前方的小断层和贯穿性大节理,特别是与隧道轴线平行的结构面,其预报无效果;②钻孔与钻孔之间的地质情况反映不出来
TSP超前预报方法	可以对岩体的参数进行定量的显示,对工作面前方遇到与隧道轴线近垂直的不连续体(节理、裂隙、断层破碎带等)的界面,可预报断层、溶洞和富水带的位置和规模,其结果比较可靠,但如果不连续体的界面形状不规则,准确预报的难度较大,且每次耗时约2h,占用工期较长,每次预报距离为150m
声纳法	陆地声纳法是探查中小溶洞、溶槽以及破碎岩体的较好方法,目前的主要问题是无法准确地测定各层岩体的波速,影响预报的精度,每次耗时约1h,每次预报距离为100m
地质雷达法(GPR)	地质雷达能预报掌子面前方地层岩性的变化,对于断裂带特别是含水带、破碎带有较高的识别能力,重点预报突水,预测断层、溶洞和富水带的位置和规模,但是探测的距离较短,在20~30 m之间,同时雷达记录易受干扰,每次耗时约1h,每次预报距离为10~25m

续上表

预报方法	特点
瞬变电磁(TEM)或激发极化法	能够探查掌子面前方的含水体、断层、溶洞和富水带的位置和规模,目前精确定位的计算问题尚待深入研究,在隧道中探测易受干扰,每次耗时约2h,每次预报距离为30~50m
红外探水法	红外探水法是一种辅助探水方法,由于该方法不占用掌子面,操作简单,费用较低,可以全程跟踪掌子面开挖进行探测,每次预报距离为25m,缺点是该方法仅能定性预报含水的可能性

超前地质预报方法及适用范围 表3-13

预报方法	预报距离	技术原理	适用范围
工程地质法	全洞段	地质知识	围岩类别,富水带,断层,地温,高地应力,有害气体等
经验法	前方一定距离	工程地质经验	富水带,断层,岩爆,高地应力,有害气体等
超前钻探	前方30m	勘探法	围岩类别,富水带,断层,高地应力,有害气体等
TSP	前方150m	地震波法	围岩类别、岩性变化,断层,溶洞及富水带位置
地质雷达	10~25m	电磁波	断层,溶洞和富水带位置和规模
红外探水	30m	红外线法	含水构造
瞬变电磁法	50m	电磁法	充水断层,充水充泥溶洞,充水充泥破碎带的位置和规模
激发极化法	30~50m	电法	富水带的位置和规模

3.5.2 综合超前地质预报概念

岩溶隧道综合超前地质预报,就是在突水风险评价进行不同区段风险分级的基础上,在不同突水风险等级的地段,采用地质分析和多种物探方法相结合,扬长避短,相互补充,相互印证,多角度、多参数预报掌子面前方地质情况的技术。图3-4为隧道综合超前地质预报示意图。

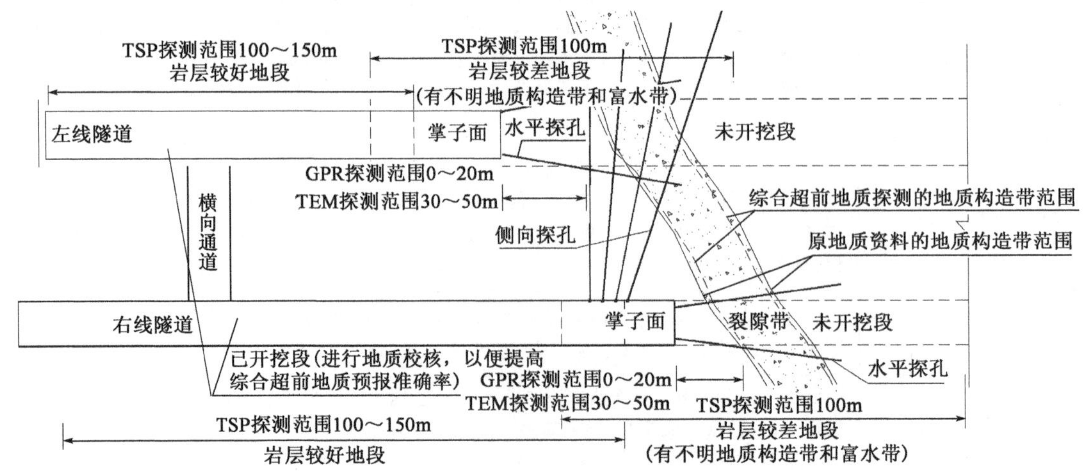

图3-4 隧道综合超前地质预报示意图

3.5.3　实施综合超前地质预报的必要性

(1)由于物探的多解性以及地质情况的复杂性,单一预报方法对地质预报的准确度并不十分可靠,同时不同方法对不同的地质缺陷预报效果也不尽相同,为了提高预报的准确性和精确度,必须开展综合超前地质预报方法研究。

(2)综合超前地质预报的思想虽早被提出,但多强调几种方法的综合运用,缺乏对不同地质对象的适用性研究,容易造成一哄而上的局面。

(3)缺乏对各种物探方法的选择、搭配及互相配合应用的综合物探方法研究,缺乏将隧道的地质工作、物探技术、中短深度水平钻探的成果结合起来进行掌子面前方风险定位的研究。

(4)超前预报应根据不同水文地质情况分段分区,分别采用不同的预报手段和方法,才能达到高效、准确地预报地质灾害的目的。

3.5.4　综合超前地质预报原则

隧道综合超前地质预报应遵循“洞内外结合,长短结合,地质与物探结合,不同物探方法结合”的基本原则,在对隧道风险分级的基础上,采用相对应的综合预报方案。综合预报方案要遵循“合理搭配、科学管理、贯穿全程、因地制宜”的原则。

洞内外结合:是指野外地质调查与洞内地质素描和洞内预报成果相结合,即宏观地质分析与具体的施工超前预报相结合。

长短结合:长期超前预报探测距离较长,但准确性稍差,短期超前预报探测距离较短,但准确性较高,两者的结合可以取长补短,有效提高超前地质预报的准确性。

地质与物探结合:地质分析工作是超前地质预报工作的基础和重要环节,在较好了解地质情况的基础上,才能使物探的解释结果更接近真实情况,大大减少物探多解性带来的难题,离开了地质的物探极易偏离真实的地质,离开了物探的地质就很难将施工超前地质预报工作细化。

不同物探方法结合:各种物探方法各有千秋,单独采用一种方法往往精度达不到要求。而不同物探方法的结合,则可以互相取长补短,有效提高超前地质预报的准确性。

合理搭配、科学管理:针对不同的地质情况和预报要求,将各种方法合理搭配,一方面避免所有方法一拥而上的混乱局面;另一方面,避免采用不适当的预报方法,降低预报效率。科学管理是指隧道超前地质预报要有全面系统的管理制度和高效的反馈机制,以及时指导施工。

贯穿全程、因地制宜:由于隧道围岩地质的隐蔽性、复杂性,超前地质预报工作必须贯穿于施工的全过程,这样才能从根本上保证隧道安全、快速施工。同时,为了达到经济、合理的目的,则需要因地制宜地在不同的围岩中采用不同的隧道超前地质预报方法,如在围岩地质较好的地段中采用结构面调查法就可以对施工中隧道周边岩块稳定性进行较准确的判定等;而在有较严重地质灾害风险的地段则可能要运用多种物探方法相结合,以达到较准确判断不良地质体的目的。

3.5.5 综合超前地质预报方案

根据突水风险评价结果,针对岩溶隧道施工过程中突水突泥灾害的不同风险等级,对不同风险等级的区段制订不同的综合超前地质预报方案(表3-14)。

不同风险分级与对应的综合超前地质预报方案　　表3-14

隧道突水风险等级	综合预报方案		备　注
	必备手段	辅助手段	
Ⅰ	TSP、超前钻探	地质雷达、瞬变电磁	(1)使用必备手段探测后,应根据结果对风险等级进行修正。 (2)必备手段应大概确定需防范的岩溶灾害类型。 (3)原则上应用地质雷达进行岩溶洞穴的确认,用瞬变电磁对较远水体确认,用地质雷达确定近端水体。 (4)钻探是查清较大不良地质体的直接手段
Ⅱ	TSP、超前钻探	地质雷达、陆地声纳	
Ⅲ	TSP	地质雷达、超前钻探	
Ⅳ	TSP		

3.5.6 综合超前地质预报程序

综合超前地质预报实施程序:①实施宏观超前地质预报,即通过区域地质资料和深入的地质调查,通过地质分析方法,进行风险评价和分级。②进行长期超前地质预报,即采用多种方法的综合勘探技术手段,定性和定量地预报距掌子面前方50~200m范围内的不良地质体。③进行短期超前地质预报,即预报距掌子面前方50m范围内的不良地质情况。所采用的预报方法主要为物探仪器探测、超前钻探及经验法。综合超前地质预报的实施流程如图3-5所示。

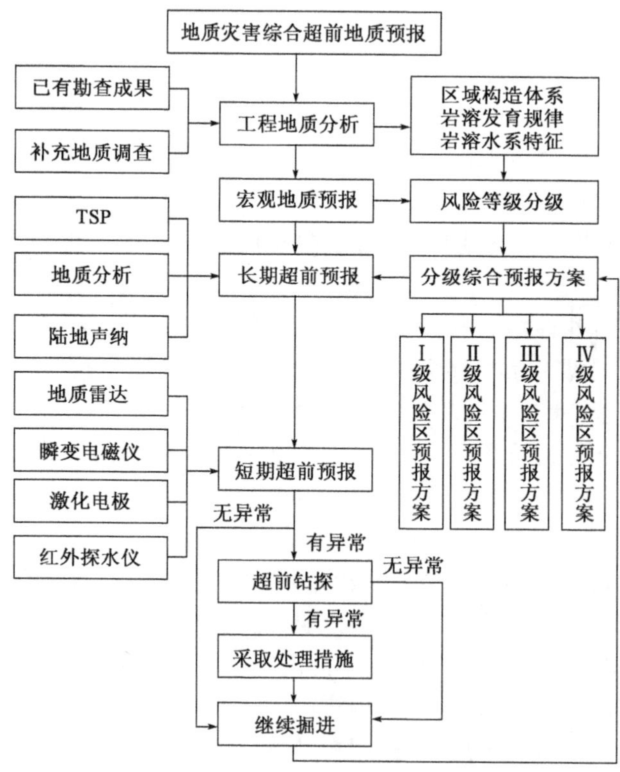

图3-5　综合超前地质预报流程图

3.6 突水风险复评

通过隧道综合超前地质预报对隧道突水高风险地段进行风险源辨识,找出突水风险源的具体位置,进而对风险评估的结果进行修正。对于没有含水体赋存的地段,可降低风险等级,正常施工;对于有含水体的地段,应对探测的重点地段加强施工监测,分析监测数据并针对异常情况进行预警。

3.7 本章小结

(1)建立了岩溶隧道施工期风险评估指标体系。分析了岩溶隧道施工期突水的主要影响因素,提出了判断隧道突水风险的依据,建立了突水风险评估指标体系。

(2)建立了突水风险评估模型。对突水风险指标评估体系中各指标进行量化分析,通过层次分析法建立了层次结构分析的判断矩阵,求出各不同因素的权值;采用多级模糊统计的方法构造了只能定性描述指标的隶属度函数,采用待定系数法求得了可以定量描述指标的隶属度函数;利用模糊数学方法建立了突水风险模糊综合评判模型。

(3)利用模糊综合评判模型对马鹿箐隧道地下河对应的重点地段进行了突水风险评估,评价结果与实际开挖结果一致,表明该模型具有一定的适用性。

(4)建立了岩溶隧道突水风险源辨识体系。根据隧道突水主控因素,分析了控制岩溶隧道突水的主要不良地质体,基于岩溶隧道突水风险等级划分,制订了针对不同突水风险等级的隧道突水风险源辨识的综合超前地质预报方案,以便对隧道施工发生突水风险最大的重点地段进行预警。

第4章 岩溶隧道突水预警机制研究

人类对自然灾害事故及其造成的损失进行控制的主要方法就是“防”和“避”，科学的预警机制是应对突发事故的法宝，因此，建立预警机制是灵敏准确地昭示突发事件风险前兆进而提供警示和预防的有效手段（杨军，2003；黄顺康，2006；张曹力，2007；张维平，2006）。

4.1 岩溶隧道突水灾害预警机制

4.1.1 岩溶隧道突水灾害预警机制概念

岩溶隧道突水灾害预警机制是将隧道施工过程岩溶突水灾害中存在的各种风险因素和危机现象的特征与其活动规律作为研究对象，查清隧道突水灾害风险源，感知突水灾害风险状态，对风险现状和发展的可能性做出确定的评价和分析，研究已确定的突水风险和风险成因及其预警原理与方法，构建能监测、预防和避免灾害发生的预警方法，建立灾害预防和控制对策，最终为工程决策提供防错纠错的理论指导和对策方法的一个完整的系统工程。它包括预警、预控对策和应急预案等几个部分。

4.1.2 岩溶隧道突水灾害预警机制实施

突水灾害预警机制是一个系统工程，是隧道施工过程中涉及的各单位和施工行为中设立的各种采集、测评、调节和控制的综合体，该综合体要对突水风险提供全面的决策依据，为防灾减灾提供参考依据。

要建立完善的预警机制就必须要考虑预警实施进程，以便对可能发生的灾害进行有效管理。预警实施进程关系到施工安全能否得到有效保障，从而关系到预警机制最终目标的实现。预警机制的实施过程分为风险源辨识、风险评价、预警决策与发布、预控对策和应急预案。

对于高风险岩溶隧道，施工过程中不确定性因素太多，参与单位众多，如业主单位、施工单位、监理单位、设计单位、科研单位等，为使各单位之间的职责更加明确、能及时沟通信息，使预警信息能及时发布，应建立以指挥部为领导，科研、设计、施工、监理单位为主体的资源共享、共同研讨、务实高效的配合机制，共同将防灾减灾工作落到实处。通过风险源辨识，开展风险评价，形成预警信息并发布预警。在预警信息发布后，制订有效的预控措施，形成有效的预警机制（图4-1），提高应对突发性地质灾害的能力。

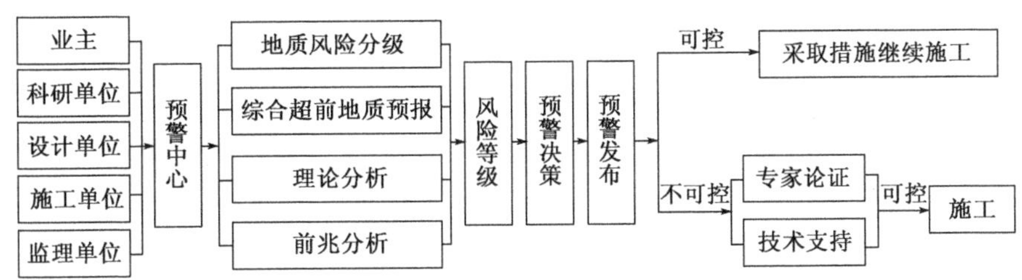

图4-1 预警机制实施示意图

4.2 预警

4.2.1 预警目的

灾害的发生有一个发展的过程，在其出现前兆甚至临近发生时，在许多方面都会表现出各种各样的异常信息。在这些信息中，大多数可以监测到，有许多还可以控制。因此，岩溶隧道突水灾害的预警工作，对避免灾害发生、降低灾害发生频率和减轻灾害后果具有极其重要的意义。

实施预警主要应达到的目的是及时感知外部风险的产生、存在和演化趋向，分析出工程风险类型、形成因素和对工程作用的可能性，准确辨识出目前所处风险等级，判断未来发展可能性，并针对区域风险状态和临近、演化实际，给出应对工程风险的对策，以及时调整施工方案、布置防灾物资和实施应急演练等，以达到避免灾害发生的目的和提高应对灾害的能力。

4.2.2 预警原则

预警原则最早出现在1987年第二届北海保护国际会议的《部长宣言》中，至今仍然没有统一、公认的定义，但预警的目的是为了在灾害发生之前采取措施，防止灾害发生或减轻灾害程度。预警原则的三个基本要素是：①存在有害的风险；②存在科学的不确定性；③采取预防行动（Defur P L和Kaszuba M，2002）。

突发地质灾害事故预警应本着"以人为本、预防为主、第一时间、协同运作"的原则（董华和张吉光，2006），对灾害风险进行监测，分析其发生的概率并进行预警，制订必要的防范措施，防止灾害发生。

1）以人为本原则

突发事故与灾害预警的根本目的就是保护人员的生命安全，最大限度的预防、减少事故与灾害造成的人员伤亡和财产损失，减轻事故对人民造成的痛苦和对社会生产力的破坏，保障人们的基本生存条件。因此，预警要贯彻"以人为本"的原则。

2）预防为主原则

灾害预警必须坚持"预防为主"的原则，把应对突发灾害管理的各项工作落实到日常管理中，加强监测工作，增强预警能力，防止事件的发生或尽可能地减小损失。只有将预报、防御与救援统一起来,才能最大限度地降低灾害程度。另外,“预防为主”的原则要求人们认识和重视预警的重大意义,保持警觉,提高防灾救灾的意识,以科学应对灾害。

3)第一时间原则

预警应该坚持“第一时间”原则,利用现代化科学技术对灾害进行监测、快速分析,尽量早地得到灾害的准确信息,获得尽量长的应对时间,以有效地防范灾害的发生。有时,往往是因为预警延误几分钟甚至几秒钟而导致失去最好的防范机会进而造成重大的人员伤亡及财产损失。

“第一时间”原则也不是说预警发布越早越好,而是选择适当时机发布预警信号。早一些发布预警信号,固然可以增加防灾时间,但是一旦预警信号的质量较低,则造成重大的损失。反之预警信号太迟又影响防灾准备。

4)协同运作原则

预警是一项复杂艰巨的系统工程,涉及的领域较多,因此,只有进行各部门和领域间的资源整合与信息共享,发挥团体协作精神,才能实现高效预警。当然,在整合资源与信息的同时,也要明确不同部门的职责,做到资源共享,分工负责。各专业部门在日常工作中要加强横向协作,充分发挥本部门纵向业务与科研的专长优势,相互联系,密切配合,尽可能地为综合防治突发事故提供科学依据。

4.2.3 岩溶隧道突水灾害四色预警机制

进行科学的预警等级划分可为制订各种预案、救援措施提供科学依据,避免灾害或最大限度降低灾害造成的损失,保障隧道施工安全。预警等级的划分一般应与灾害的等级相一致,以便明确灾害的严重程度及相应预警等级的重要程度,有利于加强施工人员对预警信号的重视。

岩溶隧道施工期突水灾害风险评价将突水风险分为四级,特别严重的是Ⅰ级,严重的是Ⅱ级,较重的是Ⅲ级,一般的是Ⅳ级。四色预警是根据风险评价的结果和信息化施工过程中的监测及计算信息,判断突水可能造成的危害程度、紧急程度和发展态势,对应风险评价等级,将预警等级分为四级,依次用红色(特别严重,Ⅰ级)、橙色(严重,Ⅱ级)、黄色(较重,Ⅲ级)和蓝色(一般,Ⅳ级)表示,见表4-1。

岩溶隧道突水灾害四色预警级别含义　　表4-1

预警级别	定　义
红色预警	特别紧急预警,适用于预警决策确定的岩溶突水突泥Ⅰ级风险段,隧道内会发生严重突水、突泥地质灾害,该突发灾害能导致特大安全事故,给隧道施工造成灾难性后果
橙色预警	紧急预警,适用于预警决策确定的岩溶突水突泥Ⅱ级风险段,隧道内会发生较为严重突水、突泥地质灾害,该突发灾害会导致重大安全事故,严重影响隧道施工
黄色预警	比较紧急预警,适用于预警决策确定的岩溶突水突泥Ⅲ级风险地段,隧道内会发生突水、突泥地质灾害,不会产生大的安全事故,但影响隧道施工
蓝色预警	一般紧急预警,适用于预警决策确定的岩溶突水突泥Ⅳ级风险地段,隧道内会发生小股突水,容易塌方,在严格按照新奥法施工的情况下,一般不会产生安全事故,不影响隧道施工

4.3　预警指标体系

岩溶隧道突水灾害主要受岩溶洞穴或断层规模和富水特征的影响，突水等级与岩溶洞穴或断层规模、涌水量、水压、隧道周边位移、钢拱架应力等因素有关。因此，在施工过程中对这些指标进行监测，通过监测数据进行预警，并将每一项指标的预警等级分为四（Ⅰ、Ⅱ、Ⅲ、Ⅳ）等，其中Ⅰ等最严重，Ⅳ等不影响施工。

4.3.1　地质前兆

当隧道开挖临近断层、大型溶洞等含水体和地下河等不良地质体时有以下前兆（刘志刚和赵勇，2001）。

1）临近断层水体的前兆

（1）临近断层的前兆。

①临近断层破碎带时，节理组数急剧增加，可多达6～12组。

②临近断层破碎带时，出现牵引褶曲或牵引褶皱。

③临近断层破碎带时，有时会出现由弧形节理组成的小型旋卷构造或反倾节理。

④临近断层破碎带时，一般岩石强度都明显降低。

⑤逆断层为主的断层破碎带附近会出现压裂岩和碎裂岩（多数情况下出现夹泥或铁锈染压裂岩、碎裂岩），平移断层为主的断层破碎带附近会出现以派生节理为代表的节理密度明显增加的现象。

（2）下盘泥岩、页岩等隔水岩层明显湿化、软化或出现淋水现象。

（3）其他水流痕迹的出现。

2）临近大型溶洞水体前兆

（1）出现较多的铁锈染或夹泥的裂隙。

（2）小溶洞出现的频率增加。

3）临近地下河前兆

（1）出现大量铁锈染裂隙或小溶洞。

（2）大量出现的小溶洞含有河沙。

（3）钻孔中的涌水量剧增，呈喷射状，且夹有泥沙或小砾石。

4）水质变化

实践证明，隧道突水的水质变化能间接反映隧道突水的风险状态。一般情况下，如果水质澄清，且没有变化，则发生突水的可能性很小；如果水质由澄清变浑浊，则为隧道突水突泥前兆。

4.3.2　涌水量

涌水量的多少直接影响着突水灾害的严重程度。涌水量越大，一旦发生突水，其灾害程度也越大。因此，涌水量是突水灾害预警的主要指标之一。即使水压很大，如果水量很少，突水也不会造成大的灾害。但涌水量往往估算不准确，根据施工过程中钻孔喷距或钻孔涌水量可以大致推断涌水量和突水规模（刘志刚和赵勇，2001）。

1)钻孔喷距

涌水量是隧道突水大小的关键指标之一,涌水量越大,隧道突水等级越高。涌水量大小与隧道掌子面钻孔的流速关系密切,钻孔的流速与钻孔水的喷射距离成比例关系。

$$S = v\sqrt{\frac{2h}{g}} \tag{4-1}$$

式中:S——钻孔水平喷射距离(m);

v——钻孔水流速(m/s);

h——钻孔距隧道底板的距离(m);

g——重力加速度(m/s²)。

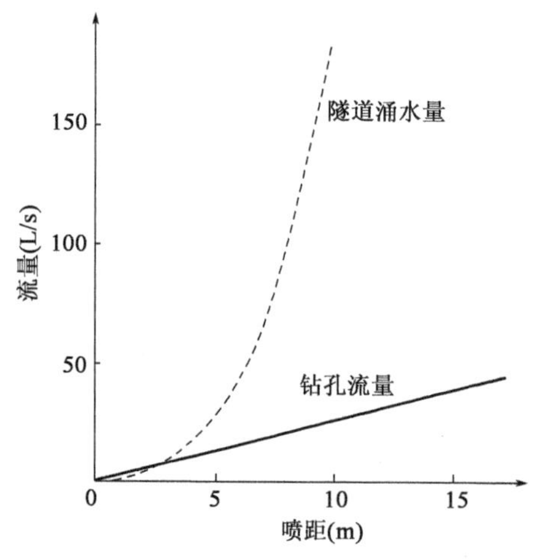

图4-2 钻孔水喷距与涌水量关系曲线

因此,可以根据钻孔的喷射距离求得隧道的涌水量,如图4-2所示,确定开挖后突水灾害的预警等级。

(1)监测方法

①留下一个喷距最远的炮眼,堵死其余所有炮眼。

②量测水平喷射距。

③换算成 $h = 1\text{m}$ 条件下的水平喷射距离。

④依据水平喷距计算涌水量。

⑤预报开挖后的涌水量(突水级别)。

(2)判断标准

根据距隧道1m的独孔喷射距离,可判断涌水规模,见表4-2。

钻孔水喷距与预警等级关系 表4-2

预警等级	喷距 S(m)	涌水量 Q(m³/h)	突水等级
Ⅰ	[0,5)	[0,100)	股状突水
Ⅱ	[5,9)	[100,300)	小型突水
Ⅲ	[9,12)	[300,400)	中型突水突水
Ⅳ	[12,∞)	[400,∞)	大(特大)型

2)局部突水

对于非钻孔突水,可根据局部涌水量的变化和水质判断预警等级(表4-3),如果水质澄清,则不会发生突水;若水质一直混浊,且泥沙等含量一直增加,就要探明前方是否有溶洞或地下河等不良地质体。

局部涌水量与预警等级关系 表4-3

预警等级	涌水量 Q(m³/h)	水质	突水等级
Ⅰ	[0,100)	混浊或由澄清变浑浊	股状突水(突泥)
Ⅱ	[100,300)	混浊或由澄清变浑浊	小型突水(突泥)
Ⅲ	[300,400)	混浊或由澄清变浑浊	中型突水(突泥)
Ⅳ	[400,∞)	混浊或由澄清变浑浊	大(特大)型突水(突泥)

4.3.3　水压力

水压力是指相对隧道高程而言,隧道所承受的水头压力。水压力越大,越容易导致围岩、岩溶管道等填充物破坏,导致突水突泥灾害,且水压力增大,突水灾害发生的概率也增大。当水位比水压力更好量测时,也可根据相对水位的变化进行预警。

1)水压力

(1)监测方法

一般采用关水试验测试隧道水压力。为确保水压力测试数据的可靠性,现场采用C20混凝土封闭掌子面,封闭厚度1.5~2m。水压力稳定时间不得低于48h,即水压力在某值稳定时间超过48h。水压力测试方法有渗压计法和压力表法两种,现场多采用压力表法测试(图4-3)。

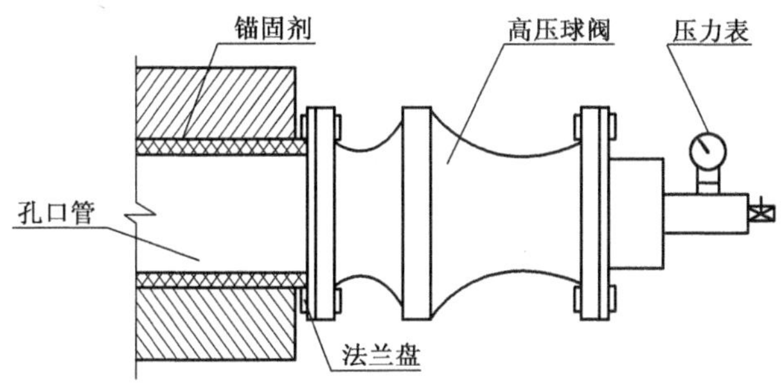

图4-3　压力表法水压力测试装置示意图

水压力的监测程序比较繁琐,在施工过程中,若不能进行水压力监测而水位可观测,可以通过地下水位相对于隧道底板的变化来间接反映水压力的变化。

(2)判断标准

当水压力 p 达到围岩临界水压力 p_{cr} 的85%时,围岩在水压作用下破坏发生突水的风险增大,水压力与预警等级的关系见表4-4。

水压力与预警等级的关系　　表4-4

预警等级	水压力变化量	预警措施
Ⅳ	$p<0.85p_{cr}$ 且 $\Delta p\leqslant 0$	正常施工
Ⅲ	$p<0.85p_{cr}$ 且 $\Delta p>0$	加强监测
Ⅱ	$0.85p_{cr}<p<p_{cr}$ 且 $\Delta p\leqslant 0$	加强监测,加强戒备
Ⅰ	$0.85p_{cr}<p<p_{cr}$ 且 $\Delta p>0$	停止施工,制订施工方案

2)地下水位

地下水水位在隧道底板以上时,隧道易遭受水害。地下水水位增加,水害程度增加,发生突水的可能性也增大。地下水水位相对于隧道底板变化量与突水预警等级的关系见表4-5。

地下水水位与预警等级的关系 表 4-5

预警等级	水位(m)	预警措施
Ⅳ	$\Delta h \leqslant 5$	正常施工
Ⅲ	$5 < \Delta h \leqslant 10$	加强监测
Ⅱ	$10 < \Delta h \leqslant 30$	加强监测,加强戒备
Ⅰ	$\Delta h > 30$	停止施工,制订施工方案

4.3.4 隧道周边位移

岩溶洞穴内部储存的可能是水,也可能是泥水混杂,突水往往伴随着突泥发生。当溶洞与隧道之间的隔水岩体在水压作用下发生失稳破坏时,则发生突水突泥灾害。在监测水质变化的基础上,通过监测隧道周边位移,可判断围岩稳定性。因此,可将隧道周边位移作为突水突泥灾害的预警指标。

1)监测方法

隧道断面开挖后,在拱顶、拱腰和边墙埋设收敛量测元件,采用收敛仪等仪器量测隧道周边收敛变形。当隧道采用台阶法开挖和全断面法开挖时,测点布置方法不同。上下台阶法开挖水平收敛及拱顶下沉测点布置见图 4-4,全断面法开挖测点布置见图 4-5。

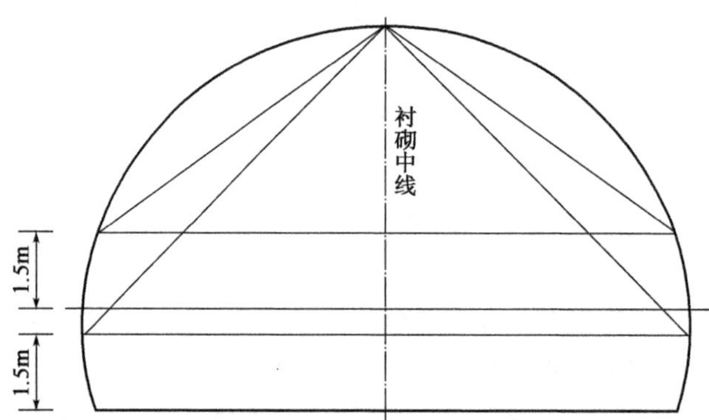

图 4-4 上下台阶法开挖水平收敛及拱顶下沉测点布置示意图

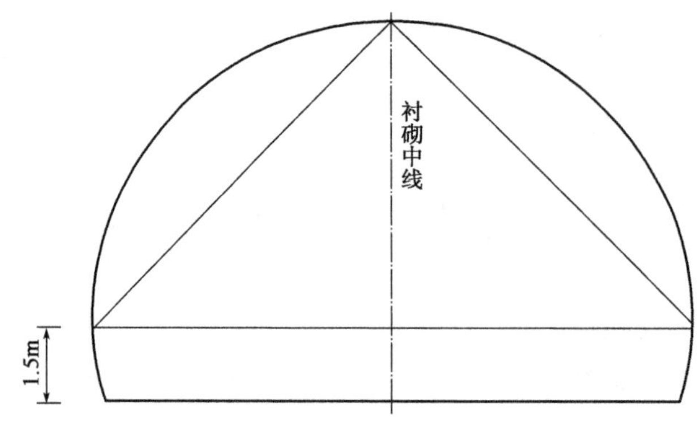

图 4-5 全断面法开挖水平收敛及拱顶下沉测点布置示意图

2)判断标准

围岩稳定性应根据量测结果进行综合判别,具体应根据位移速率、位移速率变化趋势、位移变化等参数判定。

(1)位移速率和位移速率变化趋势

一般位移速率大于1mm/d时,围岩处于急剧变形状态,应加强初期支护;速率在0.2~1.0mm/d时,应加强观测,做好加固的准备;速率小于0.2mm/d时,围岩基本稳定。在高地应力、岩溶地层和挤压地层等不良地质中,应根据具体情况制订判断标准。

当围岩位移速率变化不断下降时,表明围岩处于稳定状态;当围岩位移速率变化保持不变时,表明围岩尚不稳定,应加强支护;当围岩位移速率变化上升时,围岩处于危险状态,必须立即停止掘进,采取应急措施。

位移速率和位移速率变化趋势与预警等级的关系见表4-6。

位移速率和位移速率变化趋势与预警等级的关系　　表4-6

预警等级	位移速率(mm/d)	预警措施
Ⅳ	$v<0.2$ 且 $\Delta v\leq 0$	正常施工
Ⅲ	$v<0.2$ 且 $\Delta v>0$	加强监测
Ⅱ	$0.2<v<1.0$ 且 $\Delta v\leq 0$	加强监测,加强戒备
Ⅰ	$0.2<v<1.0$ 且 $\Delta v>0$	停止施工,制订施工方案

(2)位移变化量

实测位移值不应大于隧道的极限位移。一般将隧道设计的预留变形量作为极限位移。根据《公路隧道施工技术细则》(JTG/T F60—2009)位移管理等级施工,位移与预警等级的关系见表4-7,位移变化量与预警等级的关系见表4-8。

位移与预警等级的关系　　表4-7

预警等级	位移	预警措施
Ⅳ	$u<(u_0/3)$	正常施工
Ⅲ	$(u_0/3)\leq u\leq(2u_0/3)$	加强监测
Ⅱ	$(2u_0/3)<u\leq u_0$	加强监测,加强戒备
Ⅰ	$u\geq u_0$	停止施工,制订施工方案

注:u_0 可参照表4-8取值。

允许洞周水平相对收敛值(%)　　表4-8

围岩级别 \ 允许相对位移值(%) \ 覆盖层厚度(m)	<50	50~300	>300
Ⅲ	0.10~0.30	0.20~0.50	0.40~1.20
Ⅳ	0.15~0.50	0.40~1.20	0.80~2.00
Ⅴ	0.20~0.80	0.60~1.60	1.00~3.00

注:1.水平相对收敛是指收敛位移累计值与两测点间距离之比;
2.硬质围岩取表中较小值,软质围岩取表中较大值;
3.拱顶下沉允许值一般可按本表数值的0.5~1.0倍采用;
4.本表所列数值可在施工过程中通过实测和资料积累做适当修正。

4.3.5 钢拱架应力

钢拱架应力能直接反映隧道支护体系的稳定性。对已施作初衬地段,监测钢拱架应力可判断支护体系的稳定性。

1)监测方法

将钢结构应变计的安装架焊接在型钢上,安装应变计,并焊接钢盖板盖住应变计,即可测取读数。应变计测点应沿隧道拱顶、拱腰和边墙埋设(图4-6)。

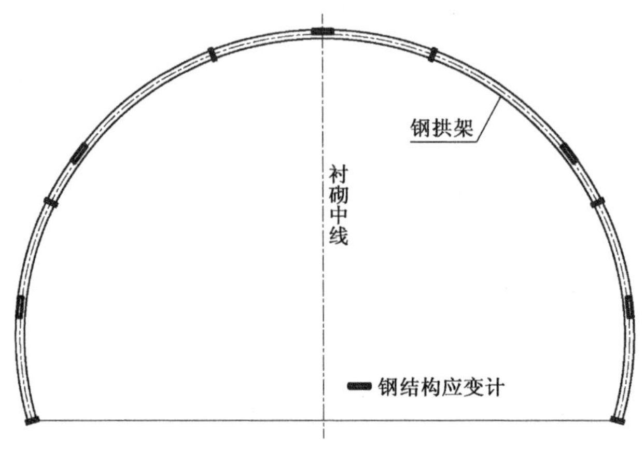

图4-6 钢拱架应力测点布置示意图

2)判断标准

钢拱架应力与预警等级的关系见表4-9。

钢拱架应力与预警等级的关系 表4-9

预警等级	水压力变化量	预警措施
Ⅳ	$\sigma \leq 0.8[\sigma]$且$\Delta\sigma \leq 0$	正常施工
Ⅲ	$\sigma \leq 0.8[\sigma]$且$\Delta\sigma > 0$	加强监测
Ⅱ	$0.8[\sigma] < \sigma \leq [\sigma]$且$\Delta\sigma \leq 0$	加强监测,加强戒备
Ⅰ	$0.8[\sigma] < \sigma \leq [\sigma]$且$\Delta\sigma > 0$	停止施工,制订施工方案

4.4 预警决策

预警决策是指在监测各预警指标的基础上,分析各指标变化规律与警情,结合警限,提出自己的判断,得出预警警度,并确定是否需要发布预警及发布时机的过程。

4.4.1 预警警度

突水灾害预警的实质就是将施工过程中出现的突水灾害的“危险点”或“危险区间”做出预警,发出警报,从而为隧道突水灾害管理、控制和决策提供依据。这种“危险点”或“危险区间”被称为警情。警情的严重程度,就是突水预警的警度。突水灾害预警不仅要及时掌握警情,而且要准确预报警度。预报警度是预警的主要目标和最终目的。

突水灾害预警指标体系中,每一指标都在一定程度上反映了突水将出现的警情程度,其程度轻重则主要取决于它对隧道施工安全造成的破坏程度。突水灾害采用四色预警警度,即将突水灾害预警等级分为重警、中警、轻警和无警四个级别,分别和四色预警中的红色预警、橙色预警、黄色预警和蓝色预警相对应。

4.4.2 预警警限

预警的目标和最终结果是预报警度,而准确预报警度的关键则在于科学地确定警情对农业经济和整个国民经济运行所带来的破坏程度。这就要求除了必须建立科学的突水预警指标体系、监测并及时发现警情外,还要确定一个与突水预警指标体系相适应的合理衡量标准,并以此判别隧道施工过程中是否出现突水警情及突水严重程度。这种衡量标准就是警限,即反映突水将发生的警情的严重程度的等级界限。警限可以是划分有警或无警的临界值或划分不同警度的临界值,也可以是某一警度的报警区间。

根据多数原则确定警限,通过定性分析及以往经验,将各类预警指标中占总数较大比例的数据区间作为安全区间,即有警和无警的分界线。无警的时候,可以正常施工。对于有警的区间,按照各指标的变化量和变化趋势划分为轻警警限、中警警限和重警警限。

4.4.3 确定警度

警度的确定一般是根据监测指标的数据大小以及变化规律,找出警情与警限相对应的警限区域,指标值落在某个警限区域,则确定为相应级别的警度。警度与警限的划分见表4-10。

警度与警限划分 表4-10

警度		警限
红色预警	重警	任一指标预警等级为Ⅰ级或两项及以上为Ⅱ级且变化趋势增大
橙色预警	中警	有一项指标预警等级为Ⅱ级且都不超过Ⅰ级
黄色预警	轻警	有一项指标预警等级为Ⅲ级且都不超过Ⅱ级
蓝色预警	无警	所有指标预警等级都为Ⅳ级

预警发布后,预警警度也不是一成不变的,而是随着预警指标及警情的变化而变化的。因此,在预警发出后,还要根据指标的变化情况,不断调整预警级别,及时发布预警,以保证隧道快速安全施工。

4.5 预警发布

预警发布是指预警机构如何将得出的预警信息通过有效的途径传达到每一个工作人员,使每一个工作人员都能在事发前做好应急准备(图4-7)。

突水事故一旦发生,就会凸现其紧急性、危害性及传导性。因此,预警的发布要准确而适时,并且严格按照预警发布流程执行。预警指标体系的指标监测、警度与警限的确定是实现预警的手段,良好的预警发布机制是正确及时预警的保障。

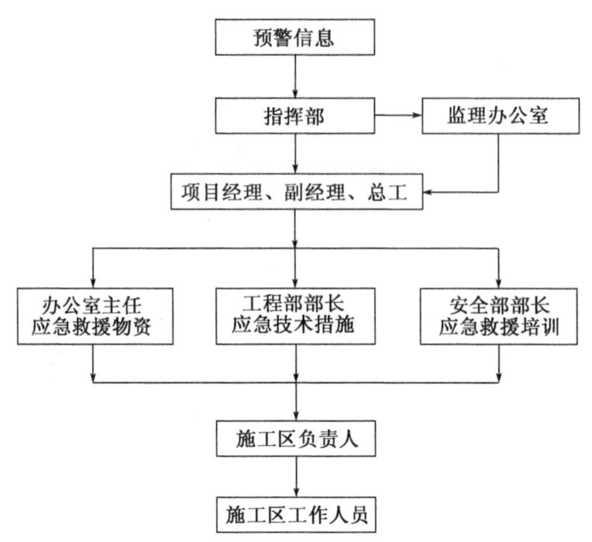

图4-7　预警信息发布流程图

预警一经提出,必须呈报指挥部,由指挥部层层下发,层层落实,最终落实到每一个施工人员,这样才能使每一个施工人员有所准备,清楚知道应急救援物资的位置及使用方法,以及让每一个人清楚,在突发情况下,如何逃生和逃生的最佳路线。

4.6　预控对策

预警信息一经发布,必须按照预警警度制订相应的工程预防措施并严格按照预防措施施工。

4.6.1　预警指标监测

为了掌握隧道在开挖过程中的突水警情,在加强隧道施工监控量测的基础上,加强突水预警指标监测,以便及时掌握警情变化。当发现监测指标有异常变化或突变、洞内或地表位移值大于允许位移值、洞内或地面出现裂缝以及喷层出现异常裂缝和突水、掌子面和钻孔出现突水流量突然加大时,需分析警情变化,确定警度及是否发布预警。

4.6.2　合理施工

1)开挖

(1)短进尺

隧道各部跟开挖工序间的距离要尽量缩短,以减少围岩暴露时间。如遇石质破碎、风化严重和土质隧道时,尽量缩小支护工作面。

(2)弱爆破

在爆破时,要用浅眼、密眼,并严格控制用药量。总的设计思想是拱部采用光面爆破技术,边墙采用预留光爆层爆破技术,掏槽采用抛掷爆破技术,以尽可能地减轻对围岩的扰动,维护围岩自身的稳定性,减少围岩松弛圈的厚度,并保证隧道成形良好,减少超欠挖,达到良好的轮廓形状,从而确保隧道施工安全。

(3)强支护

每部开挖后要及时进行初期支护,针对地质情况,确保支护结构有足够的强度,必要时考虑采用早强喷射混凝土、早强锚杆和钢支撑支护措施等。

(4)早封闭

一般在围岩破碎带附近,岩体自稳性差,岩性不一,受力不均,必须及早封闭,支护成环,再行掘进。

2)施工工法

对于特殊施工地段,如充泥裂隙、溶洞和断层破碎带等,建议采用中隔壁法(CD)、交叉中隔壁法(CRD)或微台阶法施工。

4.6.3 注浆加固

在隧道岩溶发育、地下水丰富区段,根据预警情况,对工作面进行注浆加固。在方案选择上,依据钻探取芯分析的地质状况、地下水量,决定是否采用全断面帷幕注浆、周边帷幕注浆、径向注浆等措施。超前注浆的目的是保证隧道施工期间的安全正常施工,防止在施工过程中产生大的突水问题,径向注浆的目的是封堵隧道周边裂隙透水层和加强围岩固结,满足隧道长期运营安全的需要。主要处理方案如下。

(1)当隧道开挖或地质预报没有发现明显的溶洞管道,而开挖面又出现较大的突水时,采用(水泥、水玻璃)帷幕注浆止水(超前帷幕注浆和开挖后全断面径向注浆等),注浆方案见表4-11。

注浆方案　　表4-11

涌水量与水压	注浆方案
钻孔涌水量 $Q \geqslant 40\ m^3/h$,水压 $P \geqslant 2MPa$	全断面超前帷幕注浆,范围为工作面及开挖轮廓线外8m
钻孔涌水量 $Q \geqslant 40\ m^3/h$,水压 $P \leqslant 2MPa$	全断面超前帷幕注浆,范围为工作面及开挖轮廓线外5m
钻孔涌水量 $Q \leqslant 40\ m^3/h$,水压 $P \leqslant 2MPa$	径向注浆,范围为工作面及开挖轮廓线外5m

(2)当超前地质预报探测到溶洞且能比较准确确定其位置时,或开挖后出现空溶洞时,在溶洞对施工安全有影响的范围内进行填充注浆。

(3)对不同形状的小溶洞、水流较小的溶洞,采用块石、片石、混凝土回填封闭、钢筋混凝土护拱、素混凝土隔墙封补注浆、在溶洞内设过水涵洞等形式进行处治。

(4)对较大较深溶洞且含大量充填不稳的冲积物时,极易发生突水突泥事故,需采用超前长管棚对充填物进行高压劈裂注浆使其固结稳定。

4.6.4 防排水

反坡施工隧道内的设计除结构防排水设计外,应有足够的积水坑和排水能力,一般要具备6~10万m^3/d排水能力储备,水泵宜选用流量400~700m^3/h、扬程30~50m规格,选用$\phi300mm$左右的管线,泵站间距以600~800m为宜,以三级泵站为例(图4-8),应按某段隧道最大涌水量来配备,泵站要有两路以上相互独立的电源,保证有24h不间断排水的能力,并至少配置一套能力相同的备用泵。

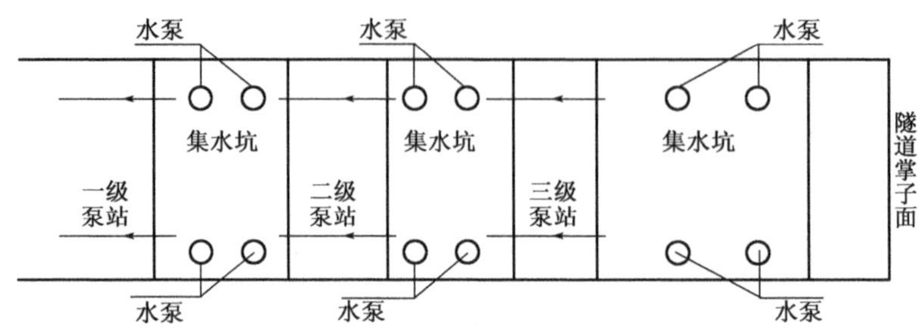

图4-8 隧道涌水三级泵站排水系统示意图

4.6.5 不同警度预控对策

不同警度条件下，隧道施工应该采取不同的控制措施，具体见表4-12。

不同警度预控对策 表4-12

警　度	预控对策
蓝色预警	无警，发生小股突水，不影响隧道施工，严格按照新奥法施工
黄色预警	轻警，发生小型突水，进行探放水，加强指标监测，合理施工
橙色预警	中警，发生中型突水，加强指标监测，合理施工，加强防排水，注浆堵水
红色预警	重警，停止施工，制订切实可行的施工方案

4.7 本章小结

1）论述了预警机制的实现

从预警机制的概念、实施、目的、原则等方面对预警机制的实现进行了探讨，提出了预警机制的实施流程。

2）提出了隧道突水地质灾害四色预警机制

风险评价将突水风险分为四级，特别严重的是Ⅰ级，一般的是Ⅳ级。根据风险评价的结果和施工过程中的信息化施工信息，判断突水可能造成的危害程度、紧急程度和发展态势，把预警级别分为四级，依次用红色（最严重的，Ⅰ级）、橙色（严重的，Ⅱ级）、黄色（较重的，Ⅲ级）和蓝色（一般的，Ⅳ级）表示。

3）建立了隧道突水预警体系

岩溶隧道突水灾害主要受岩溶洞穴或断层规模和富水特征的影响，突水等级与岩溶洞穴或断层规模、涌水量、水压、隧道周边位移、钢拱架应力等因素有关，这些指标即为突水预警指标。分析了各指标变化与突水预警等级的关系，提出了预警警度与警限，探讨了预警发布的流程。根据不同警度，制订了不同的对策，为隧道突水防灾减灾奠定了基础。

第5章 岩溶隧道突水应急预案

应急预案是防灾减灾系统的重要组成部分,它可以指导应急指挥机构按照计划开展应急行动,还可以在灾害发生时给人们正确的行动指导,尤其是针对人员的疏散和应急资源的布局和调度(Zografos K G 等,1993;Fraser-Mitchell J,1994;Fiedrich F 等,2000;付恩俊和唐安东,2006;肖国清等,2001)。本章从应急组织机构、应急响应、应急保障、逃生路线优化、应急救援和应急演练等方面介绍岩溶隧道突水的应急预案及其实施。

5.1 建立突水应急预案的重要性

(1)应急预案确定了应急救援的范围和体系,使应急准备和应急管理不再是无据可依、无章可循。尤其是培训和演习,它们依赖于应急预案:培训可以让应急响应人员熟悉自己的责任,具备完成指定任务所需的相应技能;演习可以检验预案和行动程序的有效性,并评估应急人员的技能和整体协调性。

(2)应急预案有利于做出及时的应急响应,降低事故造成的危害。应急行动对时间要求十分敏感,应急预案预先明确了应急各方的职责和响应程序,在应急力量和应急资源等方面做了大量准备,可指导应急救援迅速、高效、有序地开展。此外,重大事故发生后,应急预案有助于解决一些需要快速解决的应急恢复问题。

(3)有利于提高全社会的风险防范意识。应急预案的编制,实际上是辨识重大风险和防御决策的过程,强调各方的共同参与。因此,预案的编制、评审以及发布和宣传,有利于社会各方了解可能面临的重大风险及其相应的应急措施,有利于促进社会各方提高风险防范意识和能力。

(4)应急预案专门强调增强公众的灾难自救能力,广泛宣传应急法律法规和预防、避险、自救、互救、减灾等常识,增强公众的忧患意识、社会责任意识和自救、互救能力,有计划地对应急救援和管理人员进行培训,提高其专业技能。

5.2 应急组织机构

应急组织机构是应对岩溶隧道突水灾害的议事、决策、协调机构,如图5-1所示。对有突水风险的岩溶隧道，应成立专门的应急组织机构，负责审议、决定突水灾害应对中的重大事项，组织、协调应急救援力量，检查、督促、排除各种安全隐患，及时协调应急工作中出现的重大问题，使各部门能团结协作，及时、高效地应对突水事故。

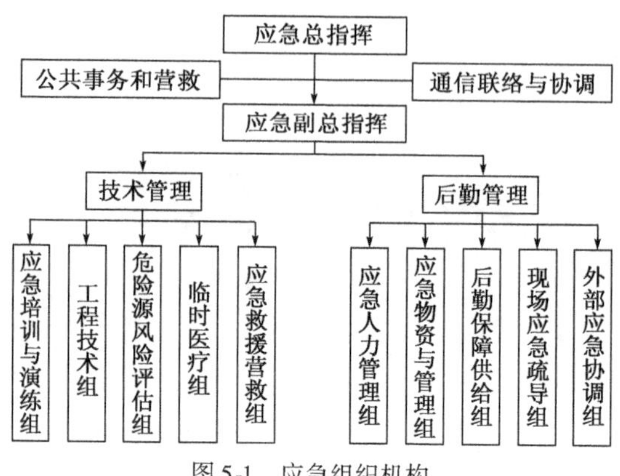

图 5-1　应急组织机构

5.3　应急响应

5.3.1　响应程序

在事故发生后，立即采取应急与救援行动，包括报警与通报、人员疏散、急救与医疗、消防与抢险、信息收集、应急决策、外部救援等。应急响应程序如图 5-2 所示。

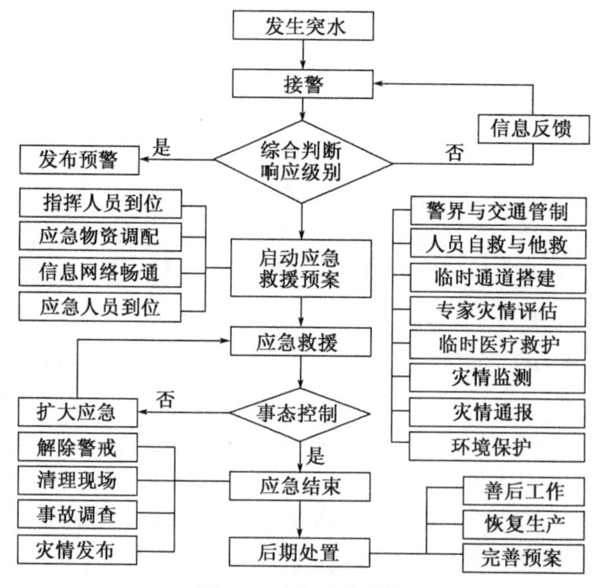

图 5-2　应急响应程序

5.3.2　响应级别

岩溶隧道突水应急响应等级与隧道突水预警等级相对应，共为四级，Ⅰ级为最高级别。一旦发生事故,应急救援领导小组应根据不同的预警级别做出相应的响应,并根据事态的发展调整响应级别。

5.3.3 响应行动

应急响应启动后,临时指挥部指挥现场抢险救援工作,响应行动见表5-1。

响应行动 表5-1

响应等级	应急指挥	技术支持	救援力量
Ⅳ	项目部经理	2h内上报建设指挥部	项目部及所属全体施工人员
Ⅲ	建设指挥部指挥长	2h内上报省交通厅	项目部及所属全体施工人员,临近项目部的力量,当地乡(镇)医院等地方力量
Ⅱ	省交通厅厅长	24h内派交通厅成员工作组、专家组赴一线指导抢险	项目部及所属的全体施工人员,临近项目部的力量,当地乡(镇)、县(市)医院,武警官兵等力量
Ⅰ	国家安全管理监督总局	24h内派专家组赴一线加强技术指导	项目部及所属的全体施工人员,临近项目部的力量,当地乡(镇)、县(市)医院,武警官兵,当地政府等力量

5.4 应急保障

岩溶隧道施工进入突水高风险地段后,应储备一定量的常规应急物资;预警发布后,应补充应急救援必备物资,以备应急之需。

5.4.1 应急物资储备

保证预警及应急救援所需资源的供应,要明确各类抢救抢险所需设备设施和材料、安全环保防护用品、必要的药品、食品的储存和管理,在数量和质量上得到保证。其他各类资源包括通信器材、交通工具等都应得到应有的保证。

5.4.2 应急物资布置

(1)采用简单实用、便于操作的手动报警装置;在各掌子面、施工作业点和已施工的危险地段附近,设置报警联动装置。

(2)保证隧道内采用的联通通信网络的质量,以保持通信系统畅通,洞内外紧密联系。

(3)首先考虑将施工照明用于逃生照明,优化施工供电方案,分段供电,保证作业面发生灾害时,施工照明可使用。其次,在隧道内每隔200m在墙身上部设置一处自带蓄电池的应急照明灯。

(4)结合应急照明设置,在疏散线路适当位置和疏散通道口顶部设置标志箱或标志牌,以便于人员疏散。

(5)每个掌子面必须放置供氧呼吸紧急救援装置、救生衣或救生圈、救生筏、缆绳或麻绳等,所有装置均布置在$7m^3/s$水位线以上。

(6)安全货柜就位,并放置应急物资。

(7)在隧道内距掌子面500m范围内设置好安全绳。

(8)顺坡隧道突水时,在掌子面的后方间隔30~50m的隧道侧壁上焊置2~4个钢爬梯,当发生突(涌)水掌子面作业人员无法逃生时,可用于紧急避险。

(9)及时打通掌子面附近的人行横洞或车行横洞,人在逃生时建议沿隧道侧壁跑。

(10)隧道内各紧急避险场所预存棉衣、食物、防水照明灯、救生衣、供氧设施及橡皮筏等物品,以便遇险人员自救。在避开突(涌)水前期的爆发高峰后,避险人员借助橡皮救生筏顺水流漂流出洞。

5.5 逃生路线

5.5.1 逃生原则

逃生应该遵循"迅速武装,选择最佳逃生路线,积极逃生"的原则,时间充足向洞口逃,时间较紧向高洞逃,时间紧迫向就近的避难所逃。

5.5.2 逃生路线优化计算

1)本构方程

(1)连续方程

根据物质守恒定律,可以推算出流体的连续性方程

$$\frac{\partial \rho}{\partial t}+\frac{\partial(\rho V_x)}{\partial x}+\frac{\partial(\rho V_y)}{\partial y}+\frac{\partial(\rho V_z)}{\partial z}=0 \tag{5-1}$$

式中:V_x、V_y、V_z——速度在x、y、z三个方向上的分量;

ρ——物体密度;

x、y、z——总体笛卡尔坐标;

t——时间。

其中,$\frac{\partial \rho}{\partial t}=\frac{\partial \rho}{\partial P}\cdot\frac{\partial P}{\partial t}$且$\rho=\frac{P}{RT}\Rightarrow\frac{\partial \rho}{\partial P}=\frac{1}{RT}$;$R$为气体常数;$T$为温度;$P$为压力。

对于不可压缩流体,$\frac{\mathrm{d}\rho}{\mathrm{d}P}=\frac{1}{\beta}$;$\beta$为体积模量(理想流体为$10^{15}$)。

(2)动量守恒方程

对于牛顿流体,应力和变形速度的关系式如下

$$\tau_{ij}=-P\delta_{ij}+\mu\left(\frac{\partial u_i}{\partial x_j}+\frac{\partial u_j}{\partial x_i}\right)+\delta_{ij}\lambda\frac{\partial u_i}{\partial x_i} \tag{5-2}$$

式中:τ_{ij}——应力张量;

u_i——速度矢量;

μ——动力黏滞系数;

λ——第二黏性系数。

对于密度不变流体，λ 和速度微分等于零；即使对于可压缩流体，与前面的项相比，它也可以忽略不计。

由上式，可以求得 Navier – Stokes 方程，如下所示

$$\begin{aligned}&\frac{\partial(\rho V_x)}{\partial t}+\frac{\partial(\rho V_x V_x)}{\partial x}+\frac{\partial(\rho V_y V_x)}{\partial y}+\frac{\partial(\rho V_z V_x)}{\partial z}=\\&\rho g_x-\frac{\partial P}{\partial x}+R_x+\frac{\partial}{\partial x}\left(\mu_e\frac{\partial V_x}{\partial x}\right)+\frac{\partial}{\partial y}\left(\mu_e\frac{\partial V_x}{\partial y}\right)+\frac{\partial}{\partial z}\left(\mu_e\frac{\partial V_x}{\partial z}\right)+T_x\end{aligned}\tag{5-3}$$

$$\begin{aligned}&\frac{\partial(\rho V_y)}{\partial t}+\frac{\partial(\rho V_x V_y)}{\partial x}+\frac{\partial(\rho V_y V_y)}{\partial y}+\frac{\partial(\rho V_z V_y)}{\partial z}=\\&\rho g_y-\frac{\partial P}{\partial y}+R_y+\frac{\partial}{\partial x}\left(\mu_e\frac{\partial V_y}{\partial x}\right)+\frac{\partial}{\partial y}\left(\mu_e\frac{\partial V_y}{\partial y}\right)+\frac{\partial}{\partial z}\left(\mu_e\frac{\partial V_y}{\partial z}\right)+T_y\end{aligned}\tag{5-4}$$

$$\begin{aligned}&\frac{\partial(\rho V_z)}{\partial t}+\frac{\partial(\rho V_x V_z)}{\partial x}+\frac{\partial(\rho V_y V_z)}{\partial y}+\frac{\partial(\rho V_z V_z)}{\partial z}=\\&\rho g_z-\frac{\partial P}{\partial z}+R_z+\frac{\partial}{\partial x}\left(\mu_e\frac{\partial V_z}{\partial x}\right)+\frac{\partial}{\partial y}\left(\mu_e\frac{\partial V_z}{\partial y}\right)+\frac{\partial}{\partial z}\left(\mu_e\frac{\partial V_z}{\partial z}\right)+T_z\end{aligned}\tag{5-5}$$

式中：g_x、g_y、g_z——分别为由重力引起的加速度分量；

ρ——密度；

μ_e——有效黏滞系数；

R_x、R_y、R_z——抵抗力；

T_x、T_y、T_z——黏滞损失项。

(3)能量守恒方程

能量方程根据流体的可压缩性分成两类。

①可压缩流体的能量方程

$$\begin{aligned}&\frac{\partial}{\partial t}(\rho C_p T_0)+\frac{\partial}{\partial x}(\rho V_x C_p T_0)+\frac{\partial}{\partial y}(\rho V_y C_p T_0)+\frac{\partial}{\partial z}(\rho V_z C_p T_0)=\\&\frac{\partial}{\partial x}\left(K\frac{\partial T_0}{\partial x}\right)+\frac{\partial}{\partial y}\left(K\frac{\partial T_0}{\partial y}\right)+\frac{\partial}{\partial z}\left(K\frac{\partial T_0}{\partial z}\right)+W^V+E^k+Q_v+\varphi+\frac{\partial P}{\partial t}\end{aligned}\tag{5-6}$$

式中：C_p——与流体温度和速度有关的比值项；

T_0——温度；

K——热传导系数；

W^V——黏滞项；

Q_v——热源体积；

φ——流体黏滞性耗散项；

E^k——动能。

②不可压缩流体的能量方程

$$\frac{\partial}{\partial t}(\rho C_{\mathrm{p}}T)+\frac{\partial}{\partial x}(\rho V_{x}C_{\mathrm{p}}T)+\frac{\partial}{\partial y}(\rho V_{y}C_{\mathrm{p}}T)+\frac{\partial}{\partial z}(\rho V_{z}C_{\mathrm{p}}T)=\frac{\partial}{\partial x}\left(K\frac{\partial T}{\partial x}\right)+\frac{\partial}{\partial y}\left(K\frac{\partial T}{\partial y}\right)+\frac{\partial}{\partial z}\left(K\frac{\partial T}{\partial z}\right)+Q_{\mathrm{v}} \tag{5-7}$$

在对具体问题进行求解时，一般根据边界条件中的速度、压力等参数对动量方程进行求解，然后在质量守恒的基础上，将动量方程的近似解作为强迫函数来求解压力方程。然后用求得的压力解来更新速度、压力等，从而得出新的压力和速度值。

2）模型建立

（1）有限元程序简介

模拟计算采用了国际大型通用有限元程序 ANSYS 对隧道突水进行仿真模拟研究。ANSYS软件是融结构、热、流体、电磁、声学于一体的大型通用有限元分析软件，可广泛用于核工业、铁路、公路、航天航空、机械制造、能源、汽车交通、国防军工、土木工程、地矿、水利等一般工业及科学研究。

针对岩溶隧道突水高压、流量大的特点，采用 ANSYS 程序中 FLOTRAN CFD 分析功能对其进行模拟。FLOTRAN CFD 可以解决弯管中流体复杂的三维流动问题。而且 FLOTRAN CFD 可以执行如下分析：

①层流或紊流。

②传热或绝热。

③可压缩或不可压缩。

④牛顿流或非牛顿流。

⑤多组份传输。

根据隧道突水的特点，可以采用 ANSYS 有限元程序的紊流分析功能建立模型。紊流分析主要用于处理紊流波动的流体运动情况，其是由于流速足够高和黏性足够低引起的。如果流体的密度在流动过程中保持不变或者当流体压缩时要消耗很大的能量，该流体就可认为是不可压缩的，不可压缩流的温度方程将忽略流体动能的变化和黏性耗散。

ANSYS CFD 的求解是利用了更具一般性的 Navier－Stokes 方程对流体动力学问题进行求解。即通过物体的质量、动量和能量守恒定律来计算流体的速度分量、压力以及温度。具体到 ANSYS 的运算过程，就是在一个总体迭代中，首先获得动量方程的近似解，再在质量守恒的基础上求解压力方程，然后用压力解来更新速度、压力、温度，从而使各场保持质量守恒。

（2）计算模型

由于隧道断面对水在其中的流动影响不大，而且未进行二次衬砌施工段落的断面面积差别不大，所以对隧道断面进行了简化，由原来的三心圆简化为直墙拱式。

建立有限元模型，选取掌子面附近 50m 范围内双线隧道进行模拟。以乌池坝隧道的进出口为例进行分析，模型参数见表 5-2，模型如图 5-3 所示。

模型参数　　表5-2

模型名称	长度(m)	断面积(m^2)	轴线间距(m)	纵向坡度(%)	横通道与左线掌子面距离(m)
乌池坝隧道进口	50	89.25	37.2	1.8	20
乌池坝隧道出口	50	89.25	37.2	-1.8	30

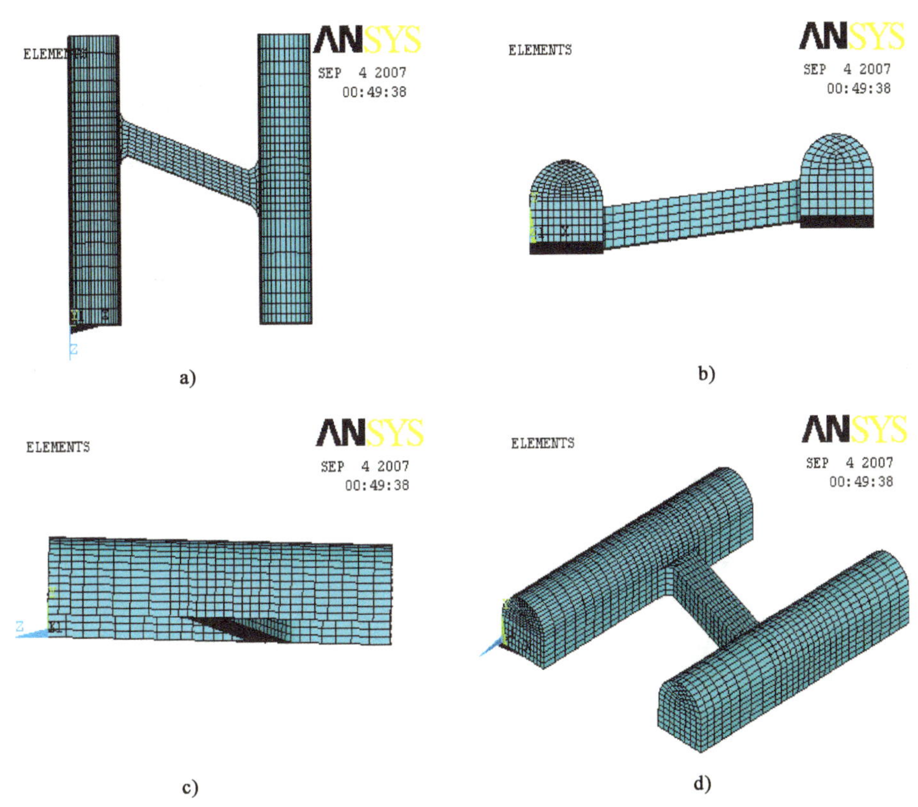

图5-3　有限元模型

以乌池坝隧道为例，分别模拟隧道进口端左洞、右洞掌子面和出口端左洞、右洞掌子面突水四种工况(表5-3)。

四种工况　　表5-3

工况编号	模拟位置	突流速度(m/s)
1	乌池坝隧道进口右线突水	1
2	乌池坝隧道进口左线突水	1
3	乌池坝隧道出口左线突水	1
4	乌池坝隧道出口右线突水	1

3)计算参数

模拟流体采用20℃水的特性，密度为998.2kg/m^3，黏度为100.5×10^{-5}Pa·s，采用不可压缩的绝热流体，采用稳态分析技术。

4)边界条件

CFD流体模拟中，边界条件包括以下四种：速度、压力、紊流动能以及紊流能量耗散率。

本次模拟假设流体流速为1m/s,由于突水不能穿越隧道边界和另一隧道的掌子面,所以速度边界定为0;突水主要是从隧道口涌出,所以此界面的压力设为零。分析采用紊流模式,流体为不可压缩流,所以可以忽略流体动能的变化和黏性耗散。

5)计算结果分析

(1)顺坡施工,高程较低的隧道突水模拟——乌池坝隧道进口右线突水,如图5-4~图5-9所示。

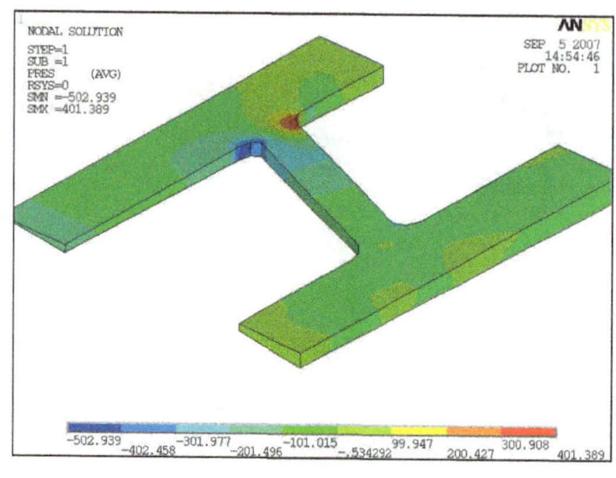

图5-4 剖面压力图

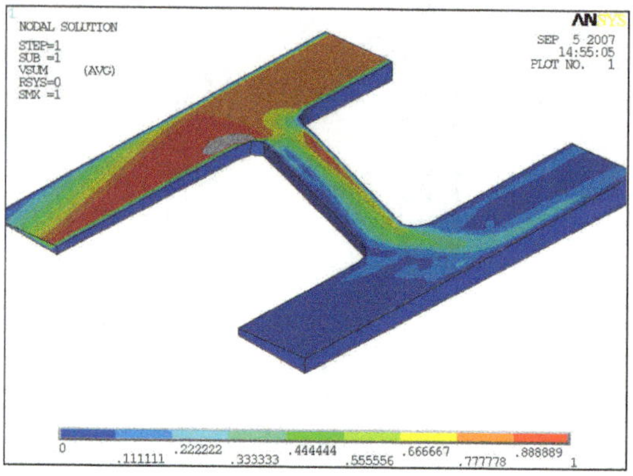

图5-5 剖面速度图

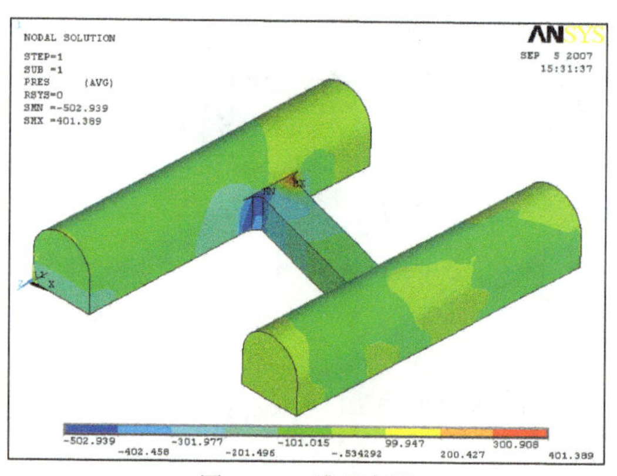

图5-6 三维压力图

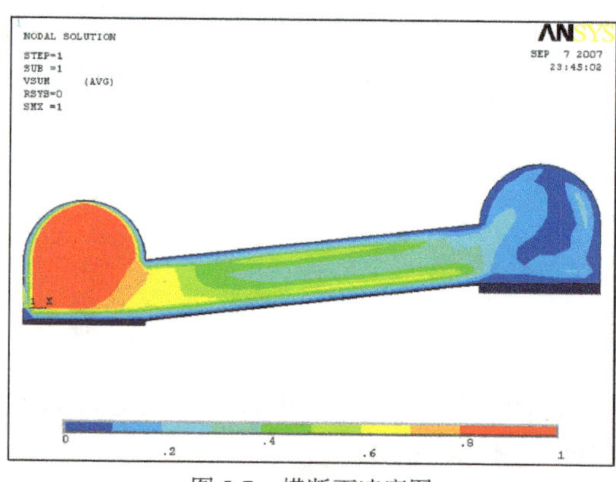

图5-7 横断面速度图

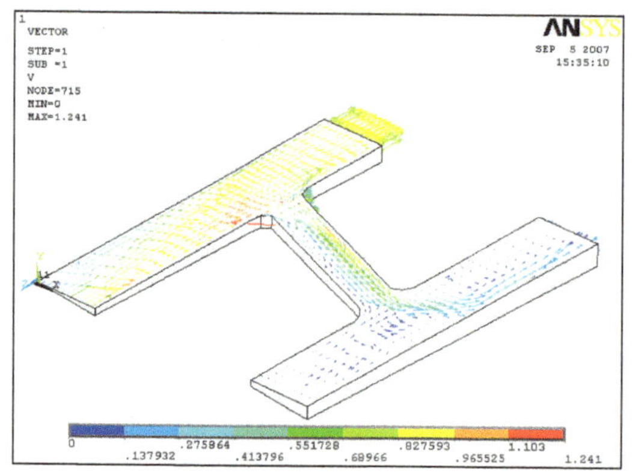

图5-8 速度矢量图

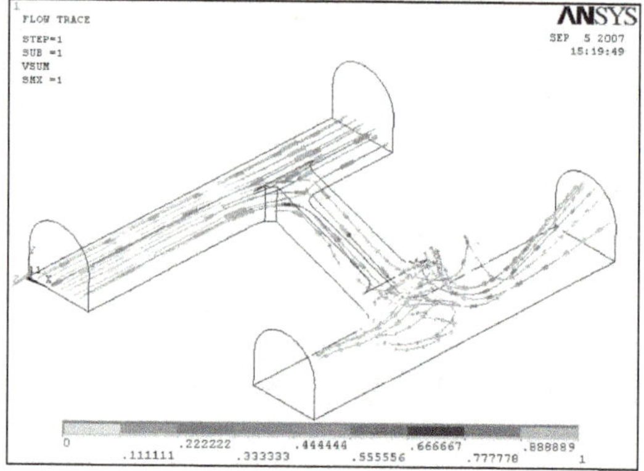

图5-9 流线图

由计算结果可知：①在突水隧道横断面中心处流速最大，速度为0.8～1m/s，向周边逐渐减小。②从横通道向较高隧道流的过程中，速度有明显降低，横通道速度基本在0.15～0.55m/s，左线速度基本在0～0.25m/s。③压力在横洞面向来水方向最大。

(2)顺坡施工，高程较高的隧道突水模拟——乌池坝隧道进口左线突水，如图5-10～图5-15所示。

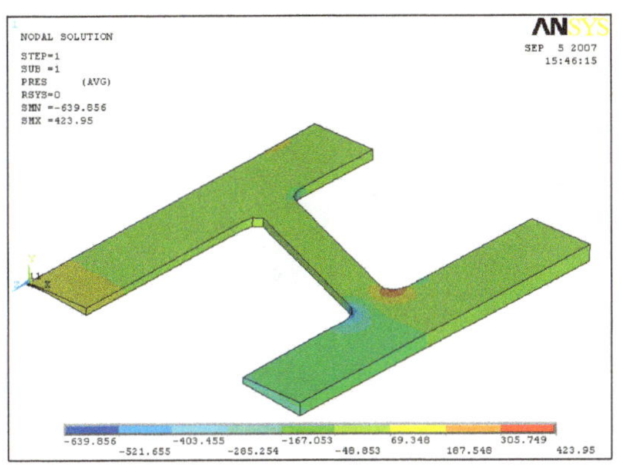

图5-10　剖面压力图

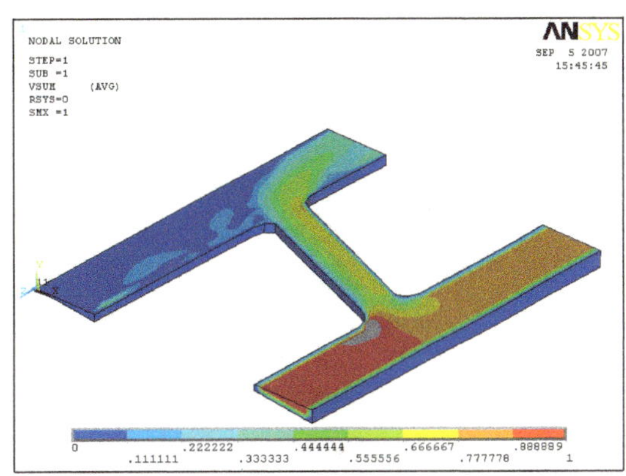

图5-11　剖面速度图

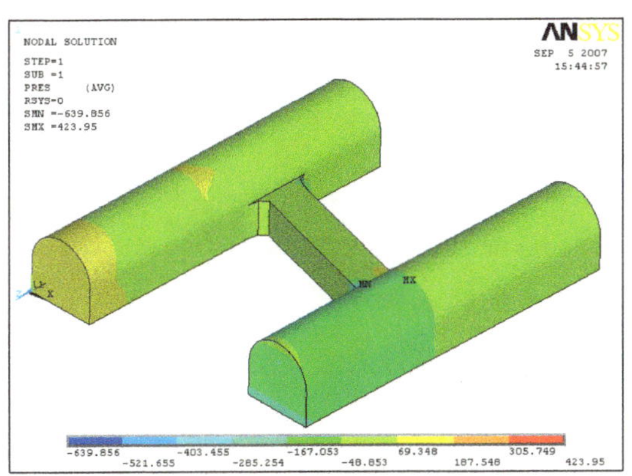

图5-12　三维压力图

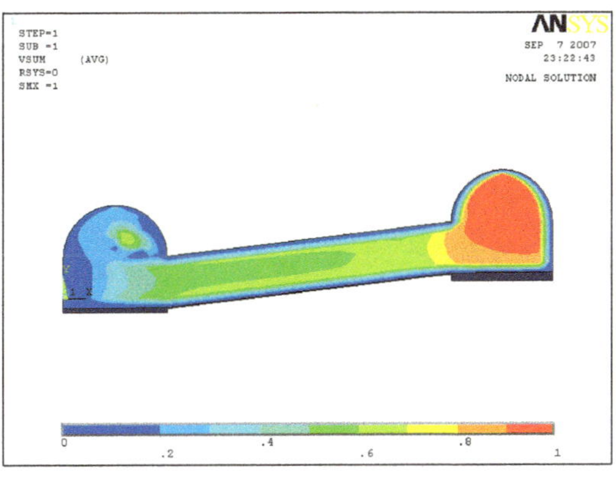

图5-13　横断面速度图

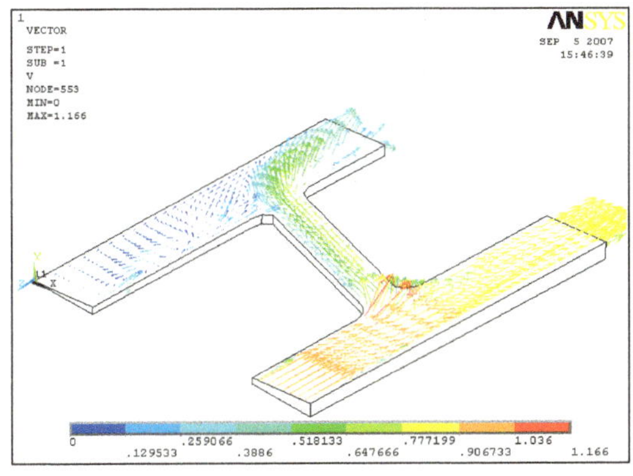

图5-14　速度矢量图

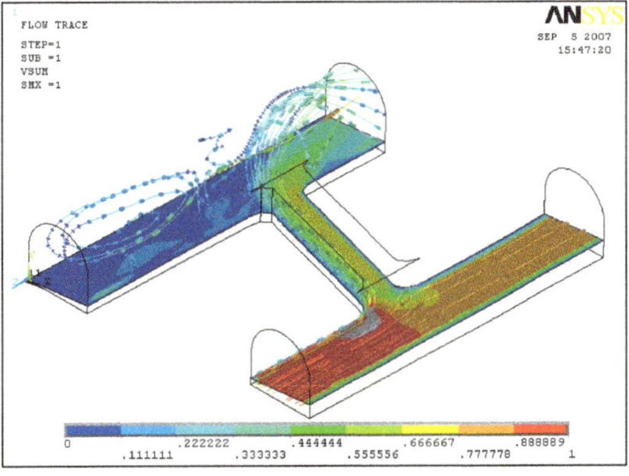

图5-15　流线图

由计算结果可知:①在突水隧道横断面中心处流速最大,速度为0.8~1m/s,向周边逐渐减小。②从横通道向较低隧道流动的过程中,速度降低不明显,横通道速度基本在0.55~0.8m/s,右线速度基本在0~0.45m/s,大小主要由横通道几何形状和两隧道相对高程决定。③压力在横洞面向来水方向达到最大。

(3)逆坡施工,高程较高的隧道突水模拟——乌池坝隧道出口左线突水,如图5-16~图5-21所示。

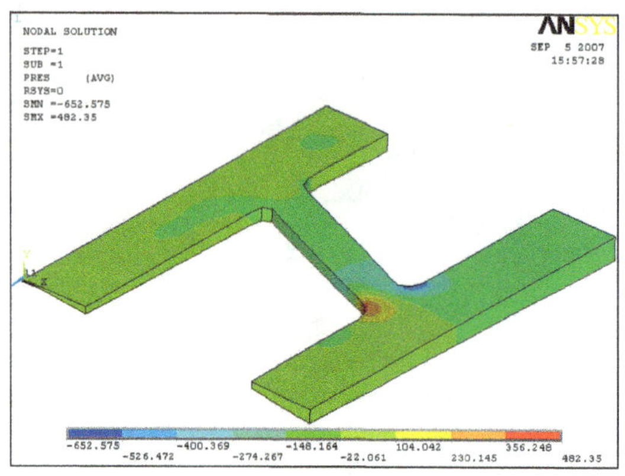

图5-16 剖面压力图

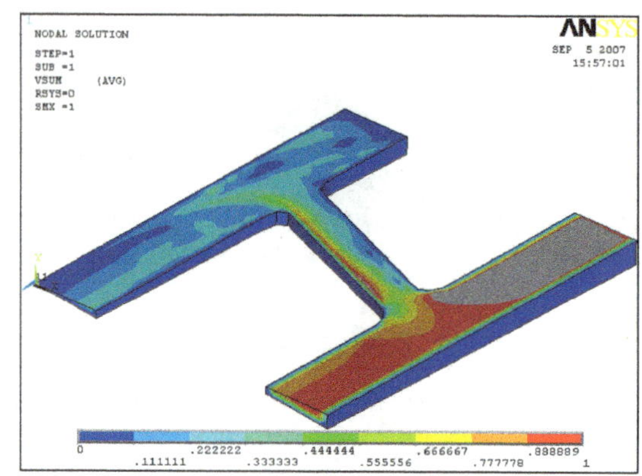

图5-17 剖面速度图

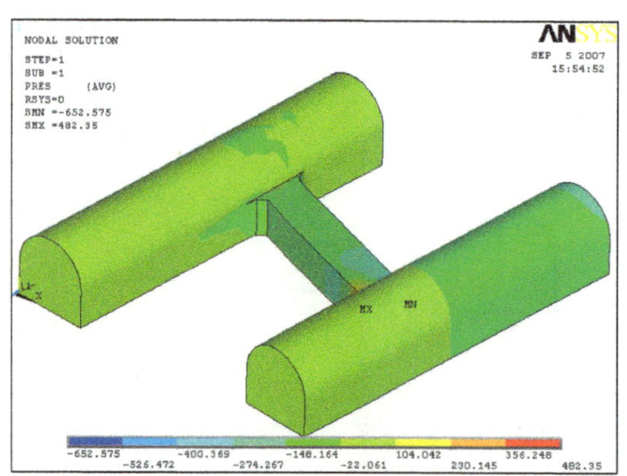

图5-18 三维压力图

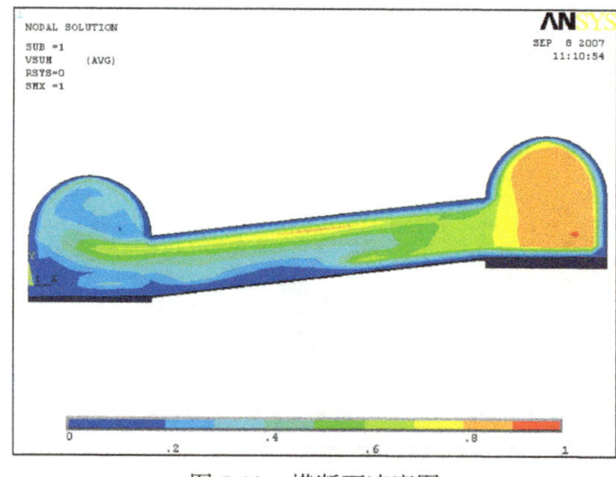

图5-19 横断面速度图

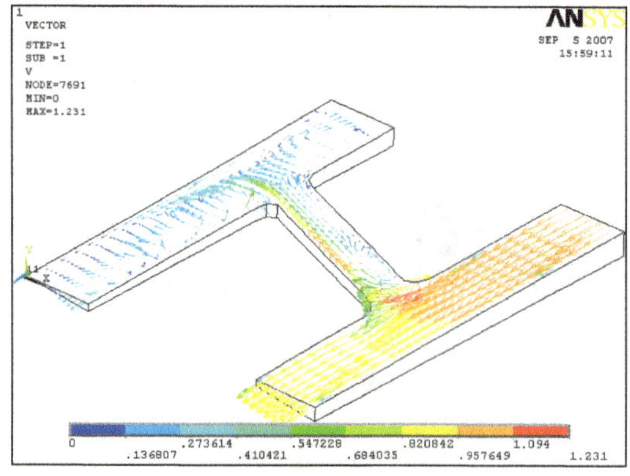

图5-20 速度矢量图

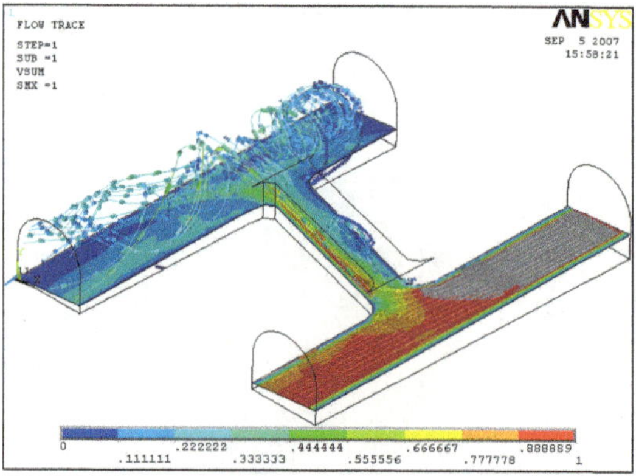

图5-21 流线图

由计算结果可知:①在突水隧道横断面中心处流速最大,速度为0.75 ~0.9m/s,相对突流速度已经有较大的降低。②从横通道向较低隧道流动的过程中,速度降低不明显,上部速度为0.6 ~0.7m/s,基本与横洞入口速度相当,下部略低0.2 ~0.5m/s。右线速度变化较大,在0 ~0.6m/s之间。③压力在横洞面向来水方向最大。

(4)逆坡施工,高程较低的隧道突水模拟——乌池坝隧道出口右线突水,如图5-22 ~图5-27所示。

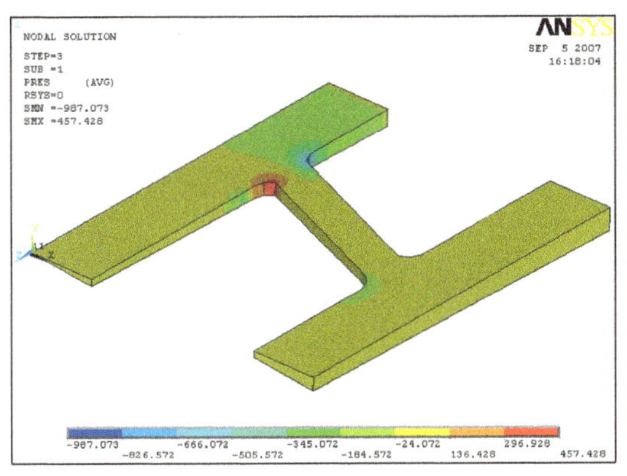

图5-22 剖面压力图

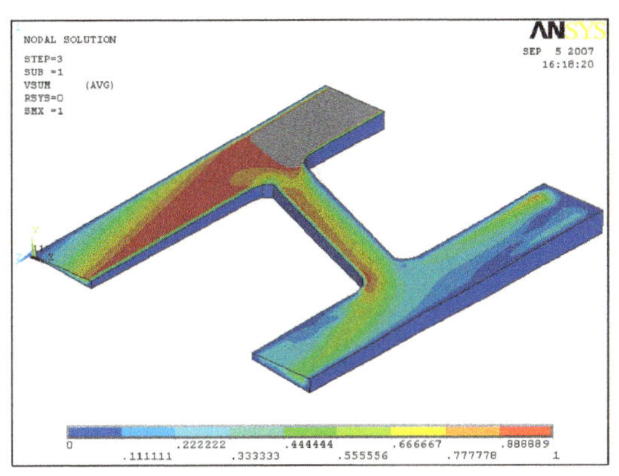

图5-23 剖面速度图

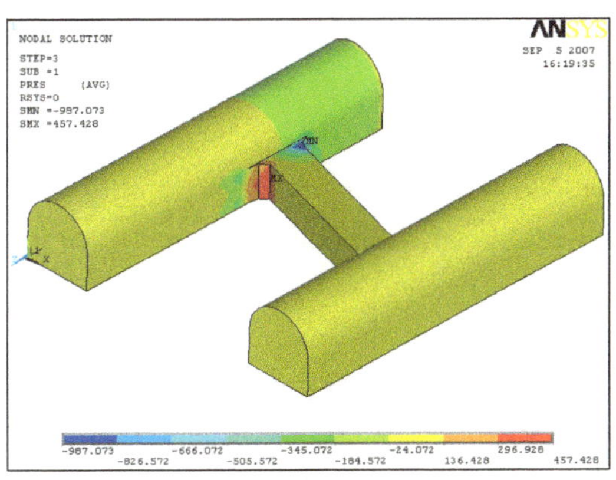

图5-24 三维压力图

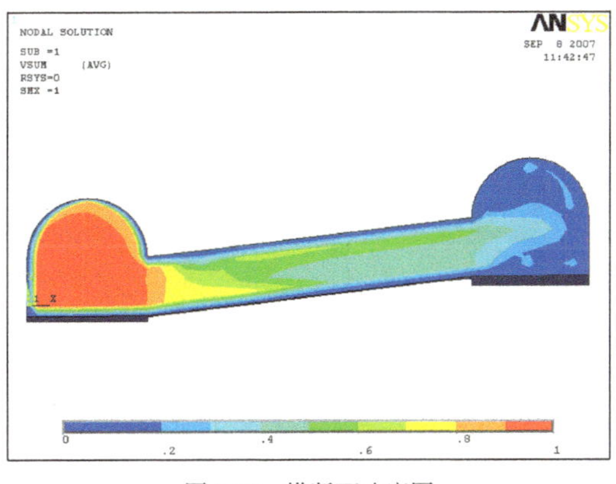

图5-25 横断面速度图

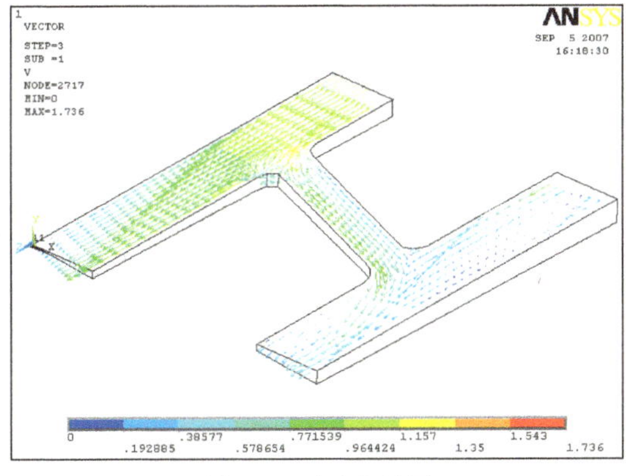

图5-26 速度矢量图

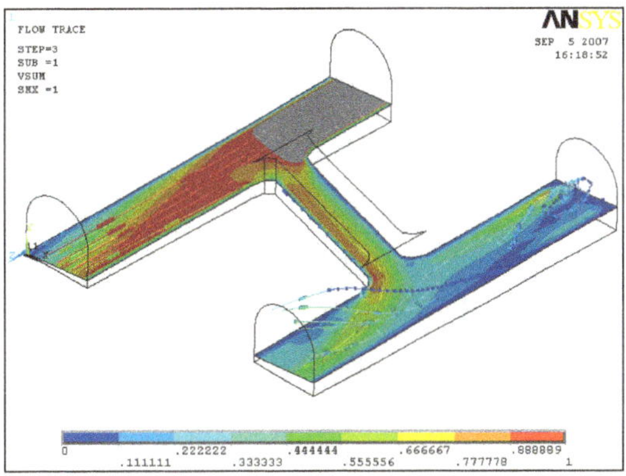

图5-27 流线图

由计算结果可知:①在突水隧道横断面中心处流速最大,速度为0.8~1m/s。②从横通道向较低隧道流动的过程中,速度明显降低,横洞速度基本在0.4~0.8m/s。左线速度在0~0.4m/s之间,其中以低速为主。③压力在横洞面向来水方向最大。

6)横通道作用

由计算分析可知,在逆坡施工时,如果底板高程低的隧道突水,水通过横通道进入另一隧道需要时间,横通道有利于逃生;如果底板高程高的隧道突水,水通过横通道进入另一隧道,使该隧道也造成突水,有可能造成损失,但该通道的存在可以减轻突水隧道的压力,有利于减轻突水隧道灾害程度。所以,在施工过程中,应该及时打通横通道。

7)逃生路线优化

(1)由剖面速度图分析可知:隧道发生流速较大的突水,突水洞内人员在逃生时,如果遇到横通道,建议快速穿过横通道,转到未突水的隧道再向洞口跑。

(2)由速度图可知:流速在隧道断面内的分布情况,边界最小,中间最大,所以当水临近身边时,要迅速向隧道边墙处靠近再快速逃跑。

(3)由水压图中可知:横通道与隧道相交处的水压最大,流速较大,所以逃跑时千万不能在横通道与隧道相交处停留。

(4)顺坡施工中的隧道,发生流速较大的突水时,另一隧道掌子面附近的水流速度较小(图5-5、图5-11),所以来不及逃跑时,可以跑向另一隧道的台车等设备上。

(5)逆坡施工隧道发生流速较大的突水时,另一隧道掌子面附近的水流速度较大(图5-17、图5-23)且有巨大的回旋涡流(图5-21、图5-27),必须向洞口逃生。

(6)从剖面图得出,横通道靠近突水位置的拐角,横通道侧水压、流速均较小,如果无法安全逃出,可以在此暂避风险,项目部也可以在此设置部分救助设备。

(7)即使隧道发生1m/s($89m^3/s$)的高速大流量突水,只要发现及时,路线科学合理,也可以安全逃生。

8)逃生线路图

乌池坝隧道左洞底板比右洞底板高3m,进口段顺坡施工,出口段逆坡施工,施工过程中,应及时打通所有的行人和行车横洞。隧道出口左洞、右洞掌子面发生突水突泥时,逃生路线分别如图5-28、图5-29所示;隧道进口段左洞、右洞掌子面发生突水突泥时,逃生路线分别如图5-30、图5-31所示。

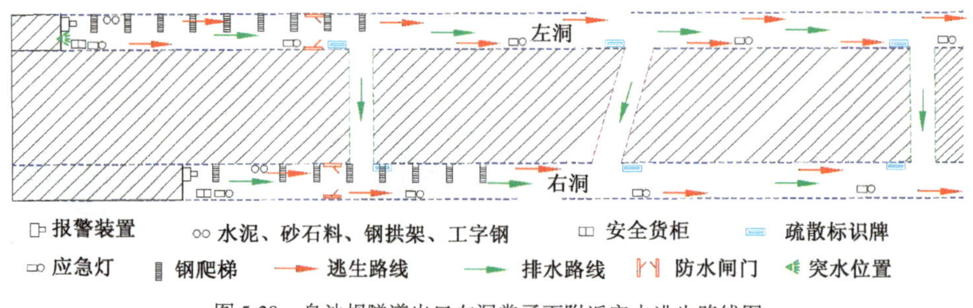

图5-28 乌池坝隧道出口左洞掌子面附近突水逃生路线图

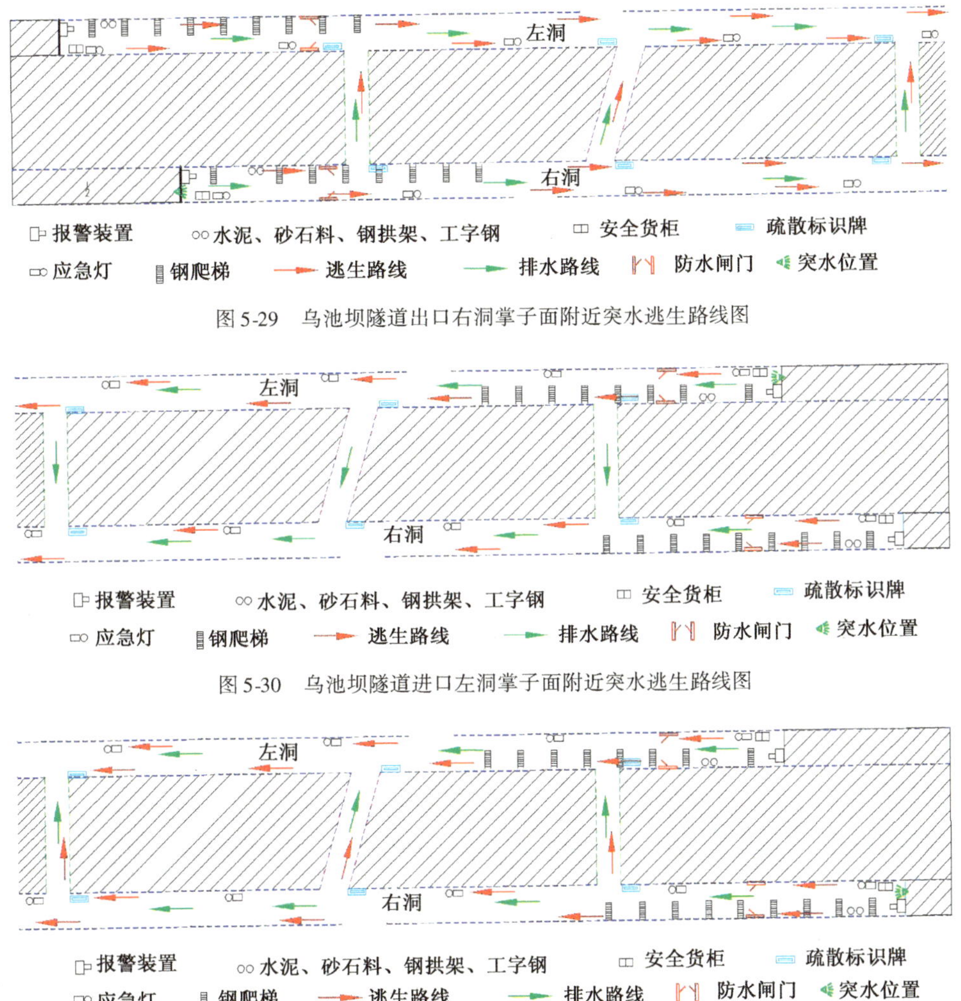

图 5-29　乌池坝隧道出口右洞掌子面附近突水逃生路线图

图 5-30　乌池坝隧道进口左洞掌子面附近突水逃生路线图

图 5-31　乌池坝隧道进口右洞掌子面附近突水逃生路线图

9）逃生工具

逃生工具包括运输可载人车辆、橡皮筏、救生衣、救生圈等。

10）逃生注意事项

（1）顺坡施工隧道右线突水，通过横通道向左线洞口或避难场所逃生。

（2）左线突水，通过横通道向右线洞口逃生。

（3）逆坡施工隧道左线突水，通过横通道向洞口逃生。

（4）不能在面向突水方向的横洞一侧停留，但在无法安全逃出时，可以在背向突水方向侧暂避洪峰。

（5）所有逃生路线，尽量靠近隧道壁一侧逃跑。

（6）为防止在突水突泥事故时出现漏电伤人，用电应该按照以下原则进行：

①做好电力线路的架设及维护保养工作，隧道内高压电缆悬挂高度距隧道底板距离不低于 4m，低压线路悬挂高度距隧道底板高度不低于 2.5m。

②高压电缆采用有屏蔽的监视型橡套电缆;低压电缆采用不延燃橡套电缆。各种电缆的分支连接,采用与电缆配套的防爆连接器、接线器和插销,并装设相应的漏电保护装置。

③一旦发生突(涌)水,应立即切断各种设备的高压电源。

5.6 应急救援

隧道发生突水时,应在应急救援指挥部指挥下开展应急救援工作。

5.6.1 救援行动

1)救援准备

(1)救援组织各机构各司其位,进入战斗状态。

(2)各班组及时清点人员,确认有无被困人员,并作为应急救援人员在安全区集结待命。

(3)应急急救医疗小组及定点医院医护人员及时到达距事故现场最近的安全区域,等待对获救人员进行医疗救护。

(4)紧急调运橡皮筏、救生圈、救生衣、大功率抽水泵、正压氧呼吸器、救护车及圆木等救护设施设备全力投入抢险救援。

2)救援实施

(1)在灾情出现后,马上启用大功率抽水泵进行排水。

(2)组织多组搜救小组,要选用身体素质好、水性高的人员并配备橡皮筏、救生圈、救生衣、安全绳等安全设备和必要的急救器材,进洞执行搜索救援活动。

(3)及时疏通排水设施,使水流通畅,确保救援工作顺利进行。

(4)脚手架和木板搭设临时栈桥、浮桥,隧道洞壁挂安全绳,三脚架和木板安装要牢靠,安全绳要系牢,以方便救援工作的顺利进行。

(5)必要时要根据应急救援响应等级调动相应项目部、地方政府力量。

(6)要采取地毯式搜救方式,不放过隧道内的每一个角落。

3)灾情监测

(1)与当地气象台和发包人建立工程水文气象的测量与预报系统联系,及时了解水情气象测量预报信息,加强隧道突水观测。

(2)观测关键钻孔的水位变化、隧道涌水流量及其变化、流速、水压。

(3)观测数据有变化时,及时向应急小组组长汇报,以便在次生事故发生前搜救人员和设备紧急撤离。

(4)在继续搜救被困人员的同时,加固变形地段,进一步制订具体工作方案和应急预案,在确保人员安全的情况下,开始进行排水、清淤、探测等工作。

5.6.2 应急救援培训

1)培训制度

(1)项目部与当地定点医院联系,定期开展卫生知识和医疗急救知识培训,建立急救人员队伍,至少每年培训一次。

(2)根据施工情况和施工风险度,在适当时候组织应急救援培训。为检验和定点医院的配合程度，开工后组织一次由定点医院、应急反应组织机构共同参加的应急救援演练。对演练中暴露的不足之处，定人、定时间、定措施加以整改完善。

(3)各种应急预案编制后，应定期进行各种应急预案的演练，由应急领导小组组织进行，各应急部门相关人员按照各自职责要求和应急程序进行相关内容的演练。演练前制订操作性强、结合实际的方案，并按程序经审核后执行，使应急部门熟悉应急预案的实施程序和注意事项。

(4)卫生知识培训、医疗急救知识培训、应急演练等活动，须形成完善的文字和声像资料。

(5)新加入的员工在上岗前需进行应急救援技术和程序的培训。

2)培训内容

(1)在事故现场的自我防护。

(2)对风险源、事故隐患及重要环境因素的分析、辨识。

(3)应急救援程序及报警、示警方法。

(4)紧急情况下人员的安全疏散。

(5)各种抢救的基本技能。

(6)各种抢救的团队协作意识。

5.7　应急演练

5.7.1　应急演练程序

以乌池坝隧道应急演练为例进行说明，应急演练程序见表5-4。

应急演练程序　　表5-4

时间	项　目	演练内容
09:30	开始	策划组组长宣布:“乌池坝隧道突水突泥地质灾害应急救援演练现在正式开始”。各工作小组就位
09:31	突水发生	乌池坝隧道×洞掌子面突然发生突水，水势凶猛，水“吼吼”地叫着，隧道里的风带着雾气，从掌子面冲出来
09:31	发现与应急处理	现场技术负责人(事故第一时间内，现场最高行政职务者)应该变成临时指挥者组织现场作业的人员迅速武装，立即根据现场情况，选择应急预案制定的最优路线，组织他们迅速撤离现场，要求在洞外规定的临时医疗组所在地点集合，并组织来不及撤离人员到紧急避难场所暂时躲避。同时，自己也要做好一切自救准备
09:32	报警	现场技术负责人立即向应急总指挥、副总指挥报警报告：×洞掌子面突然发生突水，水势的情况，并通知相邻隧洞的工作人员和二次衬砌施工人员、防水布安装人员、钢筋绑扎人员、仰拱施工人员迅速撤离
09:33	接警与动员	应急总指挥接到报警后，根据现场技术负责人的突水情况描述，做出以下通知：①×洞掌子面突然发生突水，所有工作人员停止一切施工活动，并迅速撤离现场；②电工立即停止×洞掌子面施工用电，启用应急电源；③马上启用大功率水泵进行排水；④临时医疗组迅速就位，对安全撤离人员进行医疗检查和抢救；⑤应急救援组织指挥成员迅速赶到指挥中心；⑥各救援小组集结待命；⑦根据情况向上一级单位汇报
09:36		工程技术组负责人到达发生突水的隧道离事故发生地点最近的安全地点，根据现场情况和应急救援预案制订的救援措施制订切实可行的应急救援方案

续上表

时间	项　　目	演 练 内 容
09:38	接警与动员	应急指挥部全体成员到达应急指挥中心,工程技术组负责人向指挥部报告事故情况,并汇报救援方案,大家根据汇报情况进行商讨决定,并启动相应级别的应急救援预案
09:39		外部应急协调组迅速根据应急救援预案的级别,与预案规定的相应部门取得联系,进行应急救援力量的调动
09:42	应急准备	应急总指挥根据现场情况汇报,命令各职能部门按各自的职责和分工各就各位,等待合适时机,立即开展救援工作,相关应急设施由正常运转状态进入紧急运转状态
09:43	疏散、秩序维持	应急疏散小组进入离出事地点最近的安全区域,对现场撤离人员进行必要的疏散引导和维持现场秩序
09:44	医疗检查和救治	临时医疗小组对撤出人员进行体检,对受伤人员进行医治,对受伤严重的人员,应该迅速进行急救并送往最近的医院进行抢救
09:45	应急救援物资供应	应急救援物资与管理组负责人应该根据抢救需要,分配应急救援物资,并将抢险用的救援物资运到离灾害发生地点最近的安全地带
09:46	事态评估	事态评估组向应急总指挥汇报:水势变大,有 10 人下落不明,应该启动更高一级的应急救援预案
09:46	扩大应急	总指挥长下令:外部应急协调组立即根据应急预案的级别,联系相应的外部应急救援力量,紧急调运橡皮筏、救生圈、救生衣、大功率抽水泵、正压氧呼吸器、救护车及圆木等救护设施设备全力投入抢险救援
09:50	事态评估	现场应急救援组长向应急总指挥报告:现场水势开始变缓,但还是较大,还不能进去救人,洞中水位较高。已经有×人安全撤出,×人仍在洞中,应急救援物资已经准备就绪,应急救援小组已经穿好救生衣、拿好救生圈、救生绳等物品,救生筏也已准备完毕,原地待命
		总指挥长下令:等待时机,水势变小且较为稳定后,立即展开搜救,不惜一切代价,救出隧道里面的每一个人
10:00	展开应急救援	水势已经变小,人在里面已经能够站稳,经过观察评估,水势不会变大,可以展开应急救援行动
		总指挥长下令:立即展开搜救行动
		应急救援组长下令展开搜救行动。应急救援小组立即开始搭设栈桥,浮桥,隧道洞壁挂安全绳(三脚架和木板安装要牢靠,安全绳要系牢)展开粗略式搜索
		听见隧道深部有敲击声,有人求救,冲锋舟(冲锋舟以汽车代替)全副武装(搜救人员必须水性好,身体结实,身穿救生衣、手拿救生圈,船上带着氧气瓶等应急物品)迅速驰入隧道深部。由于突水突泥的影响,越接近掌子面,隧道净空越小,冲锋舟不易进入,搜救人员借助救生绳,到达紧急避难场所将被困的 8 名人员救出,送到安全地带,将其送至临时医疗组进行救治。还有 2 人下落不明
		展开地毯式搜救方式,对隧道的每一个角落进行搜索。采用一切可以采用的技术手段

续上表

时间	项　　目	演 练 内 容
10:15	搜救结束	经过地毯式搜索,最后两名人员获救,并被送往临时医疗组进行救治
		总指挥下令:进行事态评估,防止次生事故发生
10:20	事态评估	水流速度逐渐变小,风险源事态评估组进入隧道对当前情况进行评估:隧道内×桩号处还有可能有次生事故发生,应该加强支护
10:21	次生事故防治	工程技术组组织技术力量对隧道×桩号处(采用工字钢、水泥等材料)进行加固
10:25	事态得到控制	所有人员全部救出,无人员死亡
		水势减小,水流速度逐渐变小,突水灾害趋于稳定
		次生事故防治正在进行
10:26	灾情信息发布	应急救援小组应及时向新闻媒体发布灾情情况,将事故发生、事故救援、救援情况、事故结果等整个过程如实向媒体发布
10:27	现场恢复	进行灾情监测,以防次生事故发生
		继续进行隧道内次生事故的防治工作
		恢复正常供电系统
10:28	应急结束	总指挥发布命令:应急状态结束,警报解除
10:29	演练结束	评价人员访问演练人员,评价组向策划组提交评价报告
		策划组长宣布演练结束,召开总结会

5.7.2 演练现场

演练现场如图5-32~图5-35所示。

a)指挥部领导及课题组成员

b)观摩席远景

图5-32 突水应急演练观摩

a)演练各小组集合待命

b)汇报突水情况

图5-33 应急响应

图 5-34　实施救援

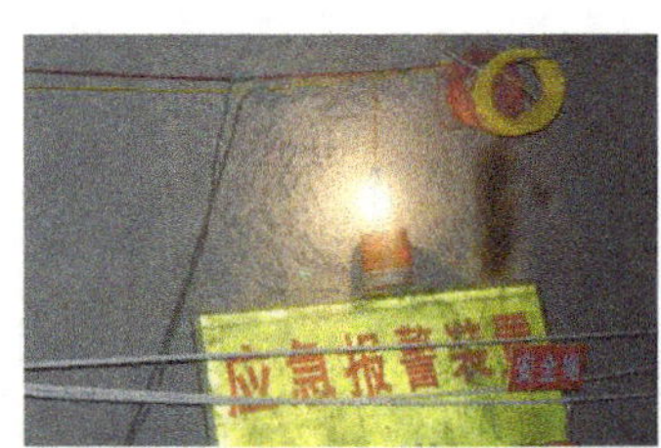

a)应急报警装置

b)应急灯、救生绳、救生圈

c)应急供电线路

d)安全出口标识

e)临时避险爬梯

f)进入危险区域标识

图 5-35　应急救援物资布置

5.8　本章小结

(1)制订了突水应急预案。根据岩溶隧道突水灾害特点和隧道实际情况,组建了应急组织机构并明确了各部门的主要职责;论述了应急响应级别、程序和行动;根据救援与防灾需要,分析应急救援所需物资和设备,并探讨了如何布置救援物资和设备。

(2)优化了逃生路线。根据水流对人的冲击力,假设突水水流速度为1m/s,模拟了突水时水流各指标的分布规律,分析了应该如何逃生最安全:①隧道发生流速较大的突水,人员在逃生时,如遇到横通道,建议快速穿过横通道,转到未突水的隧道再向洞口跑。②流速在隧道断面内的分布为边界最小,中间最大,所以当水临近身边时,要靠近隧道边墙快速逃跑。③横通道与隧道相交处的水压最大,流速较大,逃跑时不能在横通道与隧道相交处停留。④顺坡施工中的隧道,发生流速较大的突水时,应先向另一隧道逃生。来不及逃生时,可选择隧道内的台车、临时避险处暂时躲避。⑤逆坡施工中的隧道发生流速较大的突水时,只能向洞口逃生。

(3)设计并实施了应急救援演练。设计了隧道突水应急救援演练方案并在乌池坝隧道予以实施。演练根据预案要求和演练程序实施,整个过程严格按照真实事故实施救援、抢救和一切相关活动。在启动应急响应后,应急指挥及专家组要根据事态发展判断是否需要升级响应等级、确定和联系救援力量,指挥整个救援的实施。灾害发生时,隧道内的工作人员按照既定安排逃生,逃出后接受医疗检查和救治,保证整个救援过程有序进行。各救援小组要按照既定计划展开救援工作。整个救援过程井然有序。通过应急救援演练,提高了指挥人员的指挥能力、救援人员的救援救灾能力和所有人员逃生和应对灾害的能力。

第6章

岩溶隧道突水风险评估与预警工程应用

开展岩溶隧道突水风险评估与预警对避免突水灾害发生、降低灾害发生频率和减轻灾害后果具有极其重要的意义。在对岩溶隧道突水风险评估与预警理论研究的基础上，本章以乌池坝隧道、齐岳山隧道、龙潭隧道三座隧道为例，开展岩溶隧道突水风险评估与预警工程应用。通过剖析隧道基本地质情况，开展隧道突水风险评估，进行突水风险源辨识，最终实现突水预警，从而保证隧道安全施工。通过将岩溶隧道突水风险评估与预警理论与工程实际相结合，可以强化对岩溶隧道突水风险评估与预警方法、理论和实施的认识和理解，为类似工程开展岩溶隧道突水风险评估与预警提供参考和依据。

6.1 乌池坝隧道突水风险评价与预警

6.1.1 工程概况

1)地形地貌

乌池坝隧道进口为恩施市白果坝镇乌池坝村，出口为利川市团堡镇箐口柏腊村，全长6.708km，最大埋深488m，地理位置如图6-1所示。

隧道处于白果背斜的北西翼、金子山复向斜南东翼，呈单斜构造特征，地形分东西两个单元，东部宽约2km，为小河河谷的西北岸坡，属中、低山常态侵蚀山地，总体上地势陡峻(ZK253+160~ZK255+330)，最高山峰高程为1570m，小河河谷高程为800~900m。自然坡度多为25°~60°，山脉沿北东50°走向展布，西部宽约9.5km，其中隧道区宽4.7km(ZK255+330~ZK259+855)。整体由台原期、山原期和山盆期岩溶台面构成，已发育成典型的峰林洼地地貌。其中台原期台面宽约2.5km，溶峰高程一般为1500~1600m，洼地、槽谷高程为1400m左右，相对高差为50~200m，山坡较缓，局部陡峻，坡角一般为15°~40°，冲沟不发育，洼地宽阔平缓，发育有漏斗、洼地、落水洞等，但分布不均。山原期台面宽约

1.5km,溶峰高程为1300～1400m,洼地、槽谷高程在1200m左右,相对高差为100～200m。山盆期台面宽约1.5km,溶峰高程为1200～1300m,洼地、槽谷高程为1000～1100m,相对高差200m左右。山原期和山盆期台面的整体地貌形态和台原期相似。台原期和山原期台面之间、山原期和山盆期台面之间为一斜坡地带,宽1km左右,由不纯的(泥质和白云质)灰岩段构成,冲沟发育,沟口和沟源高差200m左右。冲沟纵剖面的平均梯度为0.2。其地质平面示意图如图6-2所示。

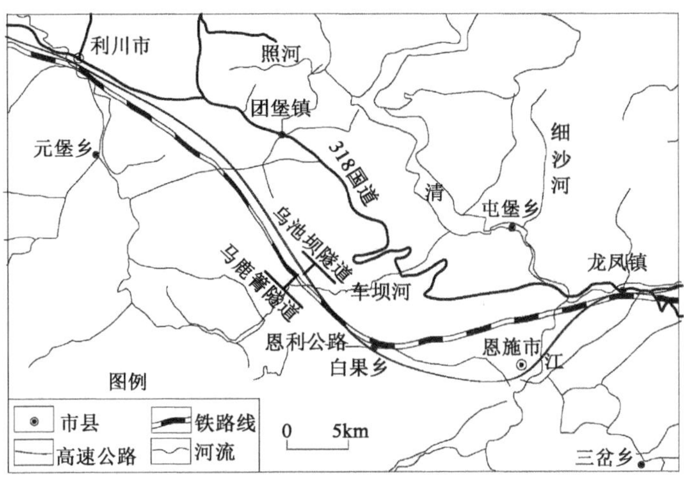

图6-1 乌池坝隧道地理位置示意图

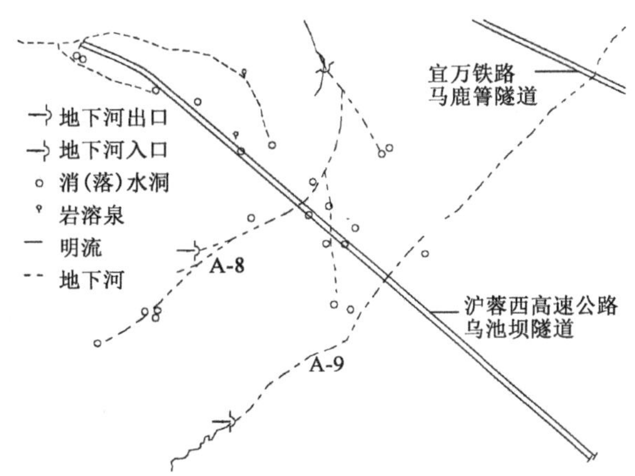

图6-2 乌池坝隧道地质平面示意图

2)隧道地层

隧址区出露的地层依次为志留系(S)碎屑岩、泥盆系(D_{2+3})碎屑岩,石炭系黄龙组(C_2h)、二叠系栖霞组(P_1q)、茅口组(P_1m)、吴家坪组(P_2c)、长兴组(P_2d)、三叠系大冶组(T_1j)、嘉陵江组(T_{2j})碳酸盐岩地层,如图6-3所示。

3)流域水文地质

乌池坝隧道隧址区流域水文地质见表6-1。

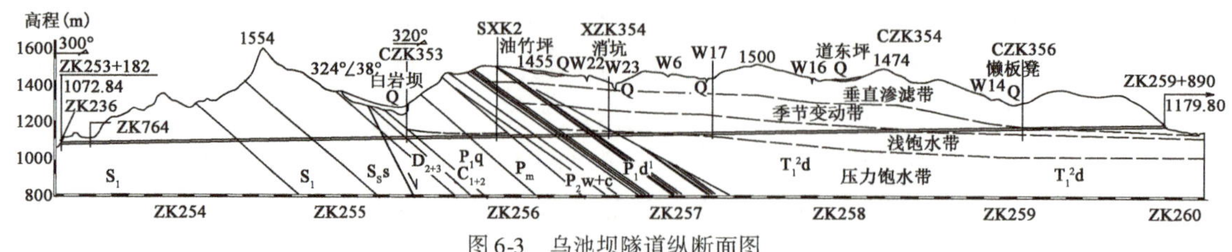

图6-3　乌池坝隧道纵断面图

乌池坝隧道隧址区流域水文地质　　表6-1

年代单位	柱状图	岩　　层	符号	岩组厚度(m)	岩　　性
三叠系		嘉陵江组四段	T_1^4j	250	灰、肉红色中～厚层状云质灰岩夹白云岩，溶崩角砾岩
		嘉陵江组三段	T_1^3j	350	浅灰～灰、深灰色薄～中层状灰岩夹白云岩
		嘉陵江组二段	T_1^2j	400	灰、黄色、紫灰色中厚层状白云质灰岩，次生白云岩夹灰岩、云质灰岩、灰绿色钙质页岩，3～4层岩溶角砾岩、砾岩
		嘉陵江组一段	T_1^1j	200	灰色、紫红薄～中厚层状含云质灰岩，灰岩
		大冶组四段	T_1^4d	100	深灰色、厚层状灰岩
		大冶组三段	T_1^3d	150	灰、深灰色薄～中层灰岩，泥质灰岩
		大冶组二段	T_1^2d	60～80	深灰色中～厚层灰岩，层间夹薄层钙质页岩
		大冶组一段	T_1^1d	50～60	深灰色中～厚层灰岩，层间夹薄层钙质页岩
		长兴组	P_2c	30～36	灰、灰白色或深灰色厚层状灰岩或白云岩
		吴家坪组	P_2w	56～77	深灰色厚层含隧石结核微晶灰岩、条带状生物碎屑硅质岩底部为10m左右的煤系地层，含2层煤层，各厚约1m
		茅口组	P_1m	77～148	浅灰色厚层状泥灰岩、深灰色中～厚层状含燧石结核微晶灰岩夹瘤状含生物屑细～微晶灰岩
		栖霞组	P_1q	150～200	深灰～灰黑色中厚层含燧石结核或燧石条带微晶灰岩，具枕状或眼球状构造，底部为砂岩、炭质页岩夹煤线
石炭系		石炭系	C	20～30	白云岩、微晶灰岩夹少量砂岩和粉砂岩
泥盆系		泥盆系	D_2y	20	白色厚层状石英砂岩夹少量灰绿色薄层泥页岩
志留系		志留系	S_{1+2}	>1000	灰黄、灰绿色页岩、粉砂岩、硅质页岩

4）地质构造

乌池坝隧道隧址区主要地质构造为发育于三叠系中的一系列次级褶皱组成的复向斜，主要包括金子山向斜、白果坝背斜、四方洞向斜等，轴线方向大致为NE30°～60°。

该隧道位于白果坝背斜的北西翼、四方洞向斜南东翼的单斜地层中，岩层倾向北西300°～330°。乌池坝隧道进口段倾角为30°～40°，其余部分倾角平缓，倾角一般为5°～15°，局部存在宽缓小褶曲。

受区域构造应力的控制，隧址区主要存在两组节理裂隙。一组为NE30°～70°走向，倾角为80°～90°，密度为1～2条/m，为纵张裂隙。另一组为NW300°～360°走向，倾角为60°～80°，密度为2～3条/m，为横张裂隙。

5）地下河系统

乌池坝隧道隧址区主要有白岩坝和小溪河两个岩溶水系统。

(1)白岩坝地下河系统

白岩坝地下河发育在二叠系下统茅口组(P_1m)和栖霞组(P_1q)灰岩含水层中,两侧分别被上二叠统吴家坪组煤系地层(西侧)和栖霞组顶部炭质泥灰岩、页岩(东侧)挟持,总体呈南西—北东走向,地下河系统宽约300m,长7.2km,汇水面积约13km^2。

地下河入口位于白岩坝龙家坪南200m处,高程为1250m(山原期台原面),洞口断面近圆形,直径约2m,发育在茅口组中部块状纯灰岩中。出口为一岩溶侵蚀下降泉,位于射渡河水库库内,河谷的右岸高程为835m,枯季流量约350 L/s,雨季流量约6m^3/s,发育在茅口组中下部厚层灰岩中。

(2)小溪河地下河系统

小溪河是清江上游一条支流,发源于距河口6km的小溪河地下河出口,发育在东南翼三叠系大冶组和嘉陵江组碳酸盐岩中,为山盆期台面上的大型地下河系统,平面呈树枝状展布。小溪河地下河系统的一个分支是龙塘地下河,乌池坝隧道出口段涉及龙塘地下河的两个分支,一个是龙潭地下河,另一个是毛田地下河。

①龙潭地下河。该系统平面呈树枝状展布,汇集云雾山以西面积约12.8km^{2}的补给区来水,地下河上游主要呈NE方向展布,自磨子溪,经龙家坪、中塘,于小马滩南约1.0km处的溶洞(高程为1375m)流出地表,长约3.0km,枯季流量约为5.0 L/s,雨季流量约0.9m^3/s。经推算,水力坡度约为13.3%。地下河下游段呈NW方向展布,由小马滩落水洞(洞深46 m,洞底高程为1251m)伏流河谷之下,经凉风洞、龙潭(深72.5m,洞底高程为937.5m)到蝌蚂口(高程为989m)排出,长约4.5km,枯季流量约为5.0L/s,雨季流量约2.9m^3/s。其一支流自鸟腊河(1112m)经凉风洞汇入龙潭地下河。

②毛田地下河。该系统呈NW展布,汇水面积约7.2km^2,主河道自置家屋场伏流口(底板高程为1165m),经毛田消水洞、齐心坪消水洞到管口车坳湾溶洞(高程为1050m)排出,枯季流量约为2.0L/s,雨季流量约1.2m^3/s。该地下河段长约3.1km,由毛田至管口推算,水力坡度为37.1%。该地下河有两个分枝。其一分枝,自懒板凳落水洞,经石板沟竖井(深约25m,洞底约高程约为1135m)、毛田汇入毛田地下河系统,长约1.5km;另一分枝,自道东坪消水洞,经钟家层场、石板沟竖井、毛田消水洞汇入毛田地下河系统,长约3.0km。

6.1.2　突水风险评估

利用模糊综合评判模型对乌池坝隧道各区段进行风险评判,各区段指标隶属度见表6-2,突水风险评估成果见表6-3和图6-4。

各区段指标隶属度值　　表6-2

区　段	c1	c2	c3	c4	c5	c6	c7	c8	c9	c10	c11
YK253+164 ~ YK255+130	0	0.9	0.7	—	—	0.6	0.6	0	0.5	0	0.1
YK255+130 ~ YK255+350	0	0.9	0.9	—	—	0.6	0.6	0.2	0.5	0	0.1
YK255+350 ~ YK255+650	0.8	0.9	0.7	—	—	0.6	0.6	0.3	0.5	0.6	0.3
YK255+650 ~ YK255+820	1	0.9	0.7	—	—	0.6	0.6	0.3	0.5	0.6	0.3
YK255+820 ~ YK255+920	0.8	0.9	0.7	—	—	0.6	0.6	0.3	0.5	0.6	0.3

续上表

区　段	c1	c2	c3	c4	c5	c6	c7	c8	c9	c10	c11
YK255 +920 ~ YK255 +960	0.8	0.9	0.7	0.8	—	0.6	0.6	0.3	0.5	0.6	0.3
YK255 +960 ~ YK256 +180	0.8	0.9	0.7	—	0.6	0.6	0.6	0	0.5	0.6	0.2
YK256 +180 ~ YK256 +290	0	0.9	0.1	—	—	0.6	0.6	0	0.1	0.1	0.1
YK256 +290 ~ YK256 +490	0.8	0.9	0.1	0.8	—	0.6	0.6	1	0.8	0.6	0.4
YK256 +490 ~ YK256 +970	0.8	0.9	0.1	—	—	0.6	0.6	1	0.5	0.6	0.2
YK256 +970 ~ YK257 +070	0.8	0.9	0.1	—	—	0.6	0.6	1	0.8	0.6	0.5
YK257 +070 ~ YK257 +160	0.8	0.6	0.1	—	—	0.6	0.6	1	0.3	0.3	0.3
YK257 +160 ~ YK257 +300	0.4	0.6	0.1	—	—	0.6	0.6	1	0.3	0.1	0.3
YK257 +300 ~ YK258 +200	0.4	0.6	0.1	—	—	0.6	0.6	0.6	0.3	0.3	0.4
YK258 +200 ~ YK258 +480	0.4	0.6	0.7	—	—	0.6	0.6	0.6	0.3	0.3	0.4
YK258 +480 ~ YK258 +640	0.8	0.6	0.7	—	—	0.6	0.6	0.4	0.3	0.3	0.3
YK258 +640 ~ YK258 +840	0.8	0.6	0.7	—	—	0.6	0.6	0.6	0.5	0.6	0.3
YK258 +840 ~ YK259 +000	0.8	0.6	0.7	—	—	0.6	0.6	0.6	0.5	0.3	0.3
YK259 +000 ~ YK259 +855	0.8	0.6	0.7	—	—	0.6	0.6	0	0.5	0.6	0.4

各区段突水风险等级　　表 6-3

区　段	隶　属　度	突水风险等级
YK253 +164 ~ YK254 +130	B = (0.463 0.216 0.219 0.102)	Ⅳ
YK255 +130 ~ YK255 +350	B = (0.406 0.265 0.221 0.108)	Ⅳ
YK255 +350 ~ YK255 +650	B = (0.319 0.309 0.265 0.107)	Ⅲ
YK255 +650 ~ YK255 +820	B = (0.151 0.346 0.361 0.142)	Ⅱ
YK255 +820 ~ YK255 +920	B = (0.157 0.307 0.306 0.230)	Ⅲ
YK255 +920 ~ YK255 +960	B = (0.157 0.317 0.327 0.199)	Ⅱ
YK255 +960 ~ YK256 +180	B = (0.199 0.361 0.316 0.123)	Ⅲ
YK256 +180 ~ YK256 +290	B = (0.665 0.193 0.083 0.060)	Ⅳ
YK256 +290 ~ YK256 +490	B = (0.061 0.151 0.357 0.432)	Ⅰ
YK256 +490 ~ YK256 +970	B = (0.107 0.215 0.349 0.330)	Ⅱ
YK256 +970 ~ YK257 +070	B = (0.060 0.142 0.365 0.432)	Ⅰ
YK257 +070 ~ YK257 +160	B = (0.211 0.294 0.230 0.265)	Ⅲ
YK257 +160 ~ YK257 +300	B = (0.276 0.277 0.200 0.248)	Ⅲ
YK257 +300 ~ YK258 +200	B = (0.213 0.365 0.319 0.103)	Ⅲ
YK258 +200 ~ YK258 +480	B = (0.304 0.308 0.285 0.103)	Ⅲ
YK258 +480 ~ YK258 +640	B = (0.215 0.424 0.270 0.091)	Ⅲ
YK258 +640 ~ YK258 +840	B = (0.181 0.390 0.316 0.113)	Ⅲ
YK258 +840 ~ YK259 +000	B = (0.167 0.400 0.318 0.115)	Ⅲ
YK259 +000 ~ YK259 +855	B = (0.463 0.204 0.220 0.113)	Ⅳ

300°
右幅进口桩号 YK235+162
23.0m ZK235
340° 39°
324° 38°
志留系下统页岩、泥质粉砂岩、泥岩
志留系下统页岩、泥质粉砂岩、砂岩
志留系上统沙帽组灰黄、灰绿色泥岩、页岩夹石英细砂岩
泥贫系中上统厚层状石英砂岩
推断断层
里程 YK253+200 +300 +400 +500 +600 +700 +800 +900 YK254+000 +100 +200 +300 +400 +500 +600 +700 +800 +900 YK255+000 +100
等级 Ⅳ
依据 志留系下统页岩、泥质粉砂岩、泥岩，岩体较完整，层理发育，非可溶岩，包气带
志留系上统沙帽组灰黄、灰绿色泥岩、页岩夹石英细砂岩，包气带，非可溶岩

a)

320°
290° 34°
Q^{el+dl}
含碎石黏土
184.80m ZK353
1185.52m
1165.42m
1156.09m
1099.59m
1083.42m
石炭系页岩
推断断层
P_1q中厚层状灰岩
F
岩溶发育区
380.04 SXZK3
390.06 SXZK4
炭质灰岩夹页岩
灰岩
炭质灰岩
夹页岩、煤层
P_1m中厚层状灰岩
煤层
P_{1q}煤线
P_2w炭质灰岩夹页岩
T_1d薄层状灰岩夹页岩
里程 +200 +300 +400 YK255+500 +600 +700 +800 +900 YK256+000 +100
等级 Ⅲ Ⅲ Ⅱ Ⅲ Ⅱ Ⅲ
依据
泥盆系中上统厚层状石英砂岩，石炭系页岩，是志留系与三叠系的岩层变化带，岩体较破碎，处于季节变化带
栖霞组中厚层状灰岩，处于季节变化带，水位在隧道底板下30～50米，岩溶强发育
茅口组中厚层状较纯灰岩，处于季节变动带中上部，枯季水面在隧道底板下30～50m，推断该处为白岩坝暗河主管道，岩溶强发育
茅口组深灰色中厚层状灰岩，岩溶中等发育，水位在隧道底板下
吴家坪组底部灰白色钙质黏土岩，黑色炭质页岩夹两层煤线，岩溶强发育。枯季水位在隧道底板以下
大冶组第一段薄层灰岩夹泥页岩，为相对隔水层，隧道底板处于地下水位以下，岩溶不发育

b)

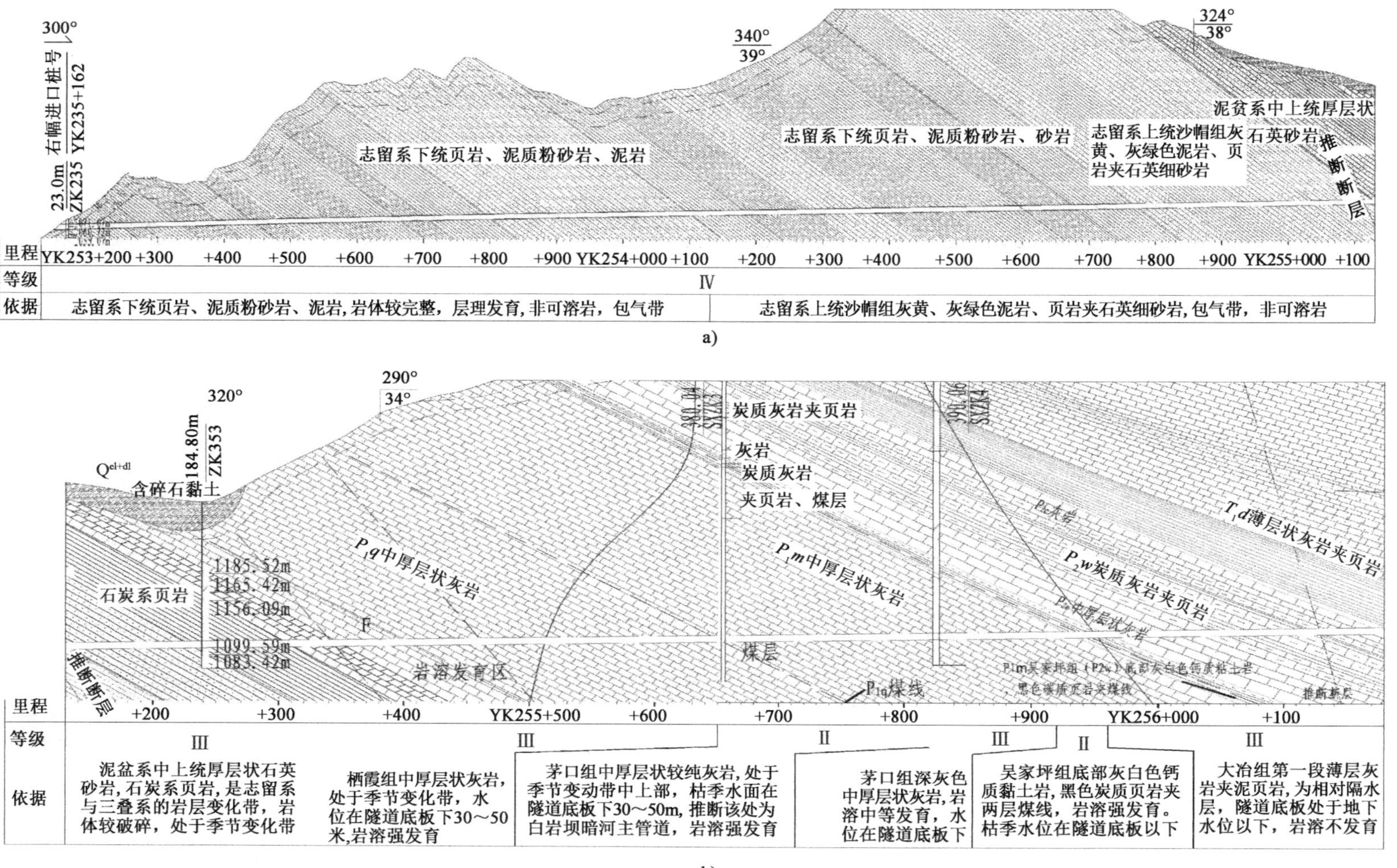

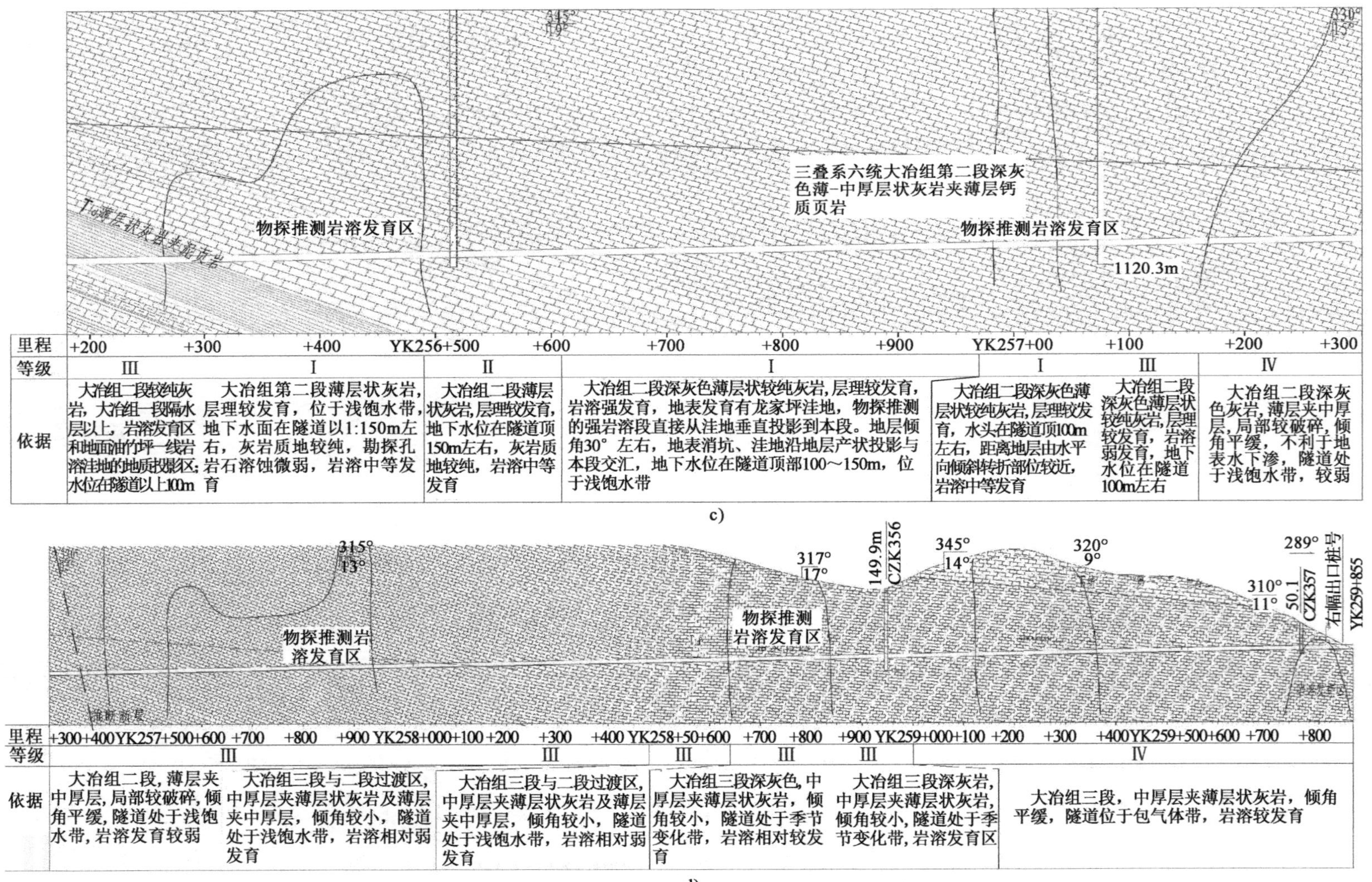

图6-4 乌池坝隧道突水风险评价成果图

6.1.3 综合超前地质预报

根据风险评价结果,对各区段实施综合超前地质预报。以 ZK256 +620 ~ ZK257 +020 段为例进行说明:ZK256 +620 ~ ZK257 +020 段突水风险为Ⅱ级,因为隧道为逆坡施工,按照Ⅰ级风险进行施工管理,采用Ⅰ级风险综合超前地质预报方案。

1)TSP 超前地质预报

采用 TSP 进行长期预报,探测结果如图 6-5、图 6-6 所示。图中显示 ZK256 +975 ~ ZK256 +889 段纵横波速度明显降低,纵横波速之比增加,泊松比突然增大,密度减小,动态杨氏模量减小,且横波反射明显较纵波反射强,特别是 ZK256 +937 附近反射强烈,表明该范围内围岩的强度降低,岩体质量和稳定性变差,且可能存在一定量岩溶裂隙水。

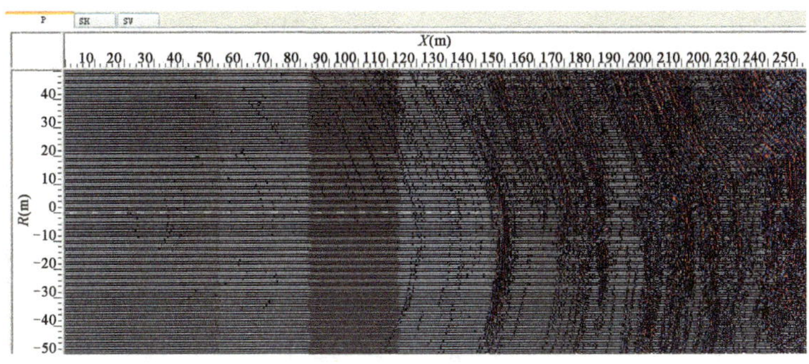

图 6-5　深度偏移图

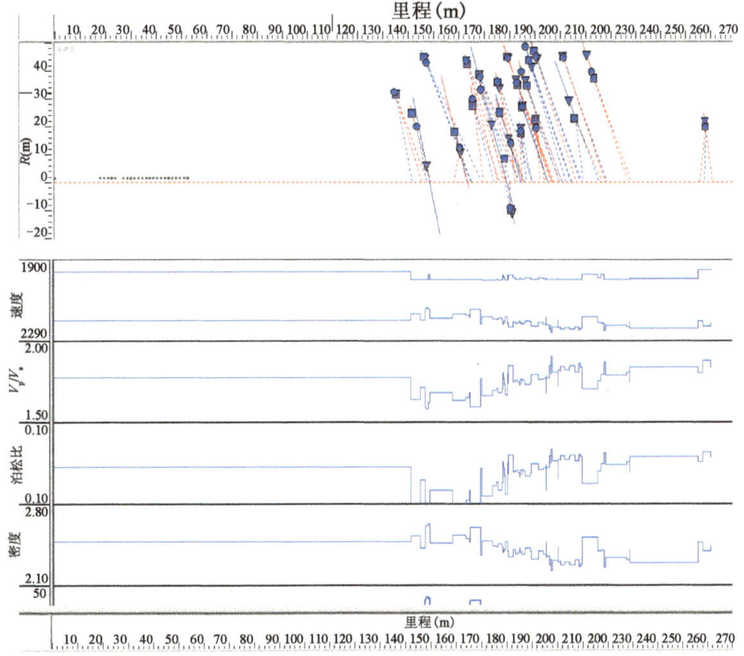

图 6-6　预报结果 2D 视图

2)红外探水仪探测

TSP 预报水的准确性较差,为了进一步确定是否有水,采用红外探水仪进行短期超前预报。红外辐射曲线上升或下降均可以判定有水,其他情况判定无水。红外探水仪探测结果(图6-7)表明,自ZK256+954开始,曲线发生突变,说明掌子面前方30m范围内可能存在含水体,但无法确定水体的具体位置和规模。

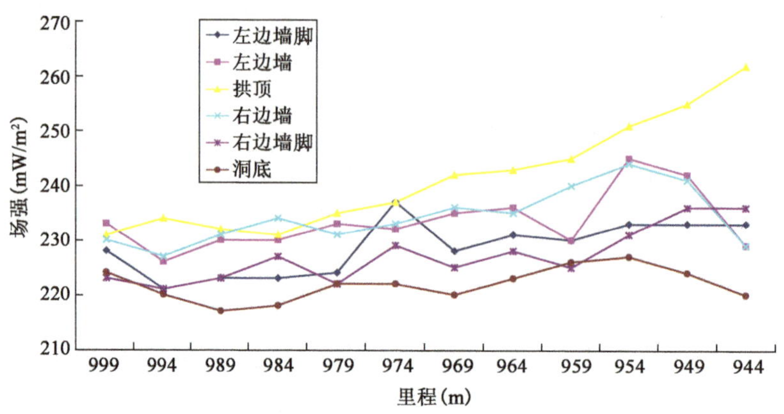

图6-7 红外探水成果图

3)地质雷达预报

为进一步确定岩溶水的位置,采用SIR-3000地质雷达进行短期预报。探测结果(图6-8)表明ZK256+944和ZK256+932位置出现强烈负反射,且高频成分被大量吸收,反射波优势频率明显降低。因水体和围岩的介电常数相差较大,导致反射系数较大、振幅增强、反射强烈,由此可判断该位置有水存在。

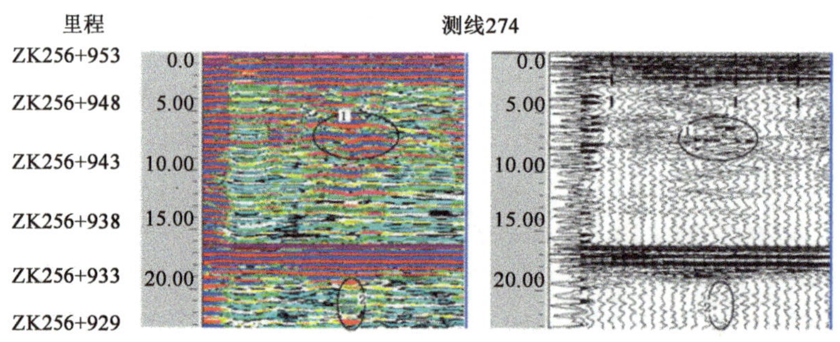

图6-8 地质雷达解译成果图

4)超前钻探预报

在TSP、红外探水仪和地质雷达预报结果均确认掌子面前方有水的情况下,为确保施工安全和制定合理的施工方案,进行超前地质钻探。在ZK256+931处施作4个30m、ϕ76mm钻孔,钻孔中有水涌出,水质清澈,4个超前钻孔总水量为2.3L/s,在整个过程中水质无变化且水压不大(图6-9)。

5)钻孔窥测仪探测

为确认前方是否存在溶洞,采用钻孔窥测仪对钻孔进行录像,最终确定前方地下水为裂隙水,且看清了钻孔内部裂隙的分布位置(图6-10)。

图6-9　超前钻孔突水图

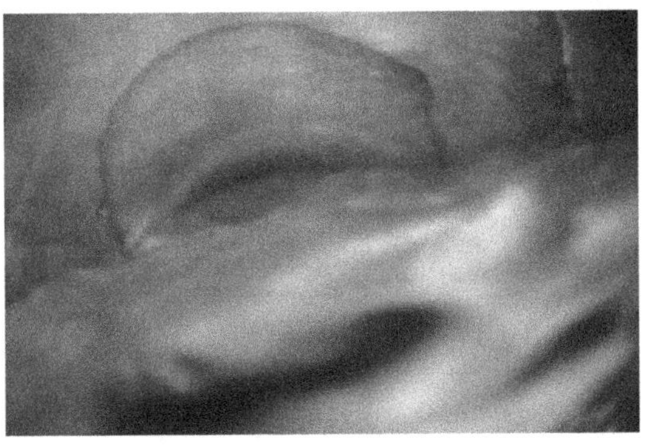

图6-10　钻孔岩壁裂隙图

6.1.4　预警

1）钻孔喷距

超前钻孔距地面距离 $y=5\text{m}$，水平喷距 $L=3\text{m}$，且喷距无增大趋势，根据钻孔喷距指标，可判断为股状突水。

2）涌水量

2007 年 11 月 7 日，当左洞掌子面施工至 ZK256 + 944 时，三个超前水平钻孔在孔深 13m 左右开始突水，三孔均有水流出，水量约为 2.3L/s。由于掌子面钻孔突水，加强了钻孔涌水量观测，涌水量逐渐减小，至 11 月 14 日，施工至 ZK256 + 922 时，钻孔只有微量渗水（图6-11）。

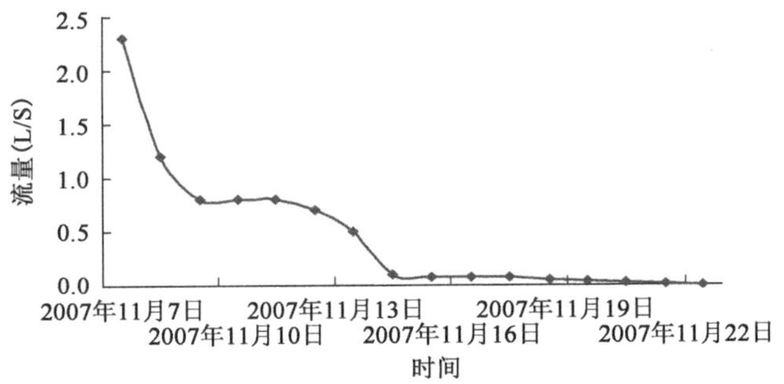

图6-11　钻孔流量时程曲线

3）预警决策

根据预警指标判断标准、警情与警度的关系，可判定为蓝色预警，隧道可以继续施工。预警信息的发布，在保证施工安全的前提下，加快了施工进度。

6.2　齐岳山隧道突水风险评估与预警

6.2.1　工程概况

1）地形地貌

齐岳山脉属梳状褶皱背斜成山，为耸立于利川盆地山原期（1000～1200m）和台原期（1300～

1400m)台面之上的长条状鄂西期(1700～1800m)残留岩溶台面。山体两坡东陡(50°～60°)西缓(20°～30°),形成台状山脉呈 N30°展布,在隧道线附近台原面相对高差为 50～100m,坡度在 20°以下,由 4～5 对平行槽谷和溶丘链相间排列,向 NE 溶丘边坡增至 30°～40°。台地上地表水系不发育,但岩溶槽谷、溶蚀洼地、漏斗落水洞相互叠置,槽谷及洼地底部多为第四系覆盖。地质平面图如图 6-12 所示。

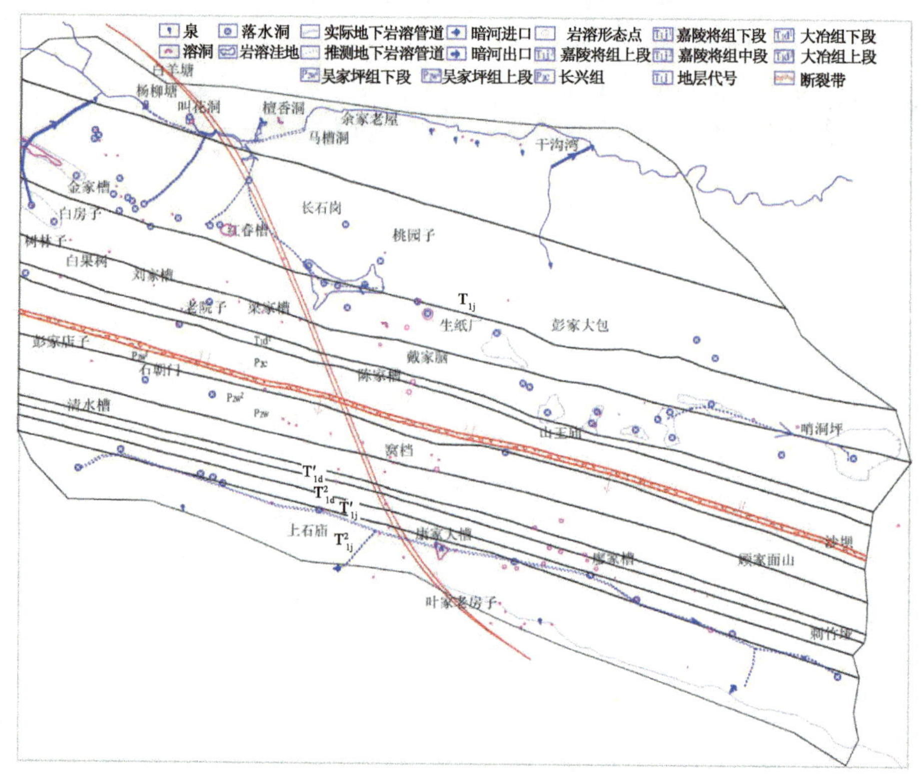

图 6-12　齐岳山隧道地质平面图

2)隧道地层

隧址区出露的地层依次为三叠系嘉陵江组(T_1j)、大冶组(T_1d)、二叠系长兴组(P_2c)、吴家坪组(P_3w)、三叠系大冶组(T_1d)、陵江组(T_1j)地层(图 6-13)。

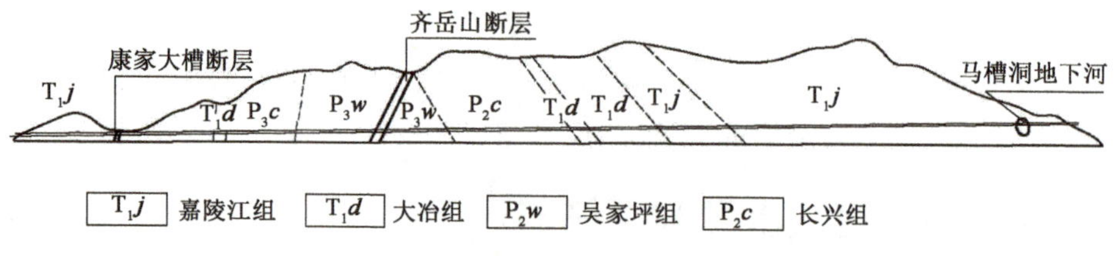

图 6-13　齐岳山隧道纵断面图

嘉陵江组有 3 段质纯中厚层灰岩,厚 50～150m,以及数层溶崩角砾岩(已溶蚀破坏的膏盐层)。在溶崩角砾岩形成过程中,其顶部的中厚层质纯灰岩破碎化,渗透性大大增加,是本区重要的强岩溶化带。嘉陵江组含有几段白云质灰岩和白云岩,地表已分解成白云砂,地下溶蚀相对较弱。大冶组灰岩为中厚层夹薄层或薄层夹中厚层灰岩，前者岩溶中等发育，后者岩溶发育微弱。长兴组灰岩岩溶中等发育。

3）流域水文地质

齐岳山隧道隧址区流域水文地质见表6-4。

齐岳山隧道隧址区流域水文地质　　表6-4

年代单位	柱状图	岩层	符号	岩组厚度(cm)	岩性
三叠系		嘉陵江组三段	T_1^3j	350	浅灰～灰、深灰色薄～中层状灰岩夹白云岩
		嘉陵江组二段	T_1^2j	400	灰、黄色、紫灰色中厚层状白云质灰岩，次生白云夹灰岩、云质灰岩、灰绿色钙质页岩，3～4层岩溶角砾岩、砾岩
		嘉陵江组一段	T_1^1j	200	灰色、紫红薄～中厚层状含云质灰岩，灰岩
		大冶组上段	T_1^2d	140	灰色薄至中厚层灰岩，上部夹少量泥灰岩，下部夹少量页岩
		大冶组下段	T_1^1d	50～60	黄绿色页岩夹薄层泥灰岩
二叠系		长兴组	P_2c	240	灰、灰白色或深灰色厚层状灰岩或白云岩
		吴家坪组上段	P_2^2w	360	深灰色厚层含燧石条带微晶灰岩夹条带生物碎屑硅质岩，上部夹碳硅质岩及黑色硅质岩
		吴家坪组下段	P_2^1w	50	深灰色钙质黏土岩、黑色碳质页岩夹煤层，含较多黄铁矿

4）地质构造

隧道位于齐岳山背斜南西段，背斜轴向NNE15°，两翼岩层东陡西缓，北西翼倾角为35°～40°，南东翼倾角为72°～85°，局部直立、倒转。背斜核部为二叠系上统吴家坪组，两翼依次出露长兴组至三叠系下统嘉陵江组地层。

（1）断层

齐岳山断层（F_3）位于齐岳山背斜核部，为压性断层，走向与背斜轴向完全一致，倾向为100°～110°，倾角为70°～80°，断续出露70km。断层上盘是二叠系吴家坪组地层，下盘为长兴组地层，断距大于200m。

康家大槽断层（F_4），地层断距不大，但断层带较宽，且破碎。沿康家大槽断层强烈岩溶化发育成康家大槽槽谷。

（2）裂隙、节理

该区发育有纵张裂隙、横张裂隙及剪切节理。纵张裂隙与构造线方向一致，主要分布在槽谷及溶蚀洼地地段，发育成与岩层走向一致的落水洞。横张裂隙主要分布在背斜北西翼，走向110°～140°，是地下水运移的有利通道。

5）地下河

齐岳山隧道隧址区以齐岳山压扭性断层为界，背斜东西两翼各发育一条地下河系统。东部是龙洞地下河系统，西部为马槽洞地下河系统，主河道都发育在嘉陵江组二段强岩溶含水层中，沿大冶组和长兴组灰岩发育地下河支流，通过越流天窗蜿转汇入主河道。隧道穿过2条地下河的上游段，汇水面积相对较小，隧道高程为 1355 ~ 1424m，处于地下河主河道高程以下 8 ~ 20m，河道高程依次降低，因地下河系统古老（壮年期到老年期），纵向水力坡度一般在 1% ~ 2% 及以下，越流通道段稍陡，隧道在地下河支流段通过浅饱水带上部，在主河道段通过季节变化带。

（1）龙洞地下河系统

龙洞地下河系统分布在齐岳山背斜东翼隧道进口地段，岩溶含水层为嘉陵江组及大冶组上段碳酸盐（$T_{1d}-T_{1j}$）。地下河出口（龙洞）位于肖家院子龙洞沟沟边。洞口高程为 1240m，隧道进口处洞身高程为 1355m，高于洞口 115m。地下河主河道长 5.5km，沿康家大槽发育，走向为 NNE15°，老龙洞是该地下河入口，常年有水。康家大槽中的洼地底部有串珠状落水洞、岩溶竖井与地下河相通。龙洞地下河系统属层控—溢出型岩溶水系统。

（2）马槽洞地下河系统

马槽洞地下河系统分布在齐岳山背斜西翼大冶组下段以西地段，地下河出口在白羊塘村余家老屋马槽洞。洞口高程为 1412m，隧道出口底板高程比马槽洞地下河高 12.6m。

受区域张裂隙和隔水层（西部的巴东组和东部的大冶组下段）的影响，在该段强岩溶发育地层嘉陵江组和大冶组（$T_{1d}-T_{1j}$）形成了马槽洞地下水系统。地下河与隧道相交处的地下河河床比隧道底板低约 5m。雨季特别是暴雨过后，地表水及泉水大量汇入，地下河水量剧增。马槽洞地下河属层控 - 溢出型岩溶水系统。

（3）背斜核部地带地下水系统

背斜核部地带，由于两侧大冶组下段页岩为相对隔水层，地表汇水面积较大，在中等岩溶发育程度岩组（长兴组和吴家坪组）中，形成背斜核部地带地下水系统。在该地段地表发育溶蚀洼地、落水洞、石牙、溶沟、溶槽等，除齐岳山断层左右侧发育充填溶洞以外，地下岩溶以无充填、大型溶洞为主。

6.2.2 风险评估

利用模糊综合评判模型对乌池坝隧道各区段进行综合评判，各区段指标隶属度值见表 6-5，风险评估结果见表 6-6 和图 6-14。

各区段指标隶属度值　　表 6-5

区　段	c1	c2	c3	c4	c5	c6	c7	c8	c9	c10	c11
YK326 +055 ~ YK326 +800	1	0.9	0.9	—	0.8	0.6	0.8	0	0.2	0.9	0.6
YK326 +800 ~ YK327 +080	0.8	0.9	0.7	—	—	0.6	0.6	0.4	0.3	0.9	0.5
YK327 +080 ~ YK327 +700	0	0.9	0.1	0.2	0.2	0.6	0	0.5	0.8	0.1	0.6
YK327 +700 ~ YK328 +250	0.8	0.9	0.7	0.6	—	0.6	0.6	0.4	0.8	0.3	0.3
YK328 +250 ~ YK328 +400	0.8	0.9	0.7	0.8	—	0.6	0.6	1	0.8	0.6	0.6
YK328 +400 ~ YK328 +750	0	0.9	0.7	—	—	0.6	0.6	0.8	0.8	0.1	0.5
YK328 +750 ~ YK329 +100	1	0.9	0.9	—	—	0.6	0.8	1	0.8	0.6	0.6
YK329 +100 ~ YK329 +700	1	0.9	0.9	—	—	0.6	0.8	1	0.8	0.6	0.6
YK329 +700 ~ YK330 +106	1	0.9	0.9	—	—	0.6	0.8	0.1	0.1	0.9	0.6

各区段指标隶属度值　　表 6-6

区　　段	隶　属　度	突水风险等级
YK326 +055 ~ YK326 +800	B = (0.341 0.159 0.199 0.301)	Ⅳ
YK326 +800 ~ YK327 +080	B = (0.246 0.373 0.275 0.106)	Ⅲ
YK327 +080 ~ YK327 +700	B = (0.306 0.247 0.275 0.172)	Ⅳ
YK327 +700 ~ YK328 +250	B = (0.143 0.315 0.292 0.250)	Ⅲ
YK328 +250 ~ YK328 +400	B = (0.039 0.128 0.387 0.447)	Ⅰ
YK328 +400 ~ YK328 +750	B = (0.184 0.155 0.338 0.324)	Ⅱ
YK328 +750 ~ YK329 +100	B = (0.044 0.095 0.326 0.535)	Ⅰ
YK329 +100 ~ YK329 +700	B = (0.055 0.189 0.410 0.347)	Ⅱ
YK329 +700 ~ YK330 +106	B = (0.428 0.167 0.182 0.223)	Ⅳ

6.2.3　综合超前地质预报

根据风险评估结果,对各区段实施综合超前地质预报。其中,YK329 +100 ~ YK329 +700段为突水Ⅱ风险地段(左洞与右洞同里程的突水风险等级相同),采用与Ⅱ风险相对应的综合超前地质预报方案,以左洞综合超前地质预报为例进行说明。

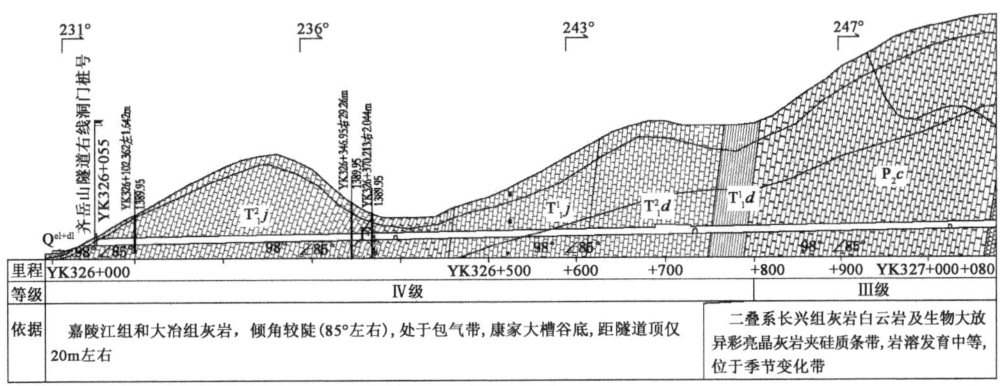

a)

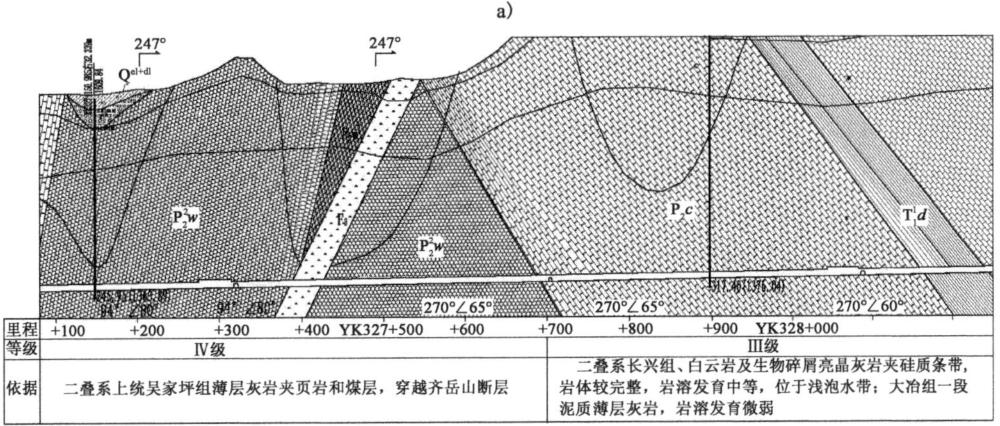

b)

图　6-14

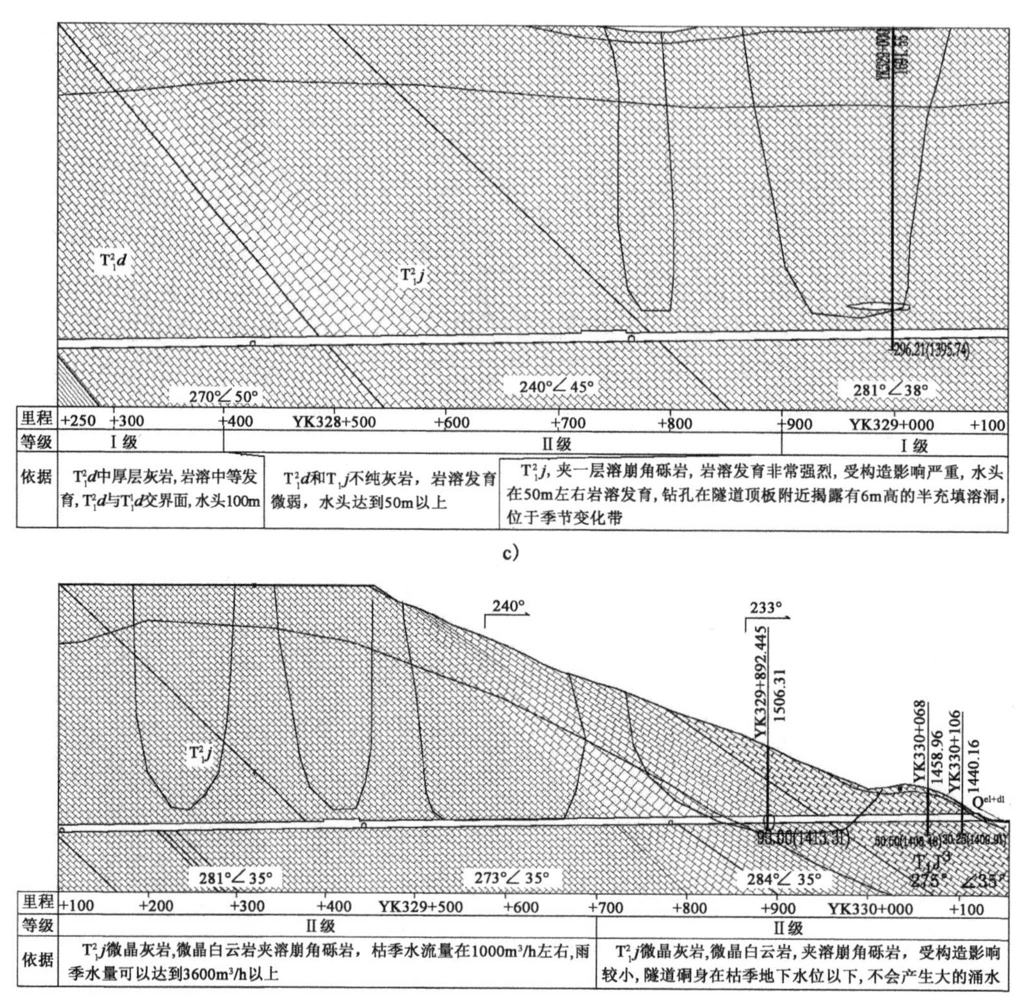

图6-14 齐岳山隧道风险评估成果图

1）TSP超前地质预报

采用TSP进行长期预报，预报范围为ZK329+682～ZK329+552。图6-15、图6-16为探测分析图，图中显示在ZK329+630附近存在较强的负反射，且纵横波速之比和泊松比突然上升，密度和杨氏模量显著降低。结合地质分析，可推断该处存在溶洞或岩溶管道，确定ZK329+630～ZK329+610范围内可能含水。

2）地质雷达预报

为进一步确定岩溶水的位置，利用SIR－3000地质雷达（100MHz天线）在ZK329+625掌子面处进行探测，测线布置如图6-17所示。由地质雷达分析成果（图6-18），可以推断在ZK329+619位置有水存在，距左边墙约3m，靠近底板位置。

3）超前钻探方法

根据地质雷达预报结果，在掌子面ZK329+625处实施超前钻探，将钻点位置定在距左边墙3m，高于底板1m位置。钻至ZK329+618～ZK329+614范围内出现掉钻现象，且开始有黄色浑浊水涌出，随后水逐渐变清（图6-19），钻孔涌水量约为100m^3/h。证明ZK329+618~ZK329+614范围内有岩溶水存在。

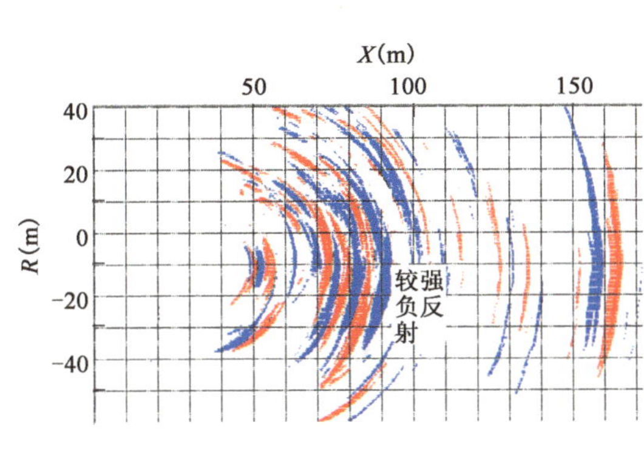

图6-15　反射层提取图

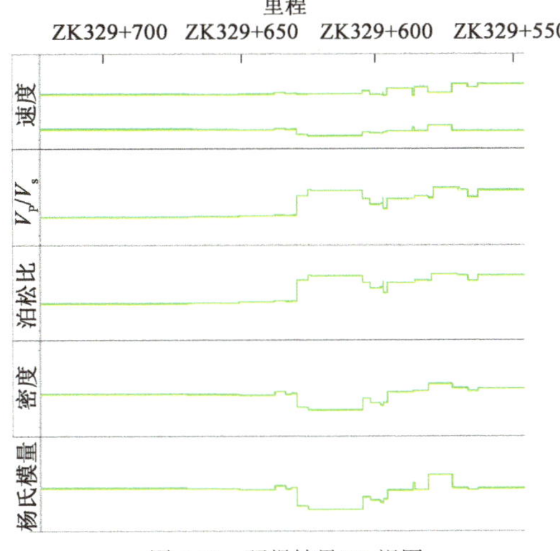

图6-16　预报结果2D视图

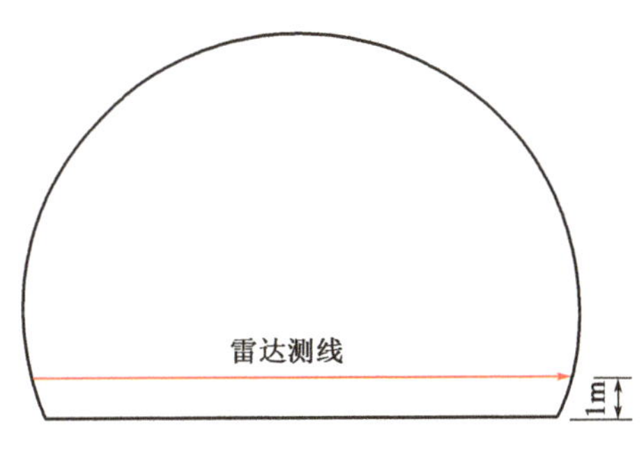

图6-17　地质雷达测线布置图

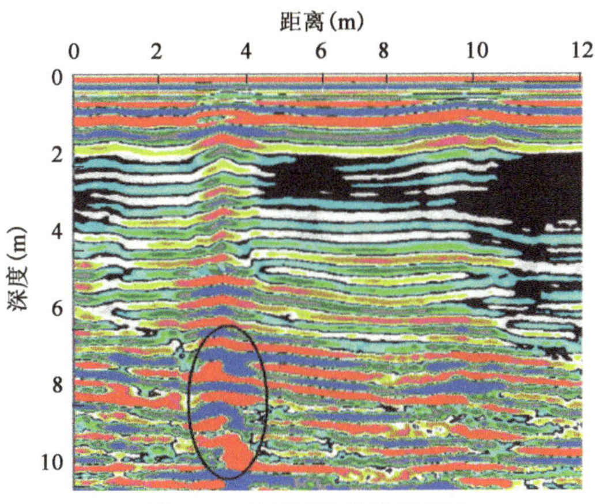

图6-18　地质雷达结果剖面图

6.2.4　预警

1）钻孔喷距

钻孔距底板$y=1$m，钻孔喷距$S=1.5$m，且突水后，一直未有增大现象，根据钻孔喷距指标，可判定为股状突水。

该处位于季节变动带，从掌子面地质条件来看，为小型岩溶管道突水，不会造成大规模突水。另外，由于YK329+929处揭露马槽洞地下河，施工过程中应该加强涌水量和地下河水位观测，防止地下河水

图6-19　钻孔突水图

倒灌形成突水。出现大型突水时应立即停止施工，并进行排水。

2）2007 年 4 月 1 日突水

在钻孔突水后，加强了对突水量的观测。2007 年 4 月 1 日 15:00，利川市普降大雨，齐岳山隧道隧址区遭受强降雨，降雨一直持续到 2 日凌晨。受地面强降雨的影响，齐岳山隧道出口左右洞相继出现岩溶管道突水，洞内很快积水且水位迅速上涨，右洞不到 1h 水位上涨达到 1m，左洞水位上涨达到 1.2m。施工单位立即停止施工并组织排水，根据排水情况，可大致判断突水过程及涌水量（图 6-20）。涌水量最大达到 600m³/h。

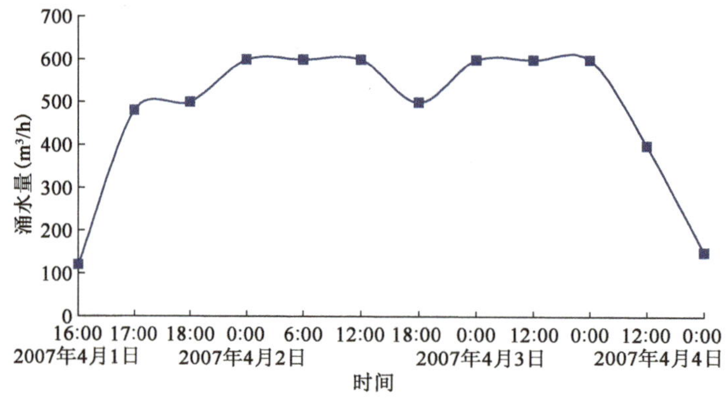

图 6-20　隧道左洞掌子面突水时程曲线

根据涌水量变化情况，判定此次突水为小型突水。

右洞至 2007 年 4 月 2 日 20:30，路面积水基本抽排完，涌水量为 120m³/h；左洞至 4 月 4 日凌晨，还有积水 120m，涌水量为 150m³/h。

积水排完后，加强了围岩变形监控量测，围岩稳定性良好。

3）预警决策

只要涌水量大于 600m³/h 或降雨量大于 40mm，应立即停止施工，进行排水。

此后，只要遇到强降雨，突水就会淹没隧道 400～500m。2007 年 6 月 16 日，涌水量最大达 1000m³/h，淹没隧道 500m 之多，地下河水位距隧道底板只有约 1.5m。2007 年 7 月 29 日夜间至 30 日 8:00 降雨量达到 139mm，最大涌水量达到 1200m³/h，且马槽洞地下河河水倒灌，淹没隧道 600m 之多，至 30 日中午，突水距隧道口只有 150m（图 6-21）。

a）地下河水倒灌入隧道

b）马槽洞地下河入口

图 6-21　涌水灾害图

6.3　龙潭隧道突水风险评估与预警

6.3.1　工程概况

龙潭隧道为上下行分离式隧道，近东西向展布，左洞长8693m(ZK65+516～ZK74+209)，右洞长8620m(ZK65+515～ZK74+135)。隧道进口(东端)高程为998m，出口(西端)高程为865m，最大埋500m。

1)地形地貌

隧道位于长阳县贺家坪镇与榔坪镇境内，属构造溶蚀、侵蚀低中山沟谷地貌。隧道穿越堡镇—碑坳分水岭。隧道进口至K69+800段，洞身位于碑坳分水岭以东、头道河北侧山体中，坡面上次级冲沟发育，沟深50～150m，沟脊相间展布，总体呈上升态势，最高脊处埋深约500m，最低沟处洞身埋深80m。K69+800～K72+000段洞身位于碑坳分水岭以西、龙潭沟以北山体之下，区内发育的主要冲沟有龙潭沟、清岩沟，次级横向主要冲沟有茶店子、蒋家坟、芦子坪，沟底宽缓，山体植被较发育。K72+700至隧道出口段隧道顺青岩沟南坡坡脚展线，青岩沟深切V形窄谷，两侧山坡坡角约50°，沟底宽20～40m，自东而西长约1.5km。

2)隧道地层

隧道线路大致与地层走向平行，或小角度斜交，夹角5°～10°。因此，隧道进口段约4890m洞身均处在志留系碎屑岩层中，出口段约3800m洞身依序切穿奥陶系上统五峰组页岩至奥陶系下统南津关组石灰岩地层及上寒武统三游洞群白云岩层。三游洞群白云岩及南津关组灰岩区，为区域性强岩溶层，地表分布大量洼地、漏斗、落水洞，地下发育地下河。中上奥陶统为灰岩与碎屑互层，为弱岩溶或层间岩溶层。志留系为巨厚的非岩溶层。隧道出口段纵断面图如图6-22所示。

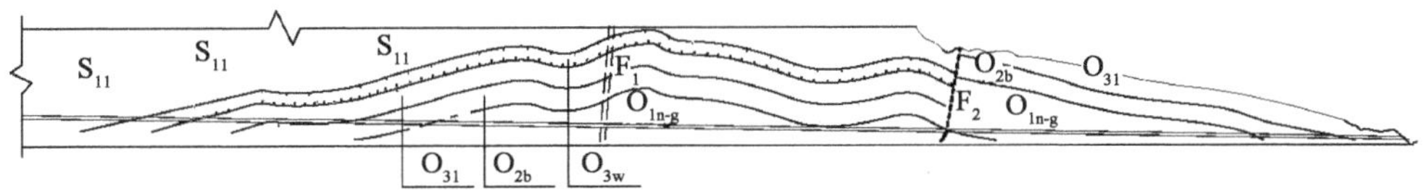

图6-22　龙潭隧道出口段纵断面图

3)地质构造

龙潭隧道位于扬子淮地台上扬子台坪内的五级构造单元——长阳背斜的北翼，该背斜属秦昆构造体系，轴线近东西走向，为区内最大的构造形迹。它东起宜都，西经长阳、榔坪至杨柳池、官店口一带，全长130km，宽5～10km，在榔坪以东，背斜轴总体为南东东向，榔坪以西转北—北东向，形成向北西凸出，平面呈S形的弧形褶皱。其核部主要由震旦系组成，两翼为寒武系—志留系地层。背斜东段地层产状较平缓，倾角在15°左右，两翼较陡，倾角一般为30°～45°，呈宽阔的箱形褶皱；背斜西段则逐渐变窄，由北向南，核部倾角由20°～30°变为70°～80°，两翼倾角变化为20°～40°，形成伞状褶皱。断裂构造发育，导致地层发生缺失现象。龙潭隧道工程场址处长阳复背斜之北翼，穿越段地层呈单斜构造，产状较稳定。

F_1断层发育于蒋家墓附近，走向约315°，推测为右行平移断层，水平错动距离约15m。在

ZK71 +570(YK71 +643)附近地表与路线相交,地表可见明显的地层错动证据,其东盘地层为五峰组(O_{3w})炭质页岩夹硅质岩,产状2°∠35°,西盘地层为临乡组(O_{31})瘤状灰岩,产状322°∠44°,规模不大,无活动迹象。

F_2断层见于核桃树屋场以东,在地表与路线交于ZK72 +750(YK72 +800),断层产状80°∠80°,推测为右行平移断层,水平错动距离约200m,断层两侧地层时代明显不同。

区内岩溶具有明显顺层发育特征,沿强岩溶层与弱岩溶层接触面及岩溶与非岩溶层接触面多发育成强岩溶带。F_1、F_2断层及F_3断层带岩溶都极为发育。

4)地下河

隧道出口段,发育覃春泉地下河系统。该地下河主通道发育在南津关组灰岩层中,位于隧道附近。地下河汇水面积为6.4km²,洪水期流量可达1.0m³/s以上。地下水位枯水季节高于隧道10~20m,洪水期高于隧道约100m。该地下河东西向分布,由东向西排入榔坪河。

6.3.2 突水风险评估

利用模糊综合评判模型对龙潭隧道出口段各区段进行综合评判,其各指标隶属度值见表6-7,突水风险评估结果见表6-8和图6-23。

各区段指标隶属度值　　表6-7

区　段	c1	c2	c3	c4	c5	c6	c7	c8	c9	c10	c11
ZK74 +209 ~ ZK73 +710	0	0.9	0.7	—	—	0.6	0.6	0	0.1	0.1	0.2
ZK73 +710 ~ ZK72 +800	1	0.9	0.7	—	—	0.6	0.3	0.2	0.5	0.1	0.3
ZK72 +800 ~ ZK72 +400	1	0.9	0.7	—	0.6	0.6	0.8	0.6	0.8	0.3	0.3
ZK72 +400 ~ ZK71 +800	1	0.9	0.7	—	0.6	0.6	0.8	0.6	0.8	0.6	0.6
ZK71 +800 ~ ZK71 +400	1	0.9	0.7	—	0.6	0.6	0.8	0.6	0.8	0.3	0.3
ZK71 +400 ~ ZK71 +130	1	0.9	0.7	—	—	0.6	0.2	0.4	0.5	0.1	0.3
ZK71 +130 ~ ZK69 +860	0	0.9	0.7	—	—	0.6	0.2	0.2	0.1	0.1	0.2

各区段指标隶属度值　　表6-8

区　段	隶　属　度	突水风险等级
ZK74 +209 ~ ZK73 +710	$B=(0.637\ 0.204\ 0.095\ 0.064)$	Ⅳ
ZK73 +710 ~ ZK73 +100	$B=(0.402\ 0.278\ 0.204\ 0.116)$	Ⅳ
ZK73 +100 ~ ZK72 +400	$B=(0.056\ 0.212\ 0.445\ 0.287)$	Ⅱ
ZK72 +400 ~ ZK71 +800	$B=(0.005\ 0.161\ 0.513\ 0.321)$	Ⅱ
ZK71 +800 ~ ZK71 +400	$B=(0.067\ 0.213\ 0.453\ 0.266)$	Ⅱ
ZK71 +400 ~ ZK71 +130	$B=(0.426\ 0.326\ 0.156\ 0.092)$	Ⅳ
ZK71 +130 ~ ZK69 +860	$B=(0.541\ 0.276\ 0.119\ 0.064)$	Ⅳ

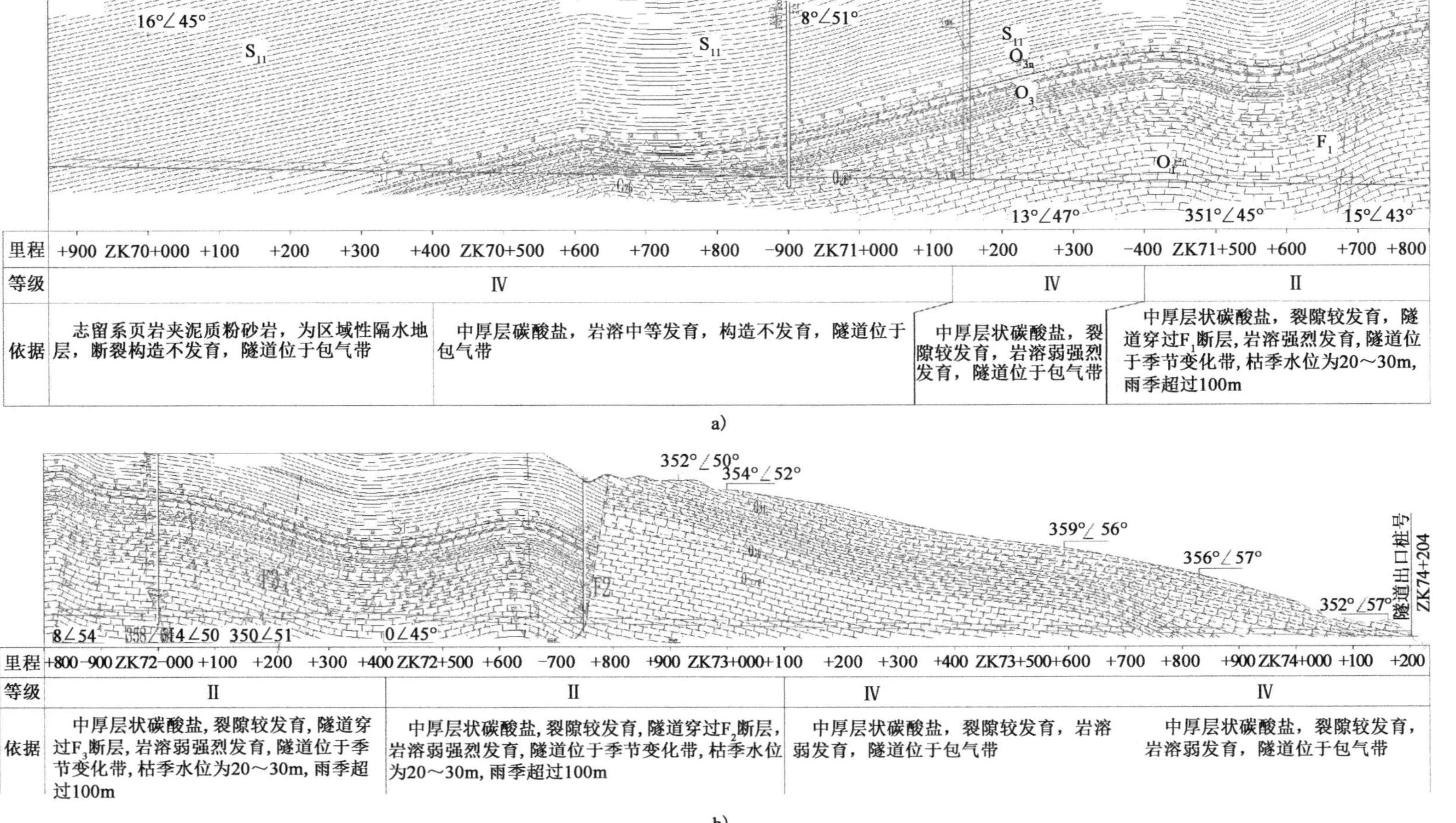

图6-23 乌池坝隧道突水风险评价成果图

6.3.3 综合超前地质预报

根据风险评估结果，ZK72 +400 ~ ZK71 +800 段为Ⅱ突水风险地段，采用与Ⅱ风险相对应的综合超前地质预报方案。

1) TSP 探测

TSP 超前地质预报的范围是 ZK72 +204 ~ ZK72 +056。根据 P 波和 S 波深度偏移图（图 6-24、图 6-25）和预报结果 2D 视图显示与岩体物性图（图 6-26），可判断从 ZK72 +204 开始，地震波的横波波速减小，纵波稍增大，V_p/V_s 增加，泊松比也突然增大，密度减小，动态杨氏模量也减小，所以可以推断 ZK72 +204 掌子面前方岩体质量变差，岩体强度变低，有流体存在。

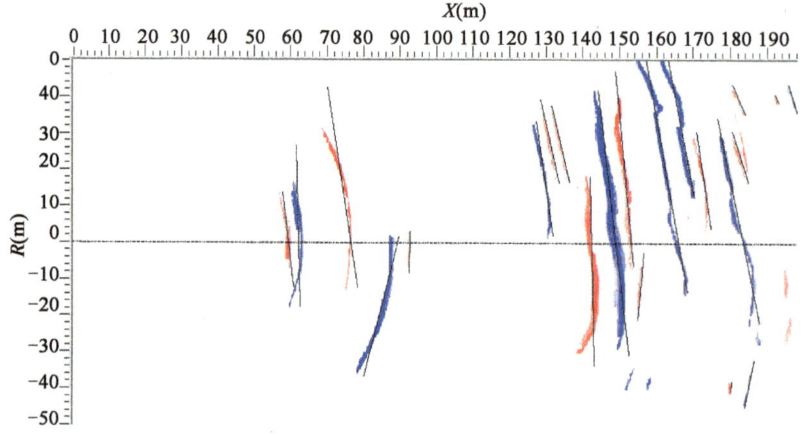

图 6-24 P 波深度偏移图

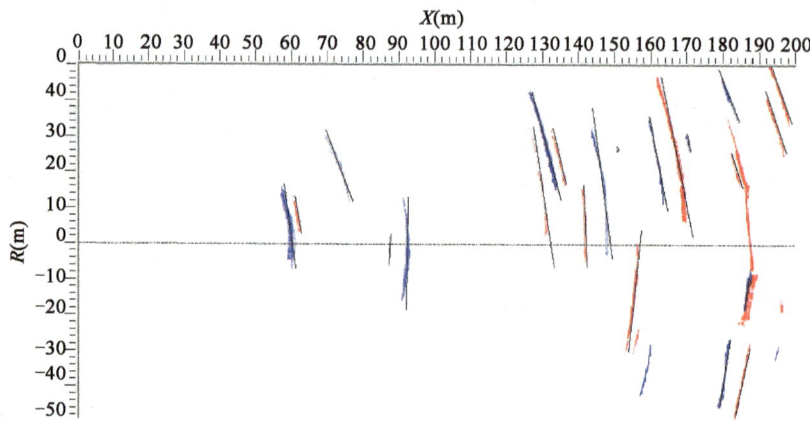

图 6-25 S 波深度偏移图

2) 红外探测

为了进一步确定前方是否有水体存在，采用红外探水仪进行短期预报。预报结果显示，左洞 ZK72 +210 掌子面前方 20m 范围内有含水体存在（图 6-27）。

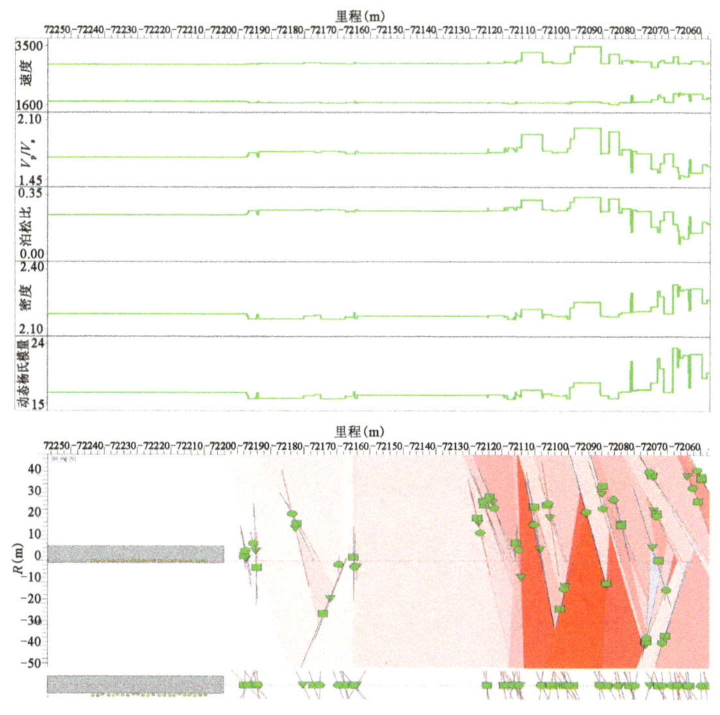

图6-26　预报结果2D视图与岩体物性图

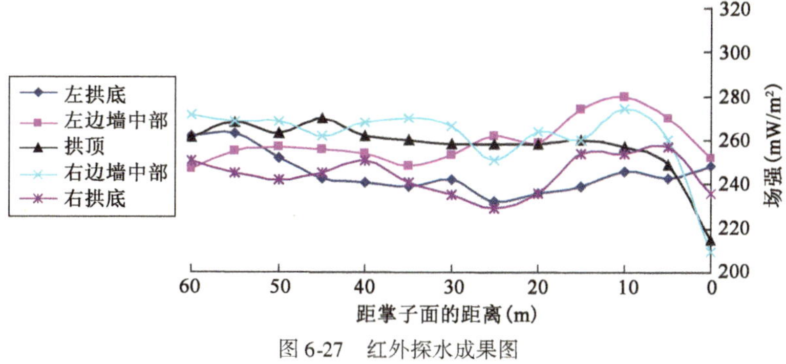

图6-27　红外探水成果图

6.3.4　预警

1)水量与水质

隧道左线实际开挖过程中,ZK72 + 204 ~ ZK72 + 167 之间的岩体与预报的结果相一致,当隧道开挖到桩号 ZK72 + 167 时,掌子面出现突水现象,流量约为 $27m^3/h$(图 6-28),水质一直澄清,且流量未见增大。

图6-28　突水照片

2)隧道周边位移

隧道掌子面涌水后,加强了隧道围岩周边收

敛监控量测。以 ZK72 + 177 断面的量测数据为例，拱顶下沉速率 V 与时间 t 的关系曲线如图 6-29 所示，拱顶累计下沉位移 u 与时间 t 的关系曲线如图 6-30 所示，水平收敛速率 V 与时间 t 的关系曲线如图 6-31 所示，水平收敛累计位移 u 与时间 t 的关系曲线如图 6-32 所示。

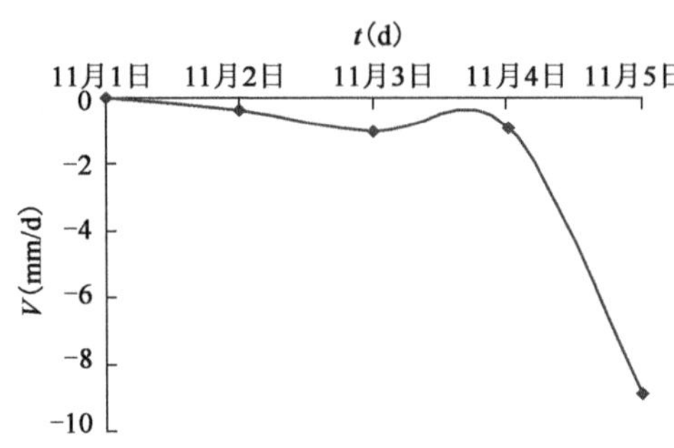

图 6-29　ZK72 + 177 断面拱顶下沉速率 V 与时间 t 的关系曲线

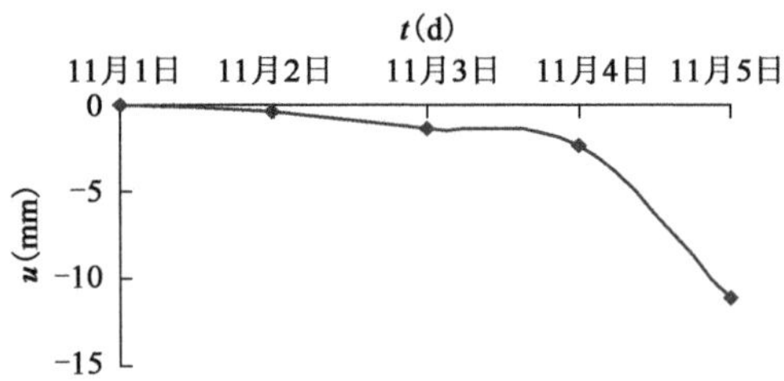

图 6-30　ZK72 + 177 断面拱顶累计下沉位移 u 与时间 t 的关系曲线

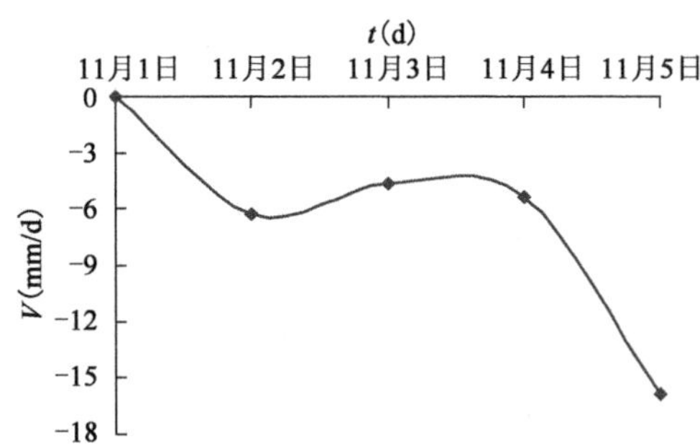

图 6-31　ZK72 + 177 断面水平收敛速率 V 与时间 t 的关系曲线

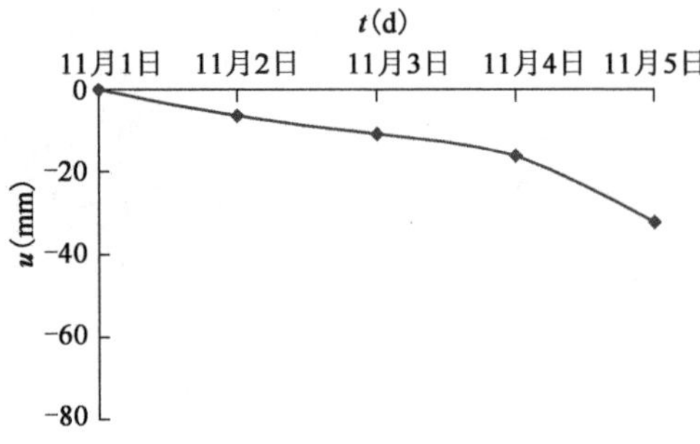

图 6-32　ZK72 + 177 断面水平累计收敛位移 u 与时间 t 的关系曲线

由图6-29、图6-30可知,11月5日拱顶下沉速度由0.9mm/d突然增大到8.9mm/d,超过了该区围岩变形准许值。由图6-31、图6-32可知,11月5日桩号ZK72+177断面水平收敛由5.326mm/d,突然增大到15.897mm/d,超过了该区围岩变形准许值。

3)预警决策

由于隧道突水澄清,但隧道周边变形加剧,根据隧道突水预警决策警度确定标准,可判断不会发生突水突泥,但隧道会出现塌方。2006年11月5日下午,发布隧道塌方预警,隧道停止施工,制订加固方案。11月6日凌晨,隧道掌子面发生坍塌(图6-33),涌水流量增大至60m^3/h,粉土质充填物呈流塑状,似泥石流状流出。至11月8日,坍塌至里程ZK72+205处,坍塌段总长38m。

图6-33　隧道掌子面塌方

6.3.5　突水突泥预警

2007年2月24日,当坍塌段上台阶施工至ZK72+177.8处,掌子面附近围岩的下半断面及上半断面左侧为泥夹孤石状洞穴充填堆积体结构,夹泥呈可塑状,孤石直径为10~30cm;上半断面右侧为颗粒状碳质页岩充填物;隧道从ZK72+770处遭遇F_2断层开始,洞身围岩大部分为洞穴堆积物及破碎灰岩,一直持续在F_2断层溶蚀破碎带向东延续的南津关组顶部顺层溶洞边缘和洞穴充填物中掘进。根据坍塌前开挖所揭露的岩石来看,该种岩层已延续到ZK72+167,而且在里程ZK72+167上半断面全部为颗粒状碳质页岩填充物。地下水为覃春泉地下河系统的一部分,洪水期地下水位高于隧道底板100m左右,最高水位可达65m。

2月24日3:30,掌子面右侧拱部多处有股状浑水流出,一直增大且夹带泥沙量增大,短短25min,泥水量由36L/s增大至600L/s(图6-34),且持续增大。

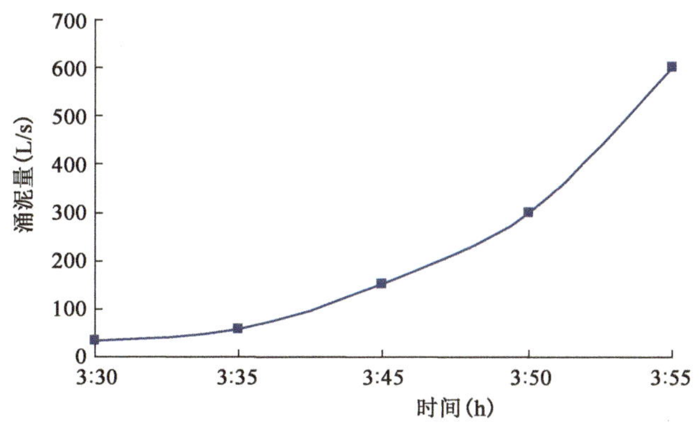

图6-34　突水突泥量曲线

根据警情,发布红色预警,立即停止施工。停止施工后,掌子面出现垮塌,发生突水突泥,泥石流由掌子面向下涌出,瞬间突水突泥量最高约0.34m^3/s,间歇性突泥,突至里程ZK72+220处,涌出近42m。至2月26日突泥体沉淀堆积将ZK72+177.8~ZK72+179.3段断面拱部封死,突泥没有继续发展。泥石流呈流体状,由炭质页岩泥浆及石块组成,泥石流总量约为 $1200m^3$(图6-35)。掌子面的突泥引起ZK72+177.8~ZK72+205段坍塌体的扰动,增大了该段支护的压力,致使支护结构个别部位变形增大,出现环向开裂、剥落。

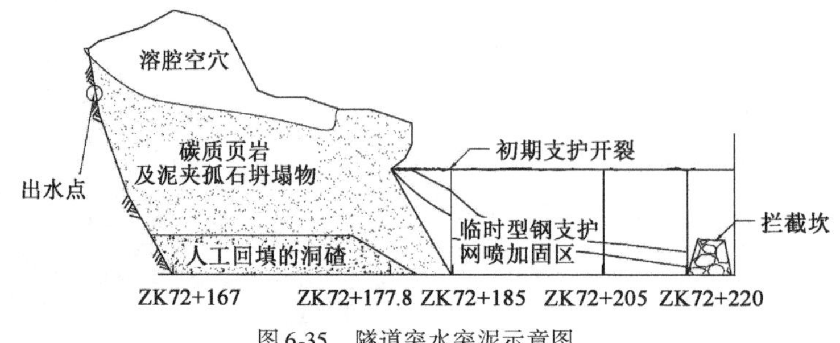

图6-35 隧道突水突泥示意图

由于预警发布及时,未造成人员伤亡。

6.4 本章小结

(1)对乌池坝隧道、齐岳山隧道、龙潭隧道分段进行了突水风险评估,评估结果能较好地反映隧道突水风险程度。与实际开挖过程对比,突水风险评估等级偏高,尤其是乌池坝隧道。这与乌池坝隧道施工过程中马鹿箐隧道进行降水有一定的关系。风险评估等级偏高的原因主要还是地下水位不准。

(2)根据不同区段突水风险等级,制订了综合超前地质预报方案,在施工过程中根据实际情况实施综合超前地质预报。预报结果表明,综合超前地质预报技术体系能较准确地找出岩溶隧道突水风险源。

(3)对重点地段进行预警指标监测,监测实施情况表明,预警指标能较好地指导岩溶隧道施工,预防隧道突水。

第7章

岩溶处治技术及典型案例分析

近年来,随着我国隧道建设重心向西部山区和岩溶地区转移,在隧道修建过程中岩溶灾害更加频繁。隧道施工中揭露的岩溶具有大小不一、形态各异、充填复杂、空间分布不同等特点,给隧道安全施工带来了极大的困难。因此,建立标准化和模块化的岩溶处治技术体系对提高岩溶处治效果和处治效率具有重要的意义。本章在前人研究的基础上,归纳总结岩溶处治的基本原则,提出不同类型溶洞的处治方法,并根据10个典型隧道的岩溶处治工程案例进行详细阐述,加深读者对岩溶处治方法的理解,对在建或拟建隧道的岩溶处治具有一定的参考价值和借鉴意义。

7.1 岩溶处治基本原则

本章根据大量隧道岩溶处治工程实践经验及前人的研究成果,提出岩溶处治的基本原则,主要包括以下几点:

(1)加强超前地质预报。提前探测岩溶分布位置、规模和充填特性。

(2)做好应急救援预案。对相应人员进行安全培训,提供必备的安全设施,在遇到隧道突水时,可以迅速逃生。

(3)开展风险评估。确定隧道围岩风险等级,制订相应的施工方案。

(4)优化施工顺序。根据不同的隧道地质特征,选择最佳施工顺序。

(5)选择合适施工时机。通过调查岩溶水文地质特征,了解水力联系,确认岩溶类型,选择合适季节进行施工。

(6)针对岩溶水,采取“绕、堵、排、防”等方法进行处治。

7.1.1 加强超前地质预报

1)地质与物探、钻探结合

地质勘察和超前钻探工作是隧道工程设计和施工的前期基础和重要前提,为超前地质预报工作提供了良好的前期资料。准确的超前钻探和详尽的地质资料,能够使物探的解释结果更加真实准确。图 7-1 ~ 图 7-3 为现场超前预报工作。

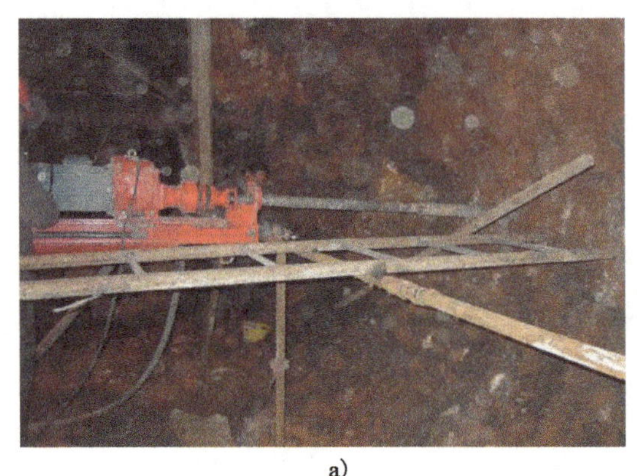
a)

b)

图 7-1　超前钻探

a)

b)

图 7-2　地质雷达探测

a)

b)

图 7-3　TSP 超前地质预报

2)洞内外结合

综合分析野外实地勘察和洞内地质编录与洞内超前地质预报成果,多方位、多角度分析不良地质情况。图 7-4 为洞内外勘察工作。

a)野外实地勘察

b)洞内勘察

c)洞内超前地质

图 7-4　隧道洞内外勘察

3)长短距离及不同物探方法结合

TSP 超前地质预报探测距离较长,往往能达到 100m 以上,但只能从宏观把握地质情况,对不良地质情况的探测精确度稍差。地质雷达探测结果往往比较准确,但是距离稍短。为提高超前地质预报工作的准确性和精度,采用长短结合的方式,取长补短,更能发挥预报的作用。图 7-5 为利万高速公路齐岳山隧道 YK19 + 740 突水超前地质预报结果和现场揭示情况,采用 TSP 预报和地质雷达预报相结合的手段,准确地预报了突水情况。

7.1.2　做好应急救援预案

(1)安全生产制度及培训

施工单位、监理单位、建设单位应对现场作业人员及进洞人员进行安全培训,加强其对风险标识的认识,了解和掌握各种危险情况及应对方法。特别是当出现风险灾害时,利用隧道内现有物资及时逃生和自救。

(2)设立专职安全员

岩溶隧道施工中,必须设立专职安全员,了解隧道内各种致灾因子,负责对全隧道的安全风险辨识。遇到危险时,负责开启预警系统和应急照明系统,并指挥隧道内人员进入逃生通道。

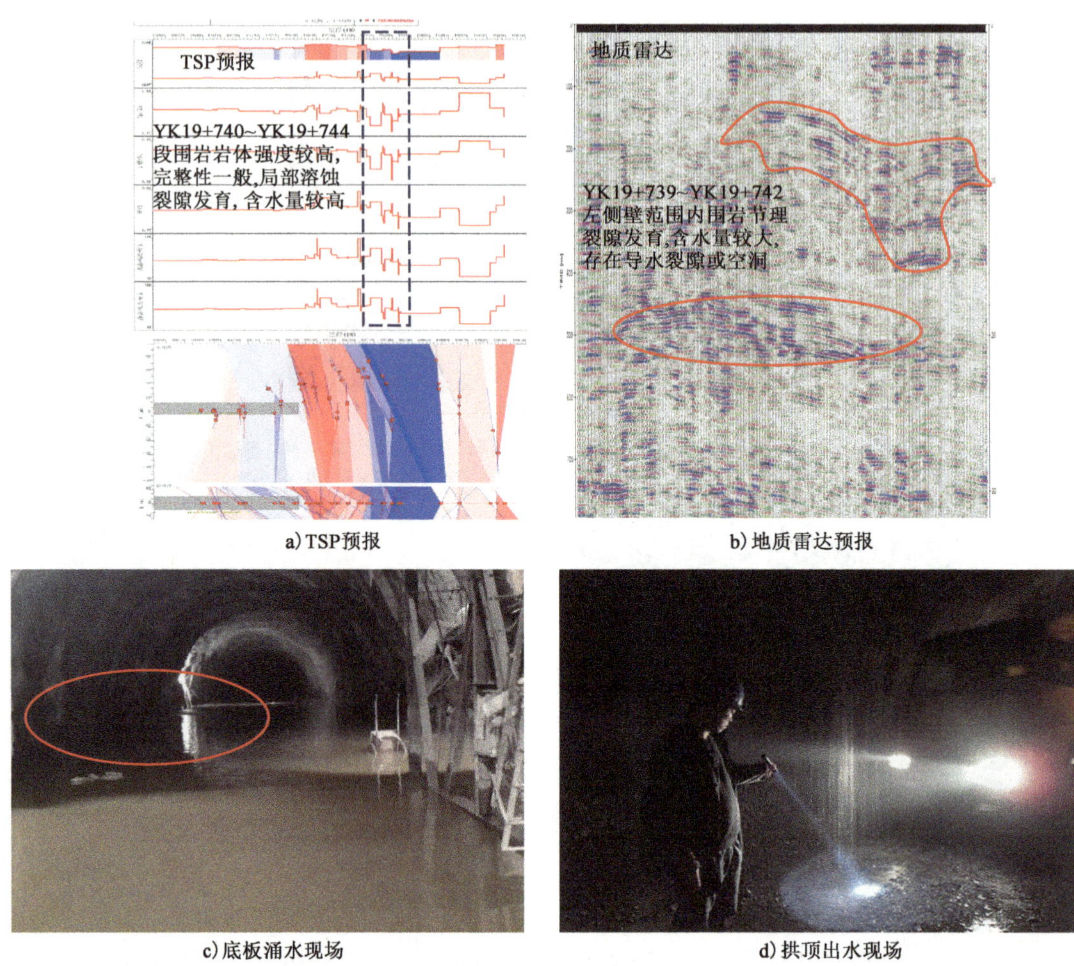

a)TSP预报　b)地质雷达预报

c)底板涌水现场　d)拱顶出水现场

图 7-5　利万高速公路齐岳山隧道 YK19 +740 突水超前预报与现场验证结果

(3)配置逃生物资和设备

保证配置应急救援所需的所有物资,包括各类通信器材、交通工具、劳保用品等。

(4)设立逃生路线

在高风险岩溶隧道施工过程中,当遇到大规模的突水突泥时,应选择逃生。逃生路线是按照隧道的施工现状设计的最佳逃生路径,逃生路线应在洞口挂牌明示,洞内应设置逃生标志,一旦遇到危险情况便于进洞人员及时逃生。

(5)逃生通道

当隧道遇到大型岩溶需进行处理时,应设计必要的逃生通道。逃生通道处应明显标示,使进洞人员明确通道设计,了解最优逃生路线。

(6)人员定位及监控预警系统

对于存在较大突水突泥风险的深长岩溶隧道,进洞人员的位置均应安设人员定位及监控预警系统,系统应与洞外调度形成网络。施工中一旦掌子面发生险情,可以在洞内及时采取措施或同步撤离。人员定位系统可以确定洞内人员人数及所在位置,有利于及时制订救援方案,迅速撤离。隧道监控系统和隧道内人员定位系统如图 7-6、图 7-7 所示。

图 7-6 隧道监控系统

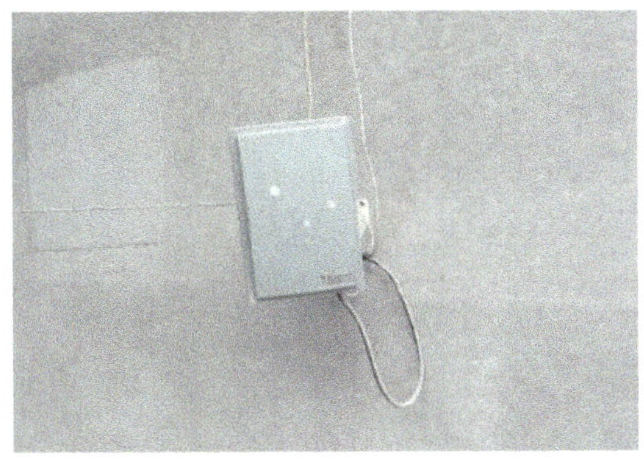

图 7-7 隧道内人员定位系统

(7)应急照明

当洞内出现水灾时,施工电源会因漏电保护而断电,为保证施工人员迅速撤离,应在洞内重要位置安设应急照明设施,如图 7-8 所示。

a)

b)

图 7-8 隧道应急照明装置

(8)应急救援演练

应定期适时组织安全预警及应急救援演练(图 7-9),以便现场工作人员和进洞人员熟悉并掌握相关应急预案,提高应急反应和协调能力,改进预案中存在的缺陷和不足。

a)

b)

图 7-9 利万高速公路齐岳山隧道预警演练

(9)救援组织

岩溶隧道出现安全事故时,应及时组成抢险领导小组及现场抢险小组。现场救援组织为项目部及所属全体施工人员组成的应急组织机构,所有人力、物资归项目部总指挥调度;邻近项目部的力量,当地乡、县医院,武警官兵等组成社会应急机构,所有力量归总指挥调度,组织各项救援抢险工作。隧道风险评估及风险辨识如图 7-10、图 7-11 所示。

图 7-10　隧道风险评估

图 7-11　隧道内溶洞风险辨识

7.1.3　开展风险评估

岩溶隧道由于其本身的复杂性而存在大量的风险,施工中必须进行风险评估,预防事故发生。需研究隧址区施工安全风险孕险环境和致险因子,分析依托工程隧道地质条件、施工期开挖和支护措施以及灾害处治效果的风险特征及其内在关联性,建立风险评价模型;综合分析监控量测、超前地质预报、超前钻孔以及其他施工动态信息,对地质灾害的风险源进行风险辨识和风险管理,动态修正隧道岩溶地质灾害的风险等级;采用山东大学在鄂西山区高速公路建设中提出的施工许可机制(许振浩等,2011)对高风险段进行施工风险控制,并编制依托工程高风险段施工许可机制实施细则,规范高风险施工段的监控量测、超前地质预报与安全施工工作;密切结合施工现状,对高风险段隧道施工进行实时动态监控,动态修正风险等级,并提出合理化的施工建议。

7.1.4　优化施工顺序

针对岩溶隧道,为保证开挖安全及工程进度需要,应对隧道施工顺序进行优化选择,如图 7-12所示。

(1)一般情况下,经超前预注浆加固及大管棚支护条件后,宜采取全断面法开挖。

(2)当溶洞与隧道呈交叉位时,宜采取台阶法开挖。

(3)当溶洞与隧道呈交叉位,且溶洞充填物为砂质、泥质或水时,宜优先采取最为安全的分部开挖法。

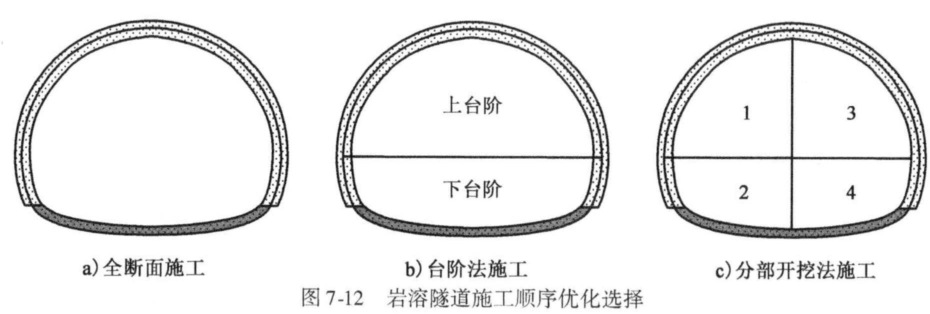

图 7-12　岩溶隧道施工顺序优化选择

7.1.5　选择最佳施工时机

工程实践证明,对于连通型岩溶和半连通型岩溶,避开雨季施工能明显地减少隧道涌水量。因此,调查岩溶水文地质特征,了解水力联系,确认岩溶类型,对岩溶隧道进行季节性施工意义重大。

(1)对于粉质黏性土的充填型溶洞,采取合理的超前预注浆加固措施,在隧道与地表未形成连通以前,隧道的施工可不受季节影响。

(2)对于粉细砂层充填型溶洞,由于在雨季施工受降雨影响较大,高压富水条件下,地下水极易击穿注浆固结体,而诱发开挖过程中的大规模突水突泥,施工难度大,因而这类溶洞宜在雨季加固,旱季开挖。

7.1.6　岩溶水处治基本要求

突水突泥预防措施的主要手段是对不良地质开展精确探测与安全评价。精确探测在超前地质预报基础上,通过水平超前钻探,对溶腔大小、规模、充填情况做进一步分析和评估。岩溶可能产生突水突泥的规模、位置及地质构造类型不同,其预防和处治措施也各不相同。结合前期地质勘察资料和类似工程案例的经验,岩溶隧道的建设重点采取“绕、堵、排、防”的处理方针。下面重点以利万高速公路齐岳山隧道为例进行说明。

(1)绕

绕,即根据超前地质预报结果,对大型高压富水溶洞采取绕避施工的方案。对于直接处治存在较大困难且费时费工的溶洞,应采取绕行的方案(马栋,2012),不仅可以确保施工安全,而且加快了施工进度。类似相关案例如图 7-13 所示。

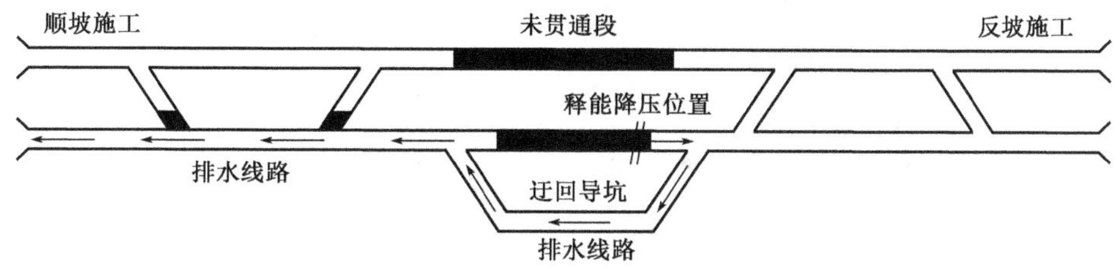

图 7-13　宜万线某隧道绕行方案(马栋,2012)

(2)堵

堵,指采用注浆的方法封堵地下水的通路充填围岩的裂隙,提高围岩自稳能力,以保障开挖后掌子面和周边围岩无射水、突水现象,达到限量排放的目的,确保开挖和支护的安全。一般而言，隧道反坡排水难度较大。虽然具有一定的反坡排水能力，但无法满足岩溶溃水瞬时抽排工程量的需求。尤其对于揭露岩溶裂隙、岩溶管道、地下河等水力联系较为密切的岩溶水系统，更加大了反坡排水的难度。即使顺坡施工，一旦出现溃水，造成的施工机具、人员、财产等损失也是无法估量。利万高速公路齐岳山隧道底板注浆方案如图7-14所示。

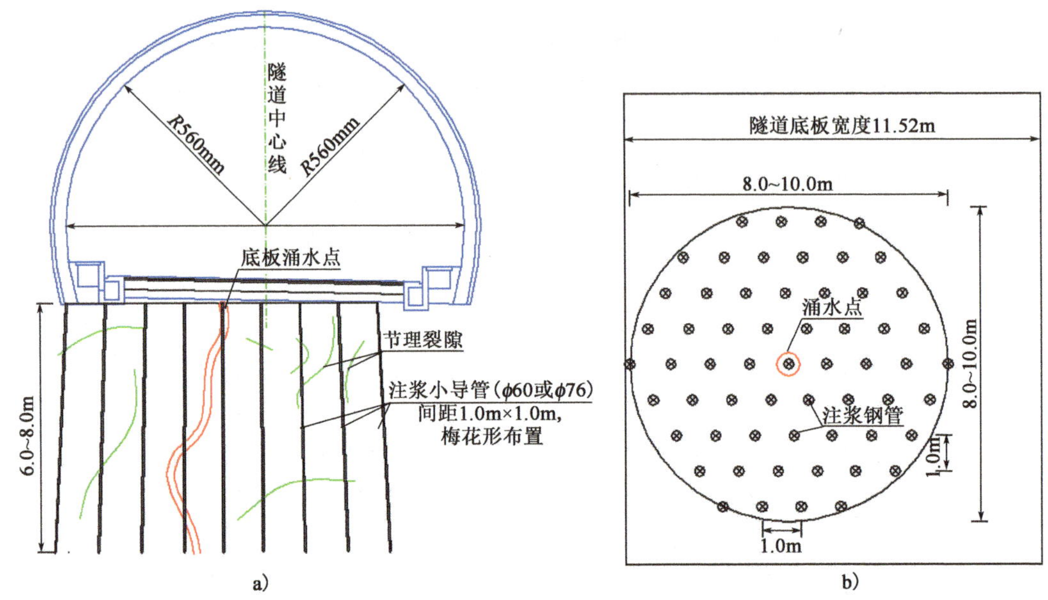

图7-14　利万高速公路齐岳山隧道底板注浆方案

(3)排

排，指将地下水引入隧道内在经洞内的排水沟排走，当水量特别大时，也可采用泄水洞进行排泄。以利万高速公路齐岳山隧道为例，隧道进出口工况不同，采用了不同的排水方案。隧道进口根据超前地质预报和放水孔检测，确定地下水水力联系不密切，在正洞掌子面实施排水后采用正常开挖工序进行施工。相关地勘资料表明，隧道出口存在德胜场地下河系统，由于地下河纵断面可能与隧道交叉，对隧道存在重大影响，可以采用泄水洞先行泄水，达到减压的目的，保证正洞顺利施工。利万高速公路齐岳山隧道泄水洞排水方案如图7-15所示。

图7-15　利万高速公路齐岳山隧道泄水洞方案

(4)防

防,指制定隧道突水的预防措施。齐岳山腹地年降雨量达1750mm以上,阴雨天数占到全年的60%,12月至次年2月为枯水季节,5—9月为雨季,尤以6—8月降水量最大,占全年的50%,且齐岳山隧道出口德胜场—响水洞地下河系统与地表有密切水力联系,因此在雨季应加强对地表水的监测。评估降雨带来的风险,制订突发事件应急预案和实施细则。隧道进口采用反坡施工,洞口地表排水条件较好,为了避免雨季出现地表水倒灌隧道,施工场地高程按低于洞口隧道填充顶面1m进行填筑,并疏通地表排水系统。

7.2　不同类别溶洞处治

7.2.1　小型溶洞处治

对于小型溶洞的处治,应综合考虑其充填特征、与隧道的相对位置以及现场施工条件,制订相应的处治措施。

1)无充填或半充填型小型溶洞处治

对于无充填或半充填型小型溶洞,首先应清除溶洞内淤积物,对溶洞采取回填处理。

(1)发育在隧道拱顶上方的小型溶洞应采用"回填法"或"护拱法"。应加强该段衬砌支护,采用C20混凝土回填封堵拱顶溶洞或采用模筑C20混凝土形成护拱。预埋排水管,使排水系统与围岩中原过水通道相连,或者将围岩内地下渗水引入隧道水沟。

(2)发育在隧道边墙一侧的小型溶洞应采用"护墙防护法"。应加强该段衬砌支护,初期支护外2m范围内采用模筑C20混凝土,2m以外采用干砌片石回填。预埋排水管,使排水系统与围岩中原过水通道相连,或者将围岩内地下渗水引入隧道水沟。

(3)发育在隧道底板下方的小型溶洞应采用"回填法"。应采用浆砌片石或C20混凝土回填,预埋排水管,使排水系统与围岩中原过水通道相连,或者将围岩内地下渗水引入隧道水沟。

【工程实例7-1】 恩来恩黔高速公路当阳坪隧道右洞开挖至YK67+985断面,底板下方揭示一处溶洞,溶洞高约4m,长约7m,宽约2m,一直向左后方向边墙处延伸,存在夹泥含水区,局部富含水。

处理措施:首先在靠近溶洞侧立钢拱架,然后采用I14工字钢背贴连接,I14工字钢采用锁脚钢管($L=5$m)与围岩锚固。边墙侧溶洞及底板下方溶洞均先用洞渣回填至仰拱底下2m,回填洞渣粒径不大于20cm,按40cm一层分层夯实。向围岩内打入ϕ22mm砂浆锚杆,纵向间距1m,砂浆锚杆外露1m,与二次衬砌钢筋连接。然后采用C25钢筋混凝土浇筑,为加强混凝土浇筑后的整体性及防止不均匀下沉,需采用整体浇筑。采用双层ϕ22mm螺纹钢筋作为结构受力钢筋,间距为20cm,纵向配筋采用ϕ12mm螺纹钢,间距为25cm,箍筋采用ϕ8mm圆钢筋,钢筋保护层厚6cm。混凝土横向浇筑范围从溶洞壁至边墙内。混凝土中埋入ϕ110mm HDPE双壁打孔波纹管,纵向间距按2m设置。预埋排水管,引入隧道水沟。

2)充填型小型溶洞处治

对于充填型小型溶洞,应根据溶洞的所处位置及现场施工条件,采取相应的换填或加强防护措施。

(1)发育在隧道拱顶上方和边墙一侧的小型溶洞应采用“回填法”或“钢筋喷锚网法”。若溶腔内充填物滑落入隧道内,应在清除充填物之后,采用C20混凝土或水泥砂浆回填;若溶腔内充填物未发生滑落,应在溶洞位置采取喷锚网防护。

(2)发育在隧道底板下方的小型溶洞应采用“回填法”。应在清除溶腔内的充填物之后,采用混凝土回填密实。

【工程实例7-2】 恩来恩黔高速公路高罗隧道右线施工至YK62+527处时,拱顶上方揭露一充泥型溶洞,从左侧至右侧环向长约8m,深约2m,纵向长1m,左右侧壁裂隙发育,有点状渗水。

处治措施:榀钢拱架间距调整为80cm。YK62+526.2~YK62+528.6段拱部增设ϕ8mm双层钢筋网,网格间距为20cm×20cm。为保证施工安全,严格遵循短进尺、弱爆破原则施工,开挖进尺控制在1m范围内,钢拱架逐榀开挖施工。

7.2.2 大型溶洞处治

1)大型无充填溶洞处治

发育于隧道拱顶上方和边墙一侧的大型无充填溶洞,主要采取“回填法”“拱罩防护”进行处治;发育于隧道底板下方大型无充填溶洞,应根据溶洞发育特征及现场施工条件,制订针对性的处治方案。

(1)隧道拱顶处溶洞处治

对于发育在隧道拱顶上方的溶洞,若发育范围高度较高,范围较广,但围岩完整性较好,稳定性较高,不易发生大型坍塌落石时,宜采用“拱罩防护”的处治技术:首先应加强该段衬砌支护,拱顶处采用C20混凝土回填,确保初期支护外缘厚度至少为2m;若溶洞拱顶以上发育高度较高,超过10m,在C20混凝土顶部施作细砂作为缓冲层,以防拱顶溶洞掉落石块击穿初期支护。在缓冲层内,施作竖向暗沟、盲沟、预埋排水管,使排水系统与围岩中原过水通道相连,将围岩内地下渗水引入隧道水沟。

【工程实例7-3】 恩来恩黔高速公路花果山隧道右线施工至YK97+477处时,拱顶上方揭露一处大型无充填溶洞,溶洞延伸至右侧边墙,竖向高度约5.5m,纵向长度约10m,最大深度约为12m。掌子面拱顶围岩风化严重,发生垮塌,掉落泥夹石约200m^3。

如图7-16所示,处治措施如下。

①在清理垮塌泥石之后,对溶洞周边轮廓线外3m范围内喷射一层5cm厚的C20混凝土进行封闭,防止周壁松散块石掉落。由于溶洞内地下水以排为主,在初期支护钢拱架背后埋设三道ϕ110mmHDPE双壁打孔波纹管,将溶洞内集中出水点引出,波纹管埋设端采用无纺布进行包裹,保证回填后溶洞排水通道通畅,排水管最终与洞内永久排水系统相连。

②对溶洞空腔采取如下处理措施:

a.表层吹入1m厚细沙粒进行回填,减缓溶洞上部松散体下落对结构的冲击作用。

b.初期支护外边缘回填C20混凝土,厚度按2m控制,最薄处距离初期支护外边缘不得小于1m。预留2根泵送混凝土管,2根混凝土厚度检测管。

c.拱顶溶腔环向长度10m范围内采用30根长度为12m的ϕ108mm×6mm钢管支挡,钢管采用环向布置,间距为30cm,要求钢管从最里面一榀已施工的初期支护边缘一次性施工12m,初期支护外缘增设单层ϕ22mm环向钢筋网将超前钢管连在一起,间距为20cm×20cm。

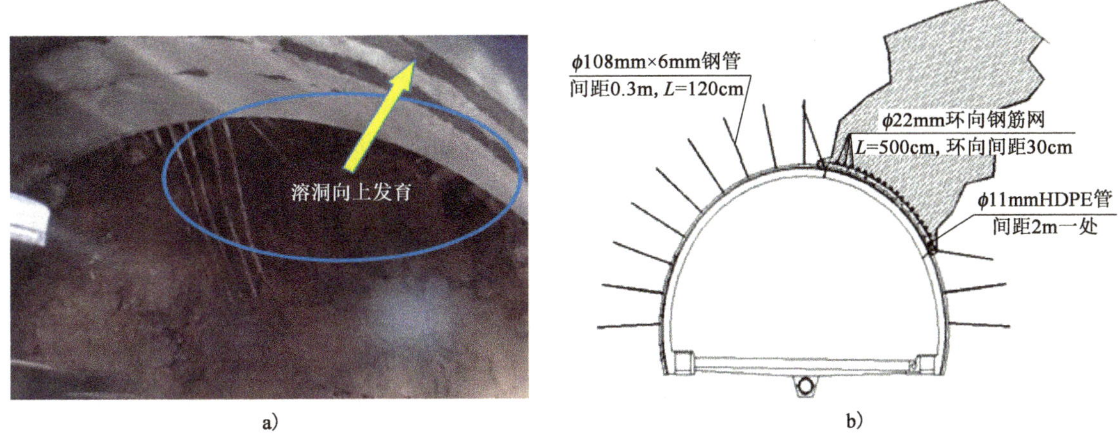

a)　　b)

图7-16　花果山隧道YK97+477溶洞处治示意图

(2)隧道边墙处溶洞处治

对于发育在隧道边墙处的大型溶洞,可以直接采用"回填法"加固边墙通过,而对于侵入隧道底板范围较大或横穿隧道底板的溶洞,需要加强该侧的边拱基础,采用"护墙支顶法"。具体措施如下:应加强该段衬砌支护,采用模筑C20混凝土加固,采用干砌片石回填至初期支护2m以外。采用工字钢托梁或钢筋混凝土盖板通过隧道边墙悬空处。施作竖向暗沟、盲沟,或预埋排水管与围岩内过水通道相连,或将其引入隧道水沟。

【工程实例7-4】 恩来恩黔高速公路当阳坪隧道施工至ZK67+785边墙处揭露溶洞,向掌子面前方ZK67+768~ZK67+777范围内发育,从边墙向底板下方发育,并与底板揭露溶洞相连接,后与地下河相通。边墙处揭露溶洞高最高处约13m,洞宽最大值约5m,洞长最大值约8m。

如图7-17所示,为保证施工安全,采取如下处治措施:

①底板溶洞处理:

a.底板溶洞发育区ZK67+778~ZK67+795段采取SF-Ⅳa支护,增设仰拱初期支护,初期支护闭合成环,支护里程为ZK67+778~ZK67+795。

b.首先向底板溶洞处回填洞渣至仰拱下2m,然后采用C25钢筋混凝土浇筑仰拱。混凝土结构受力钢筋采用ϕ22mm螺纹钢,间距为20cm,纵向配筋采用ϕ12mm螺纹钢,间距为25cm,箍筋采用ϕ8mm圆钢,双层钢筋,ϕ22mm螺纹钢净保护层厚度为6cm。处治里程为ZK67+778~ZK67+795。

c.洞渣回填要求:回填洞渣粒径不大于20cm,按40cm一层分层夯实。

d.混凝土中埋入ϕ110mm HDPE双壁打孔波纹管,纵向间距按2m设置。

②边墙溶洞处理措施:

a.先采用洞渣对仰拱下部溶洞腔体进行回填密实,后浇筑2m厚C25钢筋混凝土悬臂梁,作为初期支护钢架基础。悬臂梁线路右侧浇筑至左边墙处,左侧浇筑至溶洞边墙处,浇筑段里程为ZK67+778~ZK67+768(溶洞纵向长度)。为加强悬臂梁结构强度,混凝土间加入I18工字钢,纵向间距为60cm,工字钢靠溶腔外侧增设2根ϕ22mm锁脚锚杆,长度为3.5m。悬臂梁结构受力钢筋采用双层ϕ22mm螺纹钢,间距为20cm,纵向配筋采用ϕ12mm螺纹钢,间距为25cm,箍筋采用ϕ8mm圆钢,ϕ22mm螺纹钢净保护层厚6cm。

b.洞身初期支护外溶洞处理:初期支护外溶腔空洞浇筑C25混凝土,保证初期支护外边缘混凝土最薄处不小于2m。C25混凝土以上回填厚1m细砂作为缓冲层。混凝土施工前,钢架靠溶洞侧埋设10根ϕ110mm双壁波纹管排水,在二次衬砌施工时引排至排水盲沟。

c.为加强洞身结构强度,ZK67+778~ZK67+768段采用SF-Ⅴa支护形式,并增加系统锚杆。锚杆采用ϕ22mm砂浆锚杆,环向间距为1.0m,纵向间距为0.6m。

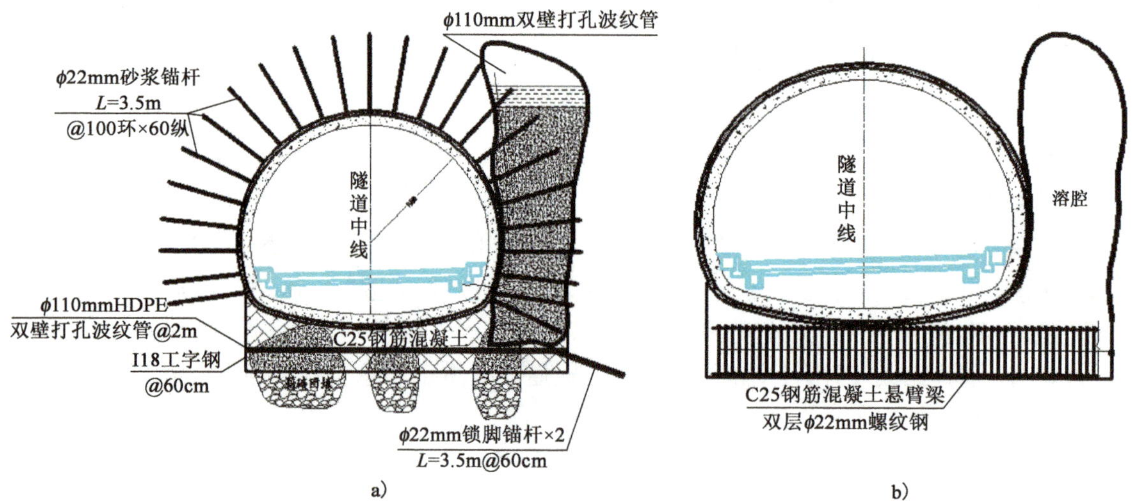

图7-17 当阳坪隧道ZK67+768溶洞处治示意图

(3)隧道底板溶洞处治

发育在隧道底板处的溶洞需要根据溶洞自身发育特点及现场施工条件的不同,采取针对性的处治措施。

①发育在隧道底板处的溶洞,若纵向跨度不大(小于3m),但深度较大(大于10m),宜采用"钢筋混凝土盖板跨越"处治方案。即隧道底板下方的溶洞采用隧道弃渣回填,待洞渣沉降稳定后,施作钢筋混凝土盖板加固。

【工程实例7-5】 恩来恩黔高速公路李家槽隧道恩施端左线ZK37+452处揭露溶洞,溶洞从左拱脚处向深部发育,发育里程ZK37+452~K37+467段长约3m,宽约6m,深约13m,溶腔内无填充物,无水。隧道施工至ZK37+440掌子面围岩破碎,节理裂隙发育,拱顶有少量坍塌。如图7-18所示,采取如下处治措施:

①溶洞空腔采用隧道洞渣回填,回填至边墙底0.8m,对回填洞渣要分层夯实,分层厚度按60cm控制。

②待回填洞渣沉降稳定后,从ZK37+452~ZK37+467段在隧道边墙底部施作0.8m钢筋混凝土盖板跨越,确保盖板两端横向与基岩搭接。

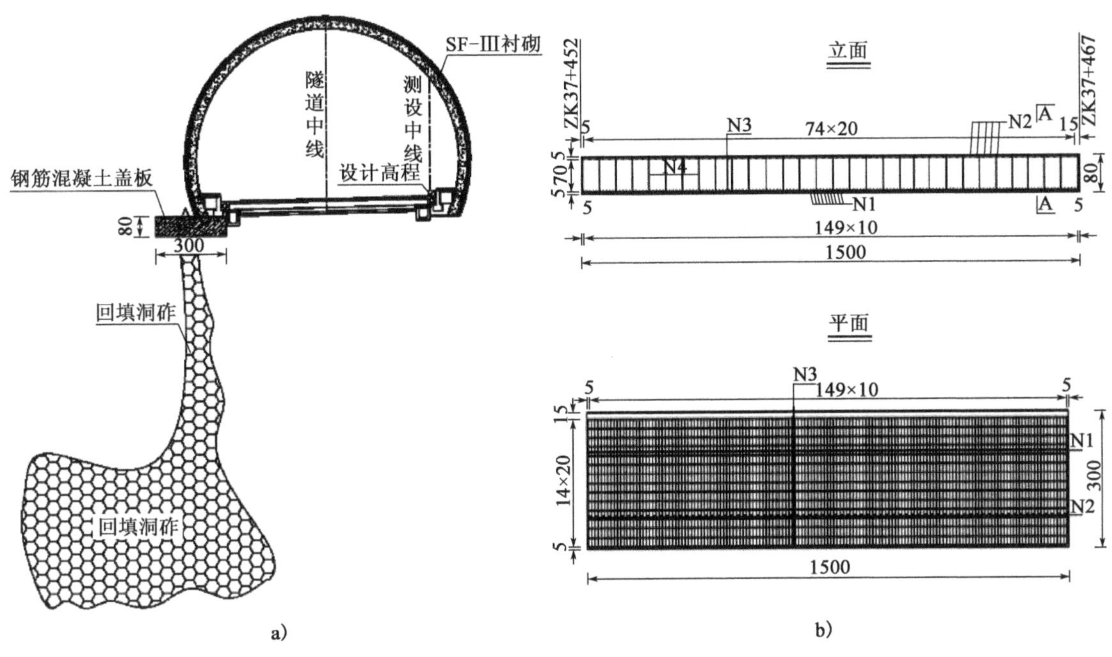

图 7-18 李家槽隧道恩施端左线 ZK37 +454 溶洞处治示意图(尺寸单位:mm)

②发育在隧道底板处的溶洞,若纵向跨度较大(大于 3m),但深度较小(小于 10m),宜采用"回填法",并同时采用型钢混凝土盖板跨越处治方案。

【工程实例 7-6】 恩来恩黔高速公路花果山隧道恩施端右线 YK94 +780 处下半断面出现溶洞。溶洞沿掌子面横向长度约为 16m,向拱顶上方发育约 10m,向底板下方发育深度约 8m。溶洞左侧有一个直径约 6m、深约 15m 的竖井,溶洞内围岩为微风化灰岩,中厚层构造,为较硬岩;岩体水平发育,层厚为 20 ~40cm,溶腔内拱顶易塌方。溶腔存在巨大孤石,无裂隙水,降雨时为点滴状出水。如图 7-19 所示,采用如下处治措施:

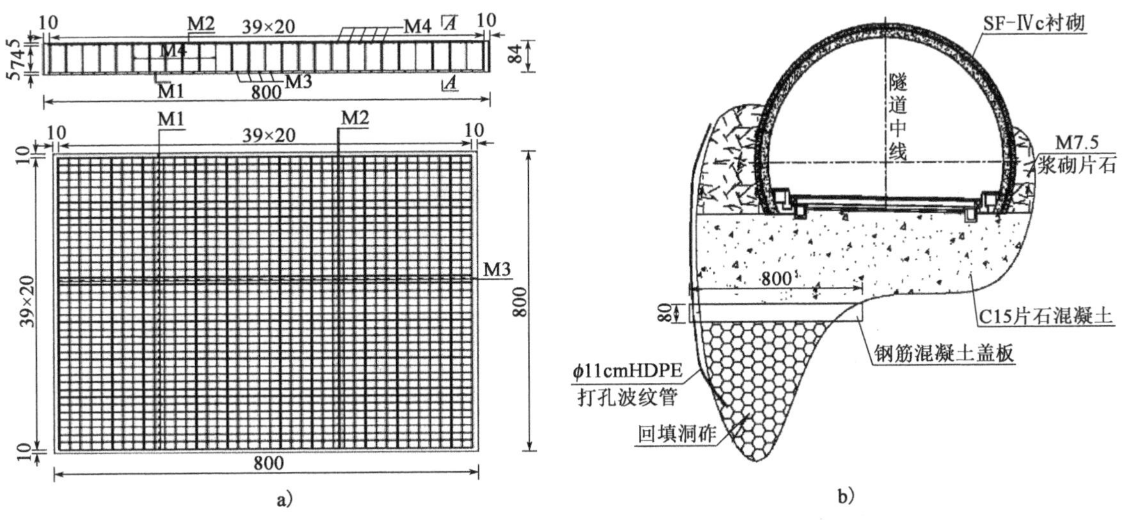

图 7-19 花果山隧道恩施端右线 YK94 +780 溶洞处治示意图(尺寸单位:cm)

①因竖井底部存在黏土充填，结构较松散。在竖井顶部施作0.8m厚钢筋混凝土盖板。

②钢筋混凝土盖板以下溶洞空腔均采用隧道洞渣回填，并分层夯实。

③待回填洞渣沉降稳定后，从YK94 +780 ~ YK94 +788段在竖井顶部施作0.8m钢筋混凝土盖板跨越，确保盖板与基岩搭接。

④钢筋混凝土盖板以上至隧道路面找平层以下溶洞空腔采用C15片石混凝土回填。

⑤采用M7.5浆砌片石回填边墙外侧超挖部分。

⑥在初期支护拱背后埋设两道ϕ110mmHDPE双壁打孔波纹管将溶洞内集中出水点引出，波纹管埋设端采用无纺布进行包裹，排水管最终与溶洞排水通道相连。

③发育在隧道底板处的溶洞，若垂直于隧道轴向跨度发育和向底板下方深度发育极大(均超过20m)时，可根据具体地质情况，采用桥梁跨越处治方案。

【工程实例7-7】 大岩坝隧道恩施端右线YK41 +404处揭示溶洞，溶洞从隧道底板向正下方发育，最大深度为35m，纵向跨度为2m，溶腔内无充填。如图7-20所示，采取如下处治方案：

①大岩坝隧道恩施端右线YK41 +404处溶洞采用“现浇梁板一孔跨越”方案，利用溶腔整体回填石渣做梁板支撑体系。

a. 跨线桥共1跨(1 ×35m)，范围为YK41 +396 ~ YK41 +431段。

b. 采用预应力箱梁、简支梁及钢筋混凝土板结合方式来跨越溶洞：35m预应力箱梁承担二次衬砌、初期支护、围岩压力及施工中的台车荷载，35m简支梁承担钢筋混凝土板自重及其竖向荷载，钢筋混凝土板承担车道荷载及其上部路面结构自重。

c. 跨线桥平面位于R=2600m曲线上，路面横坡为单向2%，纵断面纵坡为2.5%。

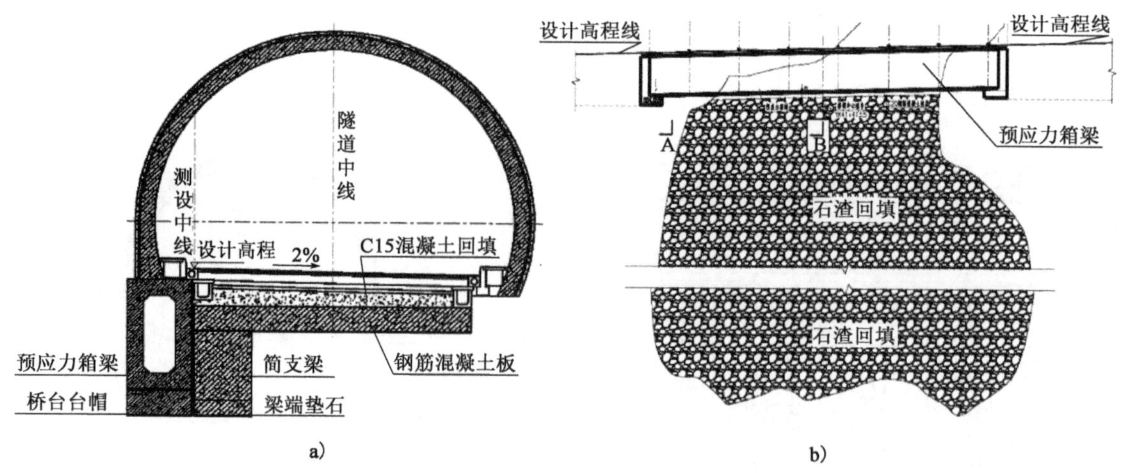

图7-20 大岩坝隧道恩施端右线YK41 +404处溶洞治示意图(尺寸单位：mm)

②对溶腔及溶腔壁进行加固、围挡。

③在箱梁底部(回填石渣上)施作40cm厚C20钢筋混凝土垫层。

④大岩坝隧道恩施端右线YK41 +396 ~ YK41 +431段原设计为SF-Ⅲ支护，该段二次衬砌采用45cm厚钢筋混凝土，其余支护参数维持原设计不变。

2)大型充填溶洞处治

对大型充填溶洞应根据充填物的性质,采取不同的处治技术。

(1)充填淤泥型溶洞处治

在隧道施工中,若通过综合超前地质预报手段预测到掌子面前方存在大型充填淤泥型溶洞时,应停止施工,设置风险警示牌,封闭掌子面。然后采用注浆方案加固淤泥层,待掌子面围岩稳定后,采用上下台阶留核心土或单侧壁导坑法进行开挖。开挖后及时施作加强型初期支护和二次衬砌结构。

【工程实例7-8】 恩来恩黔高速公路花果山隧道右线施工至YK97+477处,拱顶上方揭示一处大型无充填溶洞,溶洞延伸至右侧边墙,竖向高度约5m,纵向长度约10m,最大深度约12m。掌子面拱顶围岩风化严重,发生垮塌,掉落泥夹石约200m^3。如图7-21所示,采用如下处治措施:

①对YK41+430~YK41+446段左侧拱脚至拱腰黄泥部位采用土方回填,根据现场实际情况,共回填土方约40m^3。

②对YK41+430~YK41+440段左侧施作C20混凝土挡墙,要求挡墙距离初期支护外边缘约50cm。

③大岩坝隧道恩施端右线YK41+440~YK41+450段将原设计SF-Ⅲ支护调整为SF-IVa支护,16工字钢及系统锚杆纵向间距调整为0.8m,其他支护参数维持SF-IVa不变。

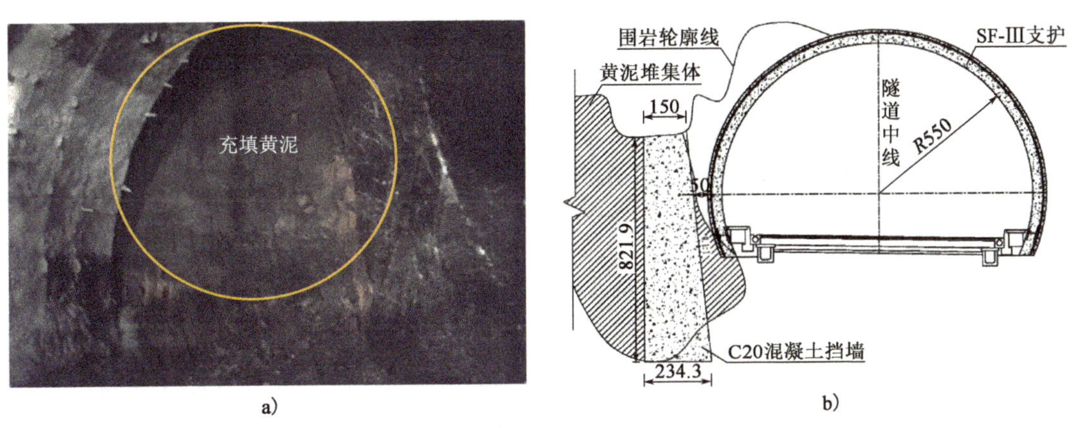

图7-21 大岩坝隧道YK41+430边墙处溶洞处治示意图(尺寸单位:mm)

(2)充填粉质黏土型溶洞处治

在隧道施工中,采取综合超前地质预报探明掌子面前方存在大型充填粉质黏土型溶洞时,由于粉质黏土层有一定的自稳能力,首先采用超前小导管注浆加固拱部和边墙位置,必要时在隧道拱部设置大管棚超前支护,采用分部开挖方式进行施工。开挖后及时进行径向注浆加固。

【工程实例7-9】 恩来恩黔高速公路高罗隧道左线施工至ZK62+619处时,掌子面拱部上方揭示有溶洞,高度约8m,环向宽度5m,纵向长度3m,溶腔向上延伸至拱顶轮廓线外3m,充填可塑状粉质黏土,边墙有水渗出。为保证隧道施工安全,如图7-22所示,采用如下处治方案:

①对溶洞及向前2m范围支护进行加强,即调整ZK62+619~ZK62+624段SF-Ⅱ复合衬

砌为 SF-Ⅳc 支护，I14 工字钢钢架纵向间距调整为 80 cm，系统锚杆纵向间距相应调整，其余按 SF-Ⅳc 支护不变。

②溶洞在拱顶初期支护外缘 2m 范围(含洞身轮廓线或超出部分)采用 C20 混凝土填充，混凝土以上再泵送 0.5m 厚砂料作缓冲层。

③在溶洞填充混凝土上埋设两道 ϕ110mm HDPE 无孔波纹管，波纹管头露出溶腔混凝土部周边打孔并用无纺土工布包裹埋于砂层内，将水引至隧道永久性排水设施内排出。

④施工时按工字钢间距逐榀进行开挖，同时进行支护。

a)

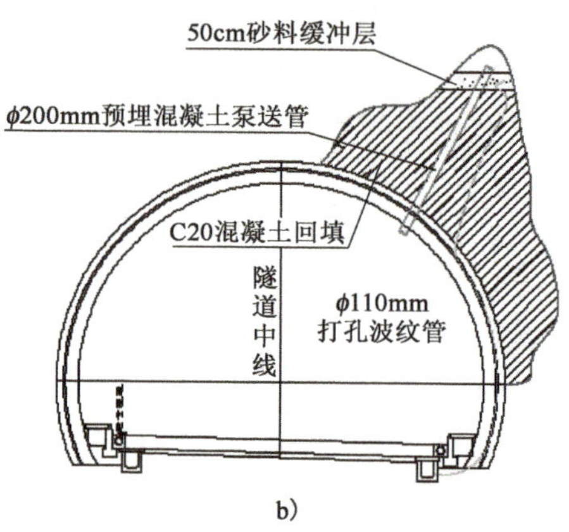

b)

图 7-22　高罗隧道 ZK62 +619 处溶洞处治示意图

(3)充填粉细砂型溶洞处治

在隧道施工中，当超前地质预报探明掌子面前方存在大型充填粉细砂型溶洞时，应停止施工，封闭掌子面。然后采用超前小导管预注浆加固粉细砂层，并设置超前大管棚支护，采用台阶法或单侧壁导坑法进行施工。开挖后立即进行径向补充注浆，及时施作二次衬砌。

(4)充填块石型溶洞处治

在隧道施工中，若超前地质预报结果显示掌子面前方存在大型充填块石型溶洞，应停止施工，封闭掌子面。然后超前预注浆加固至隧道断面轮廓线外 2m，采用超前大管棚支护，确保隧道开挖安全，采用台阶法进行开挖，并用钢拱架进行初期支护，必要时使用 C30 钢筋混凝土施作二次衬砌。开挖完成后及时补充注浆，进一步加固溶洞内堆积物。

【工程实例 7-10】　湖北恩来恩黔高速公路黄土坡 2 号隧道恩施端左线在 ZK41 +161 掌子面左侧发现一处大溶洞，溶洞从左侧拱脚延伸到拱顶右侧，溶洞环向长度约 16m，高约 8m，纵向可见长度约 11m，掌子面右侧部分位置存在黏性土夹碎、块石，结构较松散，稳定性极差，极易出现滑塌。为了确保隧道施工安全，如图 7-23 所示，采用如下处治措施：

①ZK41 +159 ~ ZK41 +172 段钢拱架采用 I18 工字钢，工字钢间距为 0.6m，溶洞部位钢架连接钢筋间距为 0.5m，喷射混凝土厚度为 24cm，开挖断面增大，其余参数维持 SF-Ⅳc 支护不变。

②溶腔处初期支护外缘回填 C20 混凝土，厚度按 2m 控制，并各预留 2 根混凝土泵送管和 2 根检查管。

③保证溶洞流水通道畅通，在溶洞初期支护外缘埋设 4 道 HDPE 双壁波纹管，与洞内永久

排水系统相连。

a)

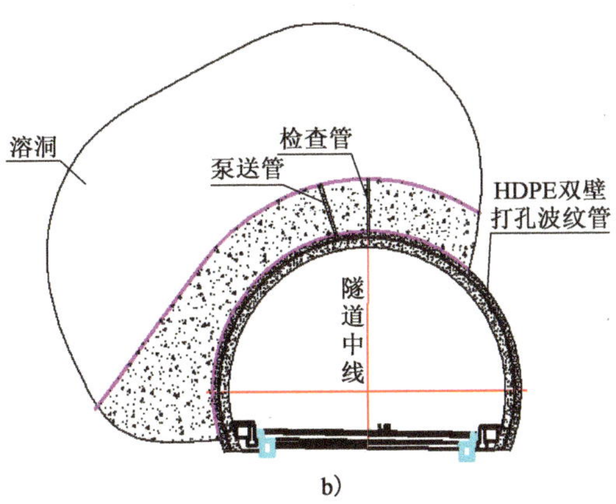

b)

图 7-23 黄土坡 2 号隧道 ZK41 +161 溶洞处治示意图

(5)充水型溶洞处治

对于充水型溶洞的处治,应综合考虑其水量大小、水压高低等特征以及现场施工条件,施工中应采取相应的处治措施。

①岩溶管道型充水溶洞

发育在隧道底板下方、边墙一侧和拱顶上方的岩溶管道充水溶洞,应根据"先探后堵,以堵为主"的原则,采用注浆加固的方法进行封堵。为合理优化注浆方案,采用关键孔注浆。具体实施方案如下:

a. 首先进行隧址区岩溶水文地质调查,掌握突水区的水源和隧址区水力联系。

b. 选取适当的方法对突水区进行超前地质探测,探查导水构造的基本位置及含水率,确定关键孔注浆堵水的重点区域,并综合地质调查和超前地质预报结果,设计关键孔布设图。

c. 根据关键孔布设图进行注浆钻孔,并对各钻孔进行连通性试验,划分钻孔质量等级。

d. 根据现场突水情况和周边围岩变形情况,动态调整注浆方案,选用合适的注浆材料,实施注浆加固措施。

齐岳山隧道 YK19 +852 处底板突水点注浆孔布置如图 7-24 所示。

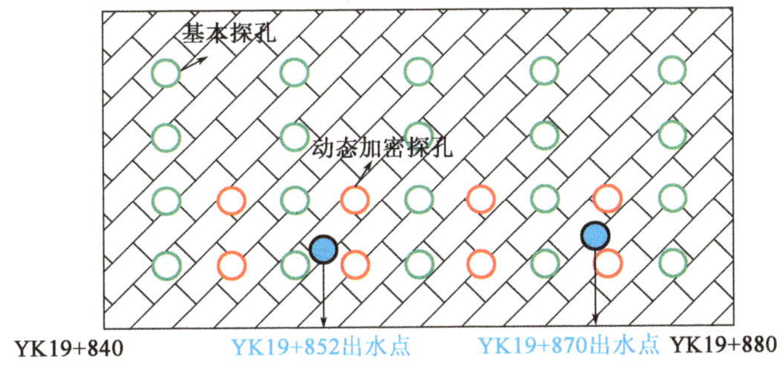

图 7-24 齐岳山隧道 YK19 +852 处出水点注浆孔布置

【工程实例 7-11】 利万高速公路齐岳山隧道 YK19 +840 处附近出现多处涌水点,暴雨后各个出水点的水量暴增，导致隧道淹井长度达190m，最大涌水量达1500m^3/h，稳定后隧道涌水量维持在260m^3/h左右。后经探测发现其呈岩溶管道发育形态，为保证安全施工，采取注浆堵水处治方案。具体措施如下：

径向采用ϕ42mm无缝钢管，加固深度4.5m。加固范围以出水点为圆心，对直径8～10m范围内进行加固。采用梅花形钢管布置方式，横纵向间距均为1.0m，如图7-25所示。注浆浆液优先选用水泥单液浆。

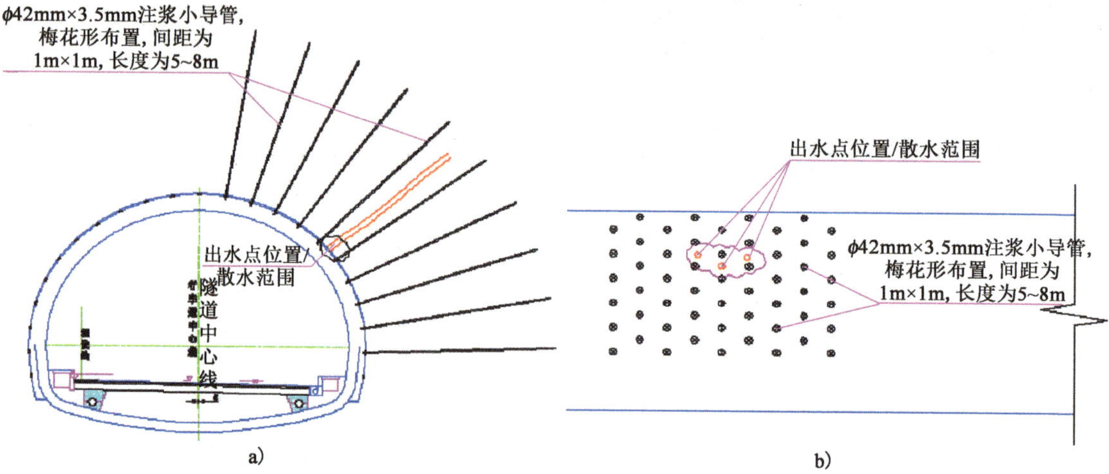

图7-25　利万高速公路齐岳山隧道YK19+840处岩溶管道突水处治示意图

②溶槽型充水溶洞

位于可溶岩与非可溶岩接触带的岩层，岩溶强烈发育，易发育溶槽型充水溶洞，应采取可控域超前注浆措施，即“注浆堵水+管棚”措施方案。主要步骤如下：

a. 端部径向注浆加强。

根据超前地质预报情况，在拟开挖里程端部5m范围，采用梅花形钢管布设方式，径向采用ϕ48mm钢管，长4.5m，间距为1m×1m。注浆材料采用普通水泥浆。

b. 顶水注浆。

对关键孔进行顶水注浆，使围岩内地下水沿原地下管道排泄。顶水注浆材料采用水泥砂浆、水泥浆和水泥—水玻璃双液浆。

c. 对拟开挖段轮廓线外3m或5m进行超前帷幕注浆，使其形成注浆截水帷幕，达到注浆堵水目的。注浆材料采用水泥浆和水泥—水玻璃双液浆。

d. 根据岩溶规模及超前钻孔情况进行。

【工程实例7-12】 恩来恩黔高速公路当阳坪隧道出口段掌子面施工至YK67+032处时，拱顶出现溶洞，并有大量黑色泥水涌出，将隧底淹没，之后从YK67+145处车行横洞涌向左洞，并继续向来凤端涌出，最终排入YK67+270处地下河。为保证隧道施工安全，采取如下处治措施：

①对隧道突水突泥后积泥进行彻底清理。

②掌子面掘进施工过程中做好反坡临时排水。

③对溶洞段来凤端10m、恩施端15m范围内的衬砌进行加强处理，即调整YK67+042～

YK67 +017 段复合衬砌 SF-Ⅲ为 SF-Ⅴa 型,增加系统锚杆,锚杆长 3.5m,纵环向间距 60(纵) cm×100(环)cm,梅花形布置。

④YK67 +032 处拱顶溶洞在开挖线外 2m 范围采用 C20 泵送混凝土填充;在拱顶和侧壁基岩上凿槽,用于埋设 PE 管,管道用无纺土工布包裹,如图 7-26 所示。

⑤在 YK67 +032 处拱顶溶洞处打入 ϕ22mm 砂浆锚杆(环向间距 1 m,长度 2.5m),用于固定 PE 管和接水钢盘,实际施工时因溶洞洞口不规则,接水钢盘改为泵送混凝土钢板底模,采用厚度为 5mm 钢板制作。

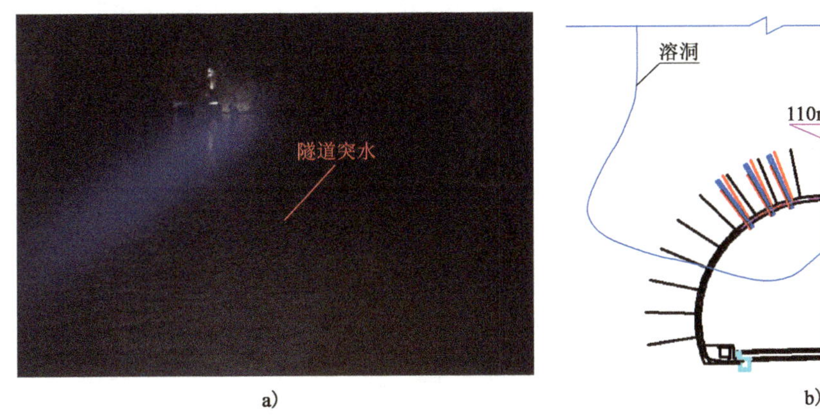

a) b)

图 7-26 当阳坪隧道 YK67 +032 溶槽突水处治示意图

③过水型溶洞

若隧道设计轴线上发育过水型溶洞,且该过水通道为地下水系的一部分,若采用“堵”的施工方案,将会破坏该处的地下水水系,同时隧道衬砌也将承受巨大的水压力。因此,对于过水型溶洞的处治,宜采用疏导的方法。

a. 泄水洞方案:

a)泄水洞的坡度应结合现场实际地形条件,采用坡度为 1% ~3% 的上坡设计。

b)泄水洞断面尺寸应符合水文地质条件,满足排水要求。

c)若泄水洞长小于 500m,泄水洞断面尺寸应满足现场机械配置和施工通风的要求。

b. 梁跨或者拱跨方案:

对于跨度较大的过水型溶洞,若溶洞周边围岩完整性较好,强度较高,可根据现场具体的地质条件,采用梁(拱)桥跨越的处治方案。

【工程实例 7-13】 恩来恩黔高速公路当阳坪隧道在 ZK67 +265 处及 YK67 +282 处隧道底板下和隧道掌子面发现溶洞出露。现场观测发现溶洞横向发育 200m 左右,深度 300m 左右,横穿隧道左右线,溶腔底部沉积大量黏土,发育少量钟乳石,溶腔侧壁包裹 5 ~10cm 黄褐色沉积物。溶腔沿高罗河方向发育约 100m,底部有水流通过,转入暗洞,如图 7-27 所示。为保证施工安全,采取桥梁跨越处治措施,如图 7-28 所示,具体方案如下:

a. 由于溶洞断面的不规则,施工放线前应认真复核地形地质资料,确保两侧桥台基础均匀落于稳定基岩上;采用地质雷达对基底处进行探测和钻探,确定无溶洞后,方可施作桥台基础。

b. 主梁架设支架设计拟采用贝雷梁方案,可结合现场情况及施工条件适当调整,但应保证满足贝雷梁相同的施工要求。

c. 隧道施工过程中落于溶腔内的洞渣必须清理，保证溶洞内无大型堆积物。

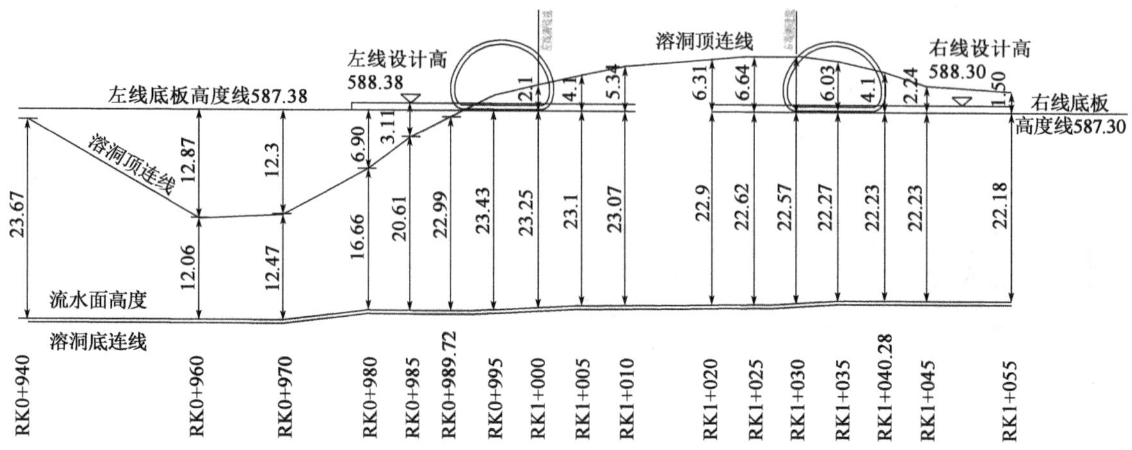

图7-27　当阳坪隧道 ZK67 +265 ~ YK67 +282 段溶洞剖面示意图(尺寸单位:mm)

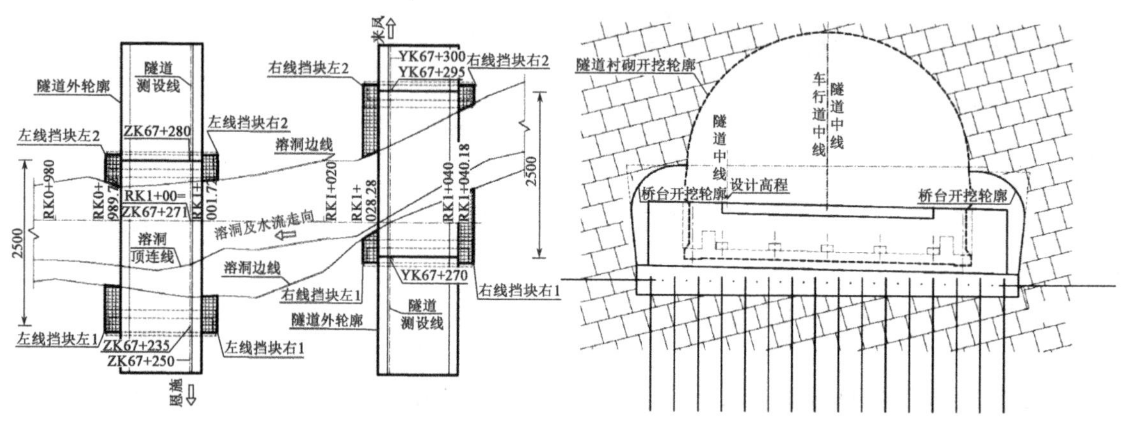

图7-28　当阳坪隧道 ZK67 +265 ~ YK67 +282 溶洞处治示意图(尺寸单位:mm)

7.3　岩溶处治典型工程案例分析

7.3.1　花果山隧道 ZK96 +794 溶洞处治

1)工程概况及地质条件

恩施至重庆黔江高速公路花果山隧道进口位于湖北省恩施州咸丰县甲马池镇，是全线控制性工程之一，左幅长 3237m，右幅长 3209m，最大埋深约 150m。隧址位于咸丰县甲马池镇，山体浑圆开阔，多发育溶蚀、漏斗、岩溶洼地等地形地貌，花果山隧道隧址区地质剖面图如图 7-29所示。洞身段岩层产状较稳定。区域岩溶极其发育，存在较多岩溶管道，施工中存在极大的突水、突泥、塌方等风险。

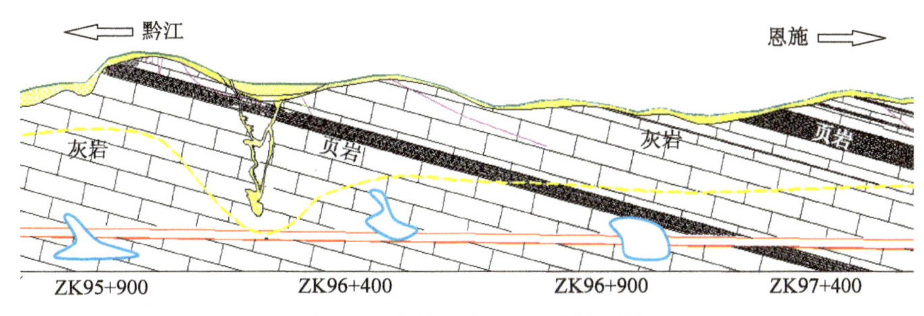

图 7-29　花果山隧址区地质剖面图

2)溶洞发育特征

(1)溶洞结构特征

经考察发现,该溶洞由岩溶竖井和地下河道两部分组成,如图 7-30 所示。

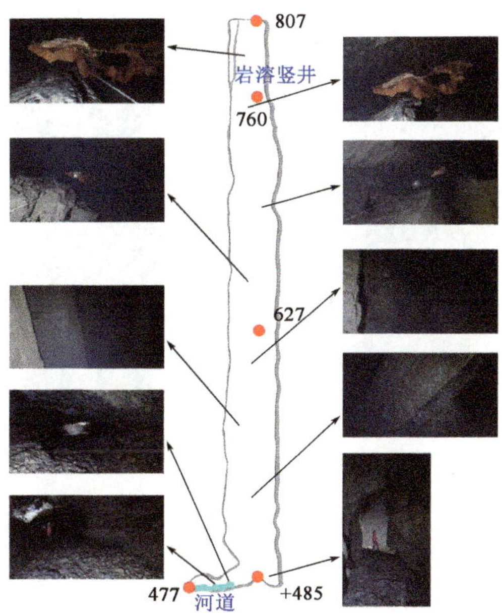

图 7-30　花果山隧道溶洞发育特征(尺寸单位:m)

①岩溶竖井位于 ZK96 +794 处,垂直深度 322m,洞口宽 23.3m,长 9m,分布在隧道的左侧,隧道底面高程为 807m;竖井底部高程为 485m,竖井容积 150693m^3,竖井底面面积 630m^2。

②地下河道由三个平流层裂隙水侵蚀形成,河道内存在大量淤泥,顶部有部分钟乳石。

③河道所处高程为 477m,可测河道长度 100m,勘察时平流层水量较小,为季节性水流,平均过水流量为 0.05m^3/s。在丰水季,水位线高达 1.5m。

(2)溶洞内水动力特征

①高程 733m 的竖井侧壁有一股渗流裂隙水,水量不大以滴水形式呈现,能够对岩溶竖井的外观形态起改造作用,如图 7-31 所示。

②暂时性溪流是指地表降水后洞穴出现水流的情况。这种水流在降水停止后水量立即变小或消失,水流通过洞顶小型溶穴及岩溶管道垂直下渗到洞底后,再经由洞底岩溶裂隙或岩溶管道继续下渗。河道内部分河段属于此类型,如图 7-32a)所示。

③地下水河道由两处渗流裂隙水和三处平流层裂隙水侵蚀冲刷形成,如图7-32b)所示。

a)

b)

图7-31　花果山ZK96+794处溶洞内岩溶竖井发育特征

a)暂时性溪流

b)地下河道

图7-32　花果山ZK96+794处溶洞内地下河道发育特征

(3)溶洞内部崩塌特征

在可溶性岩中,溶洞的形成与溶解作用密不可分。在此溶洞发育形成过程中,侵蚀、溶蚀和崩塌起着重要作用。地下河道的岩体内部已经处于压力平衡状态,主要压力来自上覆岩体的重力。溶洞历经一个漫长的形成时期,岩石应力已经过长期调整适应的过程,只有残余应力存在。在洞顶侧壁可见破碎的岩壳残留部分,这是在形成过程中压应力引起的剥裂现象。

花果山隧道ZK96+794处溶洞地下河道顶部由于剥离崩落,形成拱顶。如果压力拱中岩石的重量超过岩石的稳定强度,就会产生剥离和崩落,如图7-33所示。

3)溶洞处治方案

鉴于ZK96+794处溶洞的危险性、特殊性,采用分阶段、分部位、逐步推进的方式进行处治。

(1)整个溶洞在处治过程中,保证施工安全是第一位的。在溶腔及坍塌体没有安全防护的保障下,进行任何工序施工,都存在极大安全风险。拟采用20cm厚C20喷射混凝土对溶腔周壁及坍塌体进行初期防护。

(2)洞穴竖井内的水量主要以渗流水、裂隙落水为主,呈滴水形式。水流都是沿洞底微洞穴及大溶蚀裂隙继续下渗,水量对隧道无影响。对竖井采用洞渣进行回填,洞穴底部10m及河道范围内采用直径 100～200cm 巨石进行回填，中部采用单级配大粒径块石（大于 10cm）回填至隧底约 5m 高度，然后采用连续级配块石回填至溶洞地表。竖井回填方量总计约 15.6 万 m^3。

a)

b)

图 7-33 溶腔内崩塌情况

（3）崩塌大厅顶板高于拱顶约 12m，临空面较大，且周边岩层较破碎，因爆破震动时有掉块现象，为后期的施工带来极大的安全隐患。故在上部溶洞空腔范围内增设一部钢构防护棚架，该防护棚架结构类似于二次衬砌模板台车。

①竖井回填完成后，在溶洞以外已完成的初期支护段制作一部半径比正洞的初期支护外轮廓半径大 2.5m 的"液压钢构棚架台车"，通过钢轨推进至崩塌大厅，借助液压油顶打开。将整个洞身范围安全笼罩，起安全防护棚的作用。棚架左右侧拱脚置于现浇条形基础（宽 3.5m × 高 2.0m）上固定，条形基础底部横向打设 5 排长度为 4.0m 的 ϕ108mm × 6mm 钢花管，纵向间距 0.5m，对回填的洞渣进行注浆固结，以增强基础承载力，减小沉降量，如图 7-34 所示。

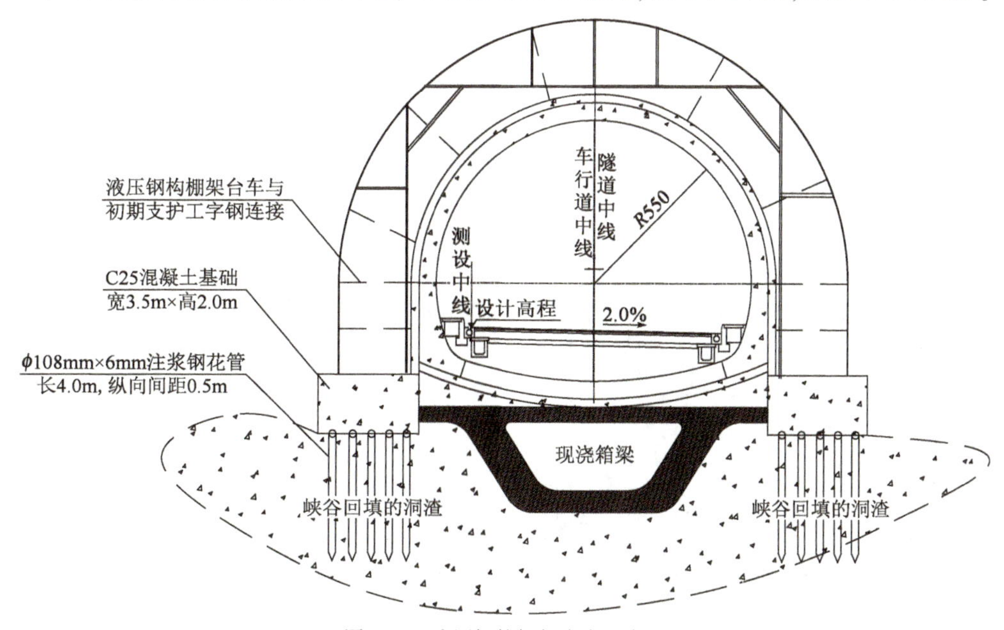

图 7-34 液压钢构棚架台车示意图

②在"液压钢构棚架台车"安全防护棚内进行常规的初期支护，采用 22b 工字钢，间距 60cm，表面挂网喷射 C20 混凝土 28cm。在初期支护拱顶及左右侧拱腰位置纵向间距 4m 埋设

混凝土泵送管。初支钢架与“液压钢构棚架台车”之间采用14工字钢环向连接。此时内、外“模板”均已完成。

③待初期支护混凝土达到设计强度的90%后,向初期支护及防护棚架间空腔泵送C20混凝土,作为防护棚架的主要受力体系。

(4)隧道中线与竖井相交(设计高程)处长23.0m,隧道左边线与竖井相交处长5.61m,隧道右边线与竖井相交处长16.13m,隧道范围内竖井长度约22.8m。考虑后期公路隧道运营安全,对该洞穴竖井采用梁板跨越施工方案。在施工现场现浇一孔长为32m预应力混凝土简支箱梁跨越。

(5)待现浇箱梁施工完成,在箱梁顶部施工隧道仰拱并进行仰拱填充。初期支护钢支撑封闭成环,二次衬砌采用60cm厚钢筋混凝土。其施工工艺同于常规施工方法。

7.3.2 黄土坡1号隧道ZK40+231溶洞处治

1)工程概况

黄土坡1号隧道是恩施至来凤高速公路上一座分离式隧道。隧道左线起讫里程ZK39+647~ZK40+620,右线起讫里程YK39+672~YK40+607。隧道最大埋深约160.5m。隧址为丘陵斜坡地形,峰丛地貌,出口处发育一巨型岩溶漏斗,沿漏斗底部长轴线连续分布大小不一的5个落水洞,漏斗四周斜坡坡度20°~70°,局部为近似直立状陡崖。地层为灰岩、白云质灰岩。隧址周边岩体节理裂隙发育,易发育大型溶洞。

2)溶洞揭示情况

2012年10月26日8时,黄土坡1号隧道恩施端左线ZK40+231处掌子面发现一溶洞,溶洞从右侧拱腰延伸至左侧拱脚,溶洞纵向长6m,且有向右前方延伸的趋势,横向宽约8m,高20~30m,溶洞内充填泥沙及水,并不断向下突泥突水,涌水量约为$2m^3/h$,泥沙已由掌子面ZK40+231处流至ZK40+216处,泥沙高度约2m,如图7-35所示。经测定溶腔内水压约为0.53MPa。根据地质勘察报告,黄土坡1号隧道出口ZK40+231处岩性为白云岩和白云质灰岩,岩层倾角从29°渐变为18°,经修正后,岩层倾角为25°。ZK40+170~ZK40+180段、ZK40+370~ZK40+380段地表发育落水洞,易产生汇水。ZK40+231处隧道埋深为150m,围岩级别为Ⅳ级,上覆岩层容重均为$23.0kN/m^3$,侧压力系数为1.26,杨氏模量为1.396GPa(1GPa=1000MPa),黏聚力为0.54MPa,内摩擦角为33°,泊松比为0.32。

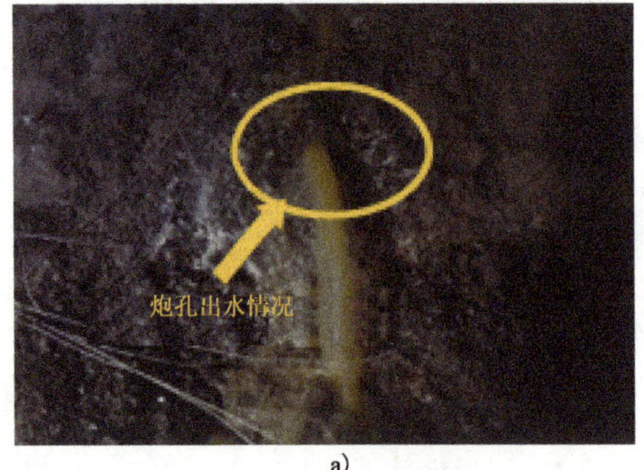

a)

b)

图7-35 黄土坡1号隧道溶洞突水突泥情况

3）溶洞处治方案

（1）清除掌子面 ZK40 + 231 ~ ZK40 + 216 段泥沙，并做好施工排水措施。

（2）ZK40 + 227 ~ ZK40 + 231 段采用洞渣回填至拱顶以下 2m；向溶腔内拱顶以上 2m 及拱顶以下 2m 泵送 C20 混凝土，并预留 4 根 Φ110mm 排水管。

（3）ZK40 + 227 ~ ZK40 + 237 段采用 Φ42mm 超前小导管注浆，并用 3.5mm 热轧无缝钢管焊接，钢管尾部焊 6 根加筋箍，管壁四周钻 8mm 压浆孔。每打完一排钢管注浆后，开挖拱部并在第一次喷射混凝土、架设钢架，初期支护完成后，隔 2.4m 再打入另一排钢管，超前小导管保持 1.0m 以上的搭接长度。

（4）超前小导管注浆采用水泥浆液（添加水泥重量 5% 的水玻璃），注浆参数如下：

①水泥浆水灰比：1∶1。

②水玻璃浓度：35 波美度，模数为 2.4。

③注浆压力：0.5 ~ 1.0MPa。

（5）注浆完成后，采用上下台阶法进行开挖，施工过程中逐榀进行施工。开挖前先采用长钻杆钻孔探明前方 20m 左右围岩情况，观察是否有突泥突水现象，若有此现象，上报处理后再进行开挖。

（6）保证该溶洞原流水通道畅通，并在初期支护外缘按纵距 2m 埋设 4 道 Φ110mmHDPE 双壁打孔波纹管，与洞内永久排水系统相连。

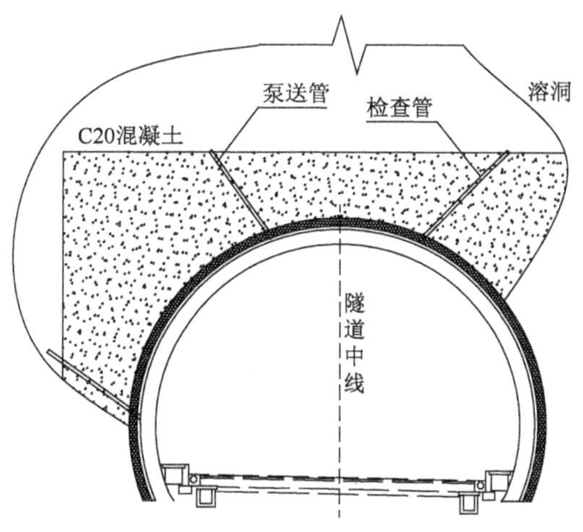

图 7-36　溶洞处治示意图

黄土坡 1 号隧道溶洞处治示意图如图 7-36 所示。

7.3.3　齐岳山隧道 ZK19 + 167 处溶洞群处治

1）工程概况与地质条件

齐岳山隧道是利万高速公路的控制性工程，它位于利川城区西北 21km 处，隶属湖北省利川市。隧道东起南坪镇五龙寺，中部垂直穿凿齐岳山山脉和德胜场槽谷，西至谋道镇下磁乡响水洞村南 1km 溪沟中，总体呈 SE - NW 向展布。隧道线路左幅里程 ZK19 + 005 ~ ZK22 + 380，全长 3375m，最大埋深约 567m；右幅里程 YK19 + 016 ~ YK22 + 402，全长 3386m，最大埋深 543m，属深埋特长复杂岩溶隧道，如图 7-37 所示。

齐岳山隧道横穿齐岳山脉，山体表面零星分布大规模漏斗洼地、坡脚槽谷、落水洞、溶洞、点校河，属前期碳酸盐岩溶蚀地貌。齐岳山隧道地表高程 1100 ~ 1710m，地形整体呈波状起伏，K20 + 260 附近为地下分水岭。隧道进洞口所在斜坡坡角为 25°，坡向为 120°；隧道出洞口所在斜坡坡角为 40°，坡向为 313°；隧道区自然斜坡坡角一般为 20° ~ 40°。

隧道横穿齐岳山背斜，该背斜两翼不对称，南东翼产状为 115°∠70°、北西翼产状约 320°∠60°。背斜地层以中厚层状灰岩为主，中间夹有页岩及煤层，背斜核部附近发育断层，系岩溶极发育地段。隧道所处区域为亚热带季风气候区，气候温和，降雨充沛，夏季灾害性天气较多，常有干旱、暴雨—强降雨出现，其中暴雨—强降雨可引发塌陷等地质灾害。

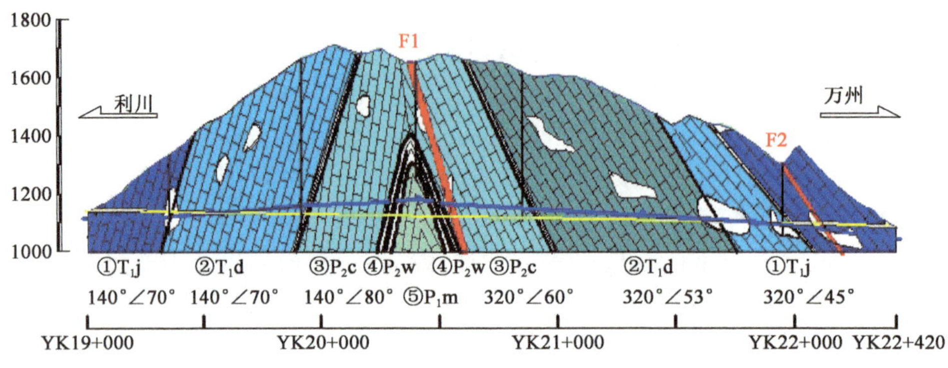

图 7-37　齐岳山隧址区地形地貌图

2)溶洞群揭示情况

齐岳山隧道进口左洞 ZK19 + 167 处溶洞为一溶洞群系统,由三个溶洞组合形成,具体如下:

(1)2013 年 7 月 24 日,在上台阶掌子面后方底板 YK19 + 160 处左侧揭示溶洞,如图 7-38a)所示。溶洞洞口较小,洞内有水,水面距洞口 1 ~ 2m;26 日将溶洞开挖至二台阶,溶洞揭露,溶洞向下发展情况不明,但溶洞向左侧壁延伸 4 ~ 6m,狭长状,且溶洞上方滴水不断。溶洞右侧壁破碎且含夹泥带,喷锚后留有注浆管,管内吹凉风。根据工人介绍推测,溶洞左右两侧可能经底板下方裂隙连通;28 日溶洞内水位下降 20cm 左右,后方三台阶右侧有积水;溶洞完全揭露,覆盖整个掌子面,且向右延伸,下方情况不明,凉风吹出,洞内存在滴水。

(2)2013 年 8 月 5 日,齐岳山隧道进口左洞掌子面掘进至里程桩号 ZK19 + 169 处,在里程 ZK19 + 167 处拱脚有水涌出,为单个涌水点,涌水点从底板向上涌出高度约 10cm,涌水量达 $500m^3/h$,如图 7-38b)所示。经探测,该涌水点向下 2m 范围内均充填岩溶水,2m 往下至 6m 范围内为淤泥。

(3)2013 年 8 月 13 日,进口右洞掌子面 YK19 + 175 处揭示溶洞,如图 7-38c)所示,溶洞向上发育 6m,向掌子面前方发育 3m,向左侧延伸 25m 左右,与 ZK19 + 167 处溶洞连通。溶洞向底板下方发育 5 ~ 8m,充填少量水,存在淤泥。推测可能由于 8 月 5 日隧道左洞 ZK19 + 167 处溶洞揭示后,水位下降较多。

a) YK19+160处溶洞情况

图 7-38

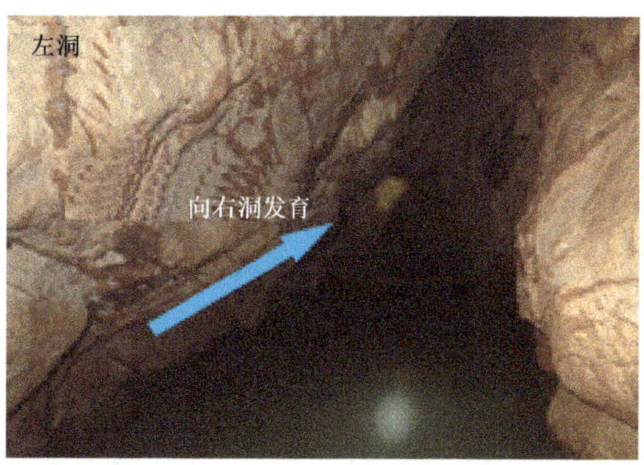

b) YK19+167处溶洞涌水情况

c) YK19+175处溶洞发育情况

图7-38 齐岳山隧道ZK19+167处溶洞群发育特征

3)溶洞处治技术

(1)在溶洞范围内(YK19+164~YK19+180)以Z4衬砌形式+支护形式施作,采用I18工字钢钢架进行初期支护,间距为0.6m,喷射厚度为24的混凝土,开挖断面相应增大。同时超前支护按照Z5衬砌形式+超前支护形式施作。锁脚锚杆变更为锁脚小导管,长度调整为5.0m。由于左侧拱脚处较软,为防止钢架下沉,在该范围内每侧拱脚范围设置两根I18纵向托梁,使初支钢架连接成一体。

(2)初期支护背后空洞通过预留Φ108mm钢管泵送C20混凝土,保证拱顶混凝土厚度为1.5m。

(3)在溶洞范围内(YK19+164~YK19+180)预留3根Φ100mm透水管引排溶洞内水体,排水管要与隧道永久排水系统相接。

(4)溶洞影响范围内泵送混凝土之前,在进洞左侧架设I18工字钢斜撑以防止初期支护挤压变形。

(5)泵送混凝土范围控制在自左侧拱脚向外侧1.5m范围,1.5m范围外采用支撑钢筋(Φ22mm钢筋)喷射10cm的C20混凝土并架设木板作为支挡模板,支撑钢筋间距为20cm,每根长度约为5 m。

7.3.4 当阳坪隧道YK67+265处溶洞处治

1)工程概况

当阳坪隧道位于恩施市宣恩县境内,为分离式隧道,左线起讫里程为ZK66+308~ZK67+

966，长 1658m，右线起讫里程为 YK66 +300 ~ YK67 +995，长 1695m。隧道发现溶洞段里程位于 ZK67 +235 ~ ZK67 +300 和 YK67 +250 ~ YK67 +315，该段位于直线段，左右侧设线间距为 30m，设计路面横坡为 2%，左线为 0.522% 的单面下坡，右线为 0.531% 的单面下坡。该段岩性为灰岩和白云岩，岩层倾角 64°，围岩坚硬且较完整，为大块状砌体结构，无地下水流通、陡倾围岩自稳性好。该段设计衬砌支护类型为 SF－Ⅲ与 SF－Ⅱ。2012 年 7 月隧道施工发现一横穿隧道的溶洞，经过对溶洞地质调查，溶洞周围岩性为灰岩、白云岩，中风化至微风化，产状陡倾近直立，中厚层状构造，溶蚀现象显著。

2）溶洞揭示情况

2012 年 7 月 5 日，当阳坪隧道左线开挖至 ZK67 +265 处，隧道底板下和隧道掌子面揭示溶洞。2012 年 7 月 14 日右线 YK67 +282 处在隧道底板下方揭露溶洞，如图 7-39 所示。溶洞与隧道轴线夹角约 64°，在左线 ZK67 +265 处，溶腔最大高度 25.1m，沿隧道轴线纵向最宽处 17.3m；在右线 YK67 +281.18 处，溶腔最大高度 26.7m，沿隧道轴线纵向最宽处 11.5m，整个溶洞初测体积约 3 万 m^3。水流方向由右线流至左线，最高水位约 3.85m（狭窄处），在现流水面上部约 3m 处有水流冲刷痕迹，如图 7-40 所示。当阳坪隧道左线 ZK67 +265 处右线 YK67 +282 处溶洞中心线纵断面图如图 7-41 所示。

a)

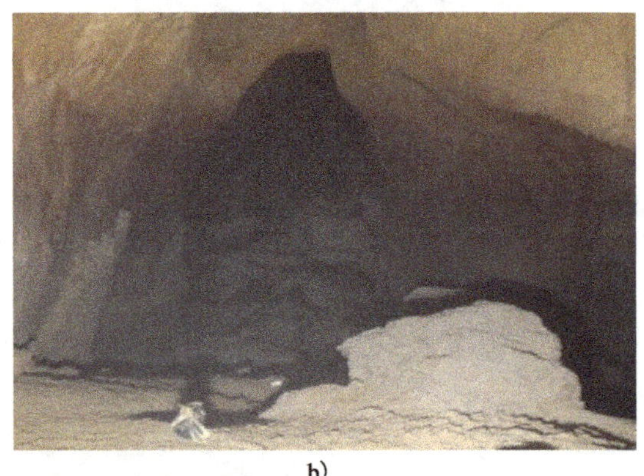

b)

图 7-39　当阳坪左线 ZK67 +265 处溶洞揭露现场

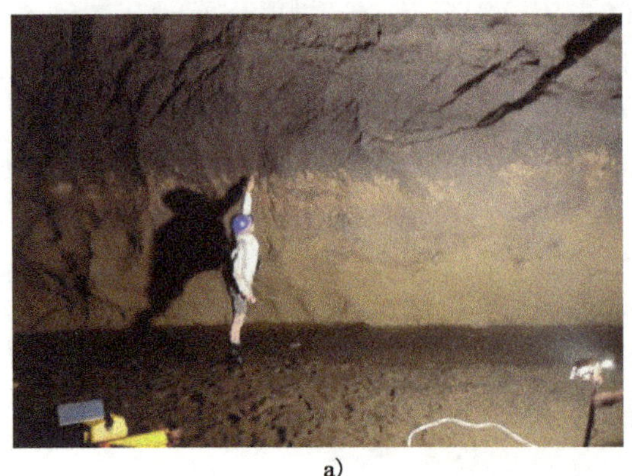

a)

b)

图 7-40　当阳坪左线 ZK67 +265 处溶洞地下河冲刷痕迹

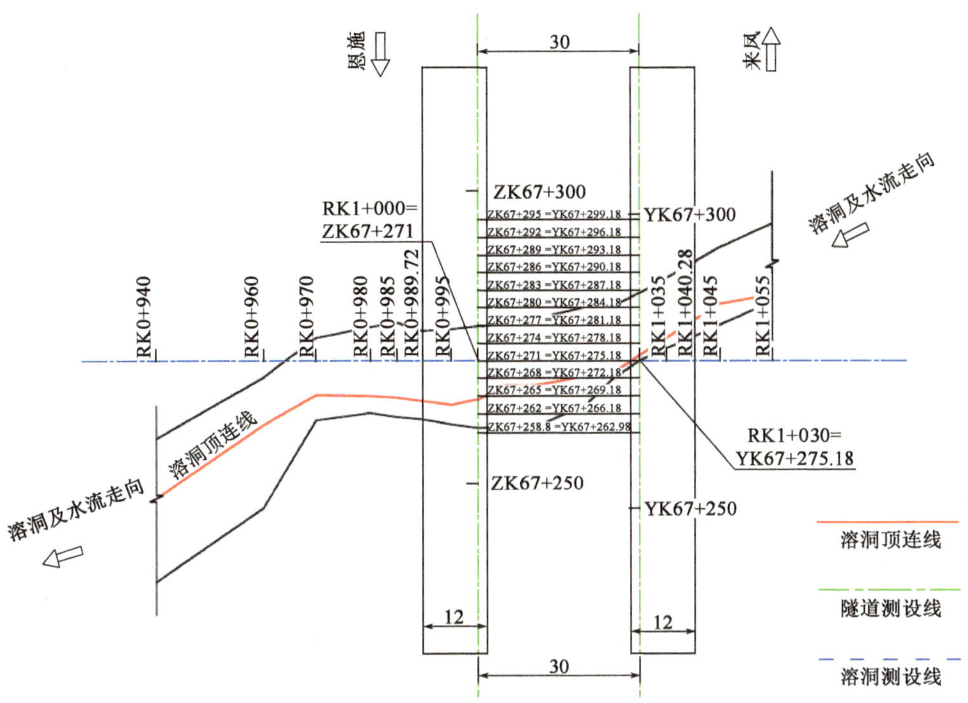

图7-41 当阳坪隧道左线ZK67+265处右线YK67+282处溶洞中心线纵断面图(尺寸单位:mm)

3)溶洞处治方案

由于溶洞规模较大,溶洞底部有常流水存在,结合最大水位冲刷痕迹与人类流动痕迹,判定溶洞应与山体地表连通,且水量大小与当地降水有直接关联,是该地区作为主要汇水排泄通道的地下河。因此,必须保留原有排水通道,采取架空形式跨越该溶洞,采用一跨桥(25m)跨越方案,具体如下:

(1)对溶腔及隧道断面加固完成后,现有贝雷桥下移,调整到合适位置作为预制梁的基座;调整尺寸后表面铺设工字钢支撑。对贝雷支架施加50%的衬砌支撑梁预制部分重量的预压,以消除非弹性变形。再次增加预压荷载至100%的衬砌支撑梁预制部分重量,并记录弹性下挠度变化规律,用于计算基座的预拱度。

(2)施工桥台基础、台帽及垫石,注意预埋背墙、挡块钢筋。为提供T梁与工字梁预应力张拉所需空间,桥台处耳背部分结构墙须待T梁与工字梁预应力张拉完毕后再施作。

①贝雷梁基座上立模浇筑隧道衬砌支撑梁的预制部分,模板应设置为抛物线形的反拱,以抵消混凝土湿重使得贝雷梁产生的向下挠度,即混凝土浇筑完毕后梁底线形成为直线。注意初凝前应将梁顶拉毛。

②支撑梁预制部分龄期达7d,且其混凝土强度等级达到设计强度等级的90%以上时,张拉第一批钢束、灌浆。

③横向移动支撑梁预制部分至其梁位,横移过程中应在梁端安装横向的三角撑架以防止梁体侧翻。

④立模浇筑支撑梁的二次浇筑部分,注意初凝前应将梁顶拉毛。待二次浇筑部分龄期达

7d,且其混凝土强度等级达到设计强度等级的90%以上时,张拉第二批钢束、灌浆。

(3)撤除支撑梁的模板,安装T梁模板,按相同原则设置模板的反拱预拱度;分片预制25m的T梁,应规划好预制顺序,并注意区分中梁及左右侧边梁;预制梁龄期达7d且其混凝土强度等级达到设计强度等级的90%以上时,按图纸要求张拉钢束、灌浆;侧向移动预制完毕后的梁片,其存放位置以不干扰余下梁片的预制为宜;5片T梁预制完毕后,拆除贝雷梁,调整梁位至永久安装位置并安装好支座。

(4)施工桥台背墙及挡块。

(5)绑扎支撑梁横系梁的钢筋,于各片T梁的横向湿接缝间设吊模,浇筑横系梁的混凝土;横系梁混凝土的强度等级达到设计强度等级的90%以上后拆除其模板;所有横系梁施工完毕后,先施工T梁横隔板横向湿接缝,再施工翼缘板横向湿接缝;利用Φ16mm钢筋穿过隧道衬砌支撑梁的预埋聚氧乙烯管(PVC管),作为防止隧道支撑梁在浇筑隧道衬砌过程中外倾的拉杆。

(6)清理桥梁底部隧道洞渣,保证无大型堆积物,确保排水通畅。

(7)搭设脚手架避开浇筑隧道二次衬砌,严禁使用二次衬砌台车通过桥梁。

当阳坪隧道ZK67+265~YK67+282溶洞处治示意图如图7-42所示,现场施工照片如图7-43所示。

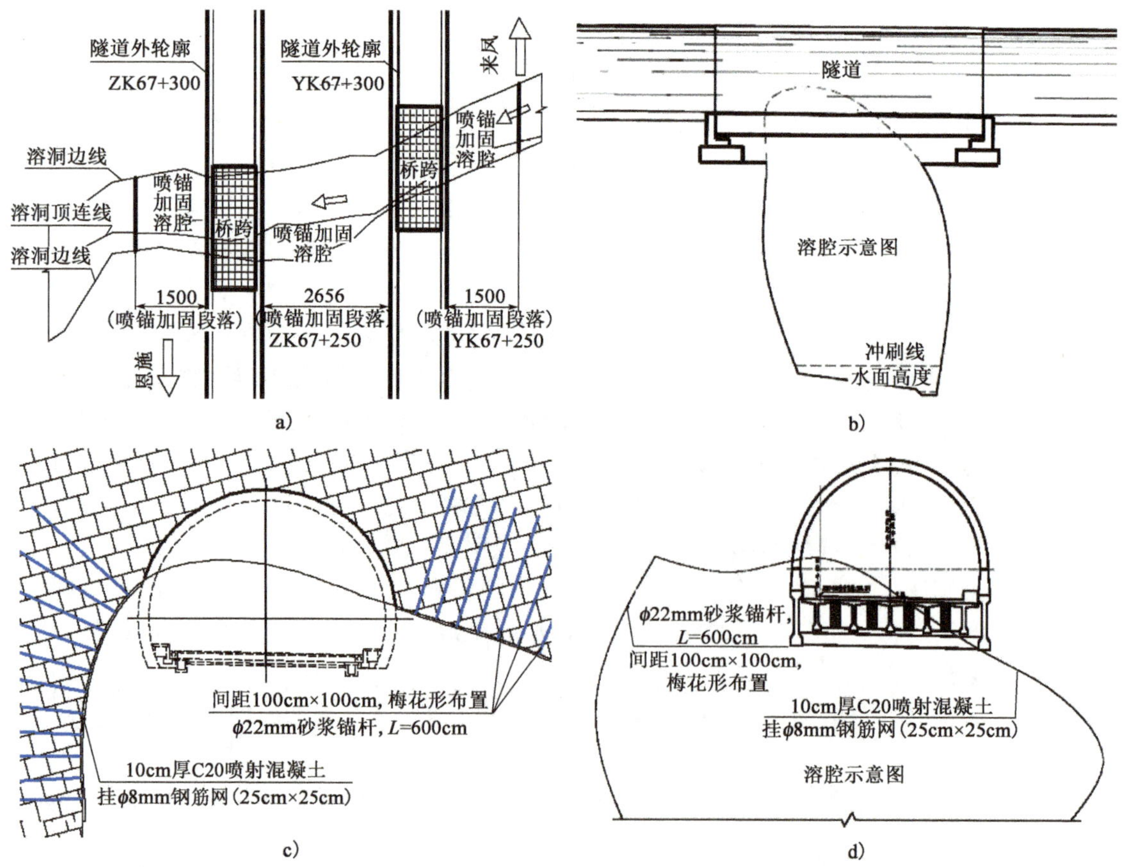

图7-42 当阳坪隧道ZK67+265~YK67+282段溶洞处治示意图(尺寸单位:mm)

a)

b)

图7-43　当阳坪隧道ZK67+265～YK67+282段溶洞施工现场

7.3.5　高罗隧道YK62+585处溶洞处治

1)工程概况

高罗隧道是恩来高速公路上的一座分离式隧道。隧道起讫里程桩号:左幅为ZK62+364～ZK62+931,长567m;右幅为YK62+367.7～YK62+925,长557.3m,为中长隧道。隧道最大埋深约109m,洞轴线方位角183°,单洞净空10.5m×5.0m。隧址为低山斜坡冲沟地形,溶蚀—构造剥蚀地貌,从属于低山区岩溶丘陵峰丛台地,相对高差120m。隧址及周边地表岩溶形态主要是溶沟、溶槽;地下岩溶形态为规模巨大的岩溶漏斗,属于垂直溶洞,初勘和详勘阶段在隧址共布置了6个钻孔,仅两个钻孔揭露溶洞,表明岩溶发育程度较弱。

2)溶洞揭示情况

2012年9月16日,隧道施工至YK62+585掌子面时拱部发现溶洞,环向距离11.5m,纵向8m,深度约9m。由于多日持续降雨,9月24日YK62+585拱顶上方发生突水、突泥,大量淤泥涌入隧道,突泥覆盖隧底至YK62+549里程,掩埋隧道约40m;并在上方地表发现塌陷坑洞,陷坑周围山体开裂并有滑塌迹象,如图7-44所示。

a)

b)

图7-44　高罗隧道YK62+585突泥及地表塌陷现场

3)溶洞处治方案

(1)地表处理方案:对地表塌陷坑用黏土进行回填,并在坑外5m外施作截水沟。

(2)洞内处理方案:

①利用暂时稳定突泥体开拓工作平台,清理突泥体(包含前期突泥清理)工程量约 4000m³。开拓平台按照三台阶法清理,清理高度约2.5m;突泥体上台阶至YK62+584,形成工作平台;表面喷射10cm厚C20喷射混凝土封面固结;从平台向封闭突泥面进行注浆,使突泥体固结增加强度,注浆采用Φ42mm注浆小导管,单根长度4m,间距50cm×50cm,梅花形布置。

②从YK62+583、YK62+584拱部以15°仰角向前打入2排Φ42mm超前注浆小导管对回填部分土体进行注浆加固,小导管单根长6m,环向间距20cm。

③突泥段从YK62+584向前延伸暂定至YK62+590该范围内拱部超前支护采用Φ42mm注浆小导管;Φ42mm钢化管单根长3m,环向间距25cm,纵向间距1m;钢架环向支护顺序由右向左,为巩固突泥段支护,利用右侧拱部空腔,由右向左打入横向注浆小导管,单根长4m,每排5根,排间距25cm。

④施工时按三台阶逐榀逐段开挖,每榀环向分段开挖、支护,每次环向支护钢架长度不超过3.5m。

⑤该突泥段原设计为SF-Ⅱ支护,为保证施工过程的安全,调整突泥段支护参数设置,从YK62+580向前延伸至YK62+590段按SF-Vb加强复合衬砌,I18钢架及系统小导管纵向间距调整为50cm,二次衬砌调整为50cm厚钢筋混凝土,其余参数按照SF-Vb支护不变。

⑥右侧拱部及侧壁空腔区采用C20泵送混凝土回填,环向距离8m,纵向5m,向支护外缘延伸2~3m,回填至距初支外缘2m范围内;在溶腔填充混凝土埋设4道Φ110mm HDPE打孔波纹管,波纹管头露出溶腔混凝土部,周边打孔并用无纺土工布包裹,将水引至隧道永久性排水设施内排出。

高罗隧道YK62+585突泥处治示意图如图7-45所示。

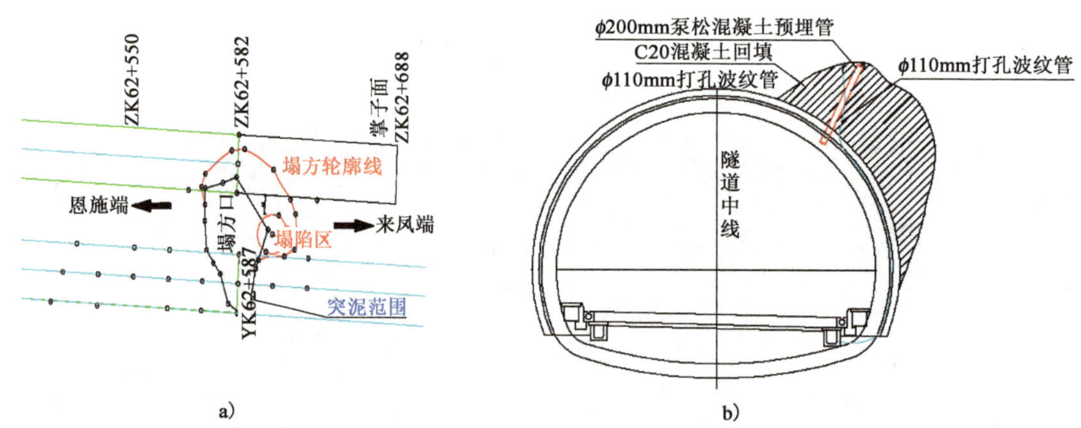

图7-45 高罗隧道YK62+585突泥处治示意图

7.3.6 牛塘隧道YK64+649溶洞处治

1)工程概况

牛塘隧道是恩黔高速公路一座分离式隧道。隧道起讫里程桩号左幅:ZK64+466~ZK64+

945，长479m；右幅：YK64+477～YK64+946，长469m；隧道最大埋深约136m。隧道穿越一岩溶峰丛山体，山体走向近东西向，山体北侧、南侧、西侧均有冲沟将山体与其他山体隔断，仅有东侧山体与其他山体相连。隧道走向呈北东～南西向，隧道穿越山体地面标高在854.00～997.00m之间，相对高差约143m，地势起伏较大。隧址山体覆盖层主要为残积（Q^{el}）的粉质黏土，隧址下伏基岩岩性为二叠系下统栖霞组（P_{1q}）中厚层状灰岩夹薄层炭质灰岩、炭质钙质页岩。中风化、微风化中厚层状灰岩岩体饱和抗压强度较高，属较坚硬岩；炭质灰岩属较软岩。隧道区处于咸丰背斜西北翼，无断裂构造带通过，进口段岩层产状345°∠40°，出口段岩层产状340°∠38°，隧址区无断裂构造带通过，区内岩层产状分布较稳定。

2）溶洞揭示情况

2012年8月12日，恩黔高速牛塘隧道施工至YK64+649处，隧道底板处揭示溶洞，开挖揭示右线YK64+649～YK64+655隧道底板距右侧边墙约1m处发育溶洞，溶洞纵向长约6m，宽约6m，深约6m，如图7-46、图7-47所示。

a)

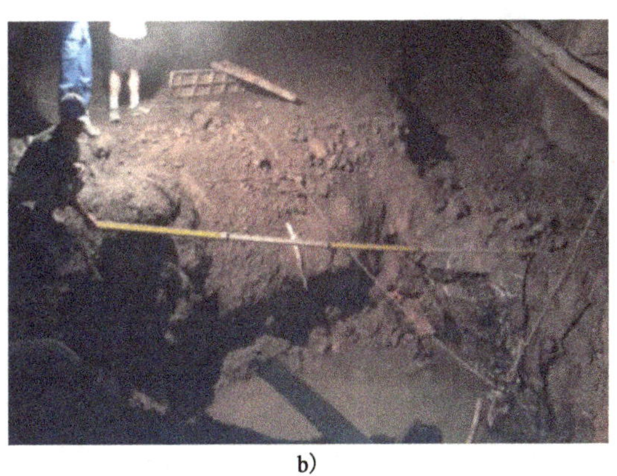

b)

图7-46 牛塘隧道YK64+649底板溶洞揭示照片

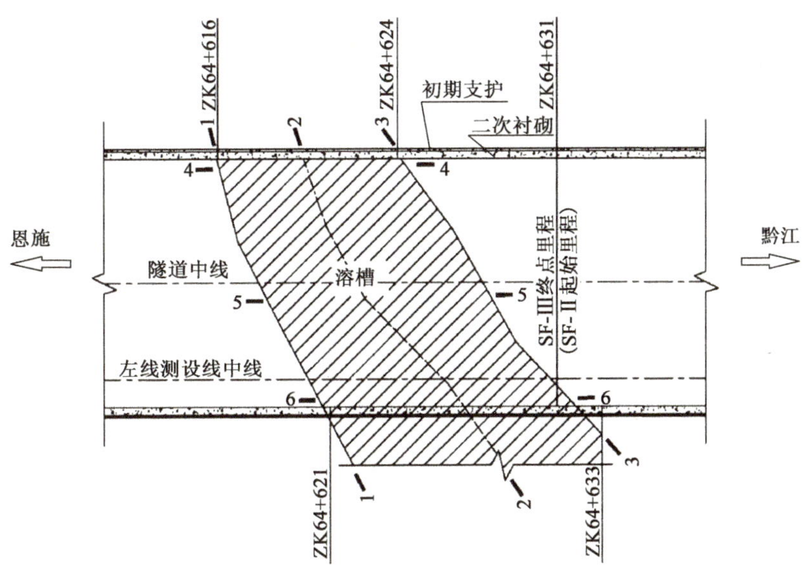

图7-47 牛塘隧道YK64+649底板溶洞平面示意图

3)溶洞处治方案

(1)隧底溶洞应采取如下处理措施:

①溶洞底部采用隧道洞渣回填,回填部位距最低侧盲沟底部2m,并应夯实。

②洞渣顶部回填1m厚C15混凝土。

③在C15混凝土顶部施作1m厚C30钢筋混凝土板跨越溶洞。C30钢筋混凝土板与溶腔两侧基岩搭接长度不得小于2m,右侧C30钢筋混凝土板应伸入边墙外缘1m,如图7-48所示。

④隧道底板与C30钢筋混凝土板之间采用C20混凝土回填密实。

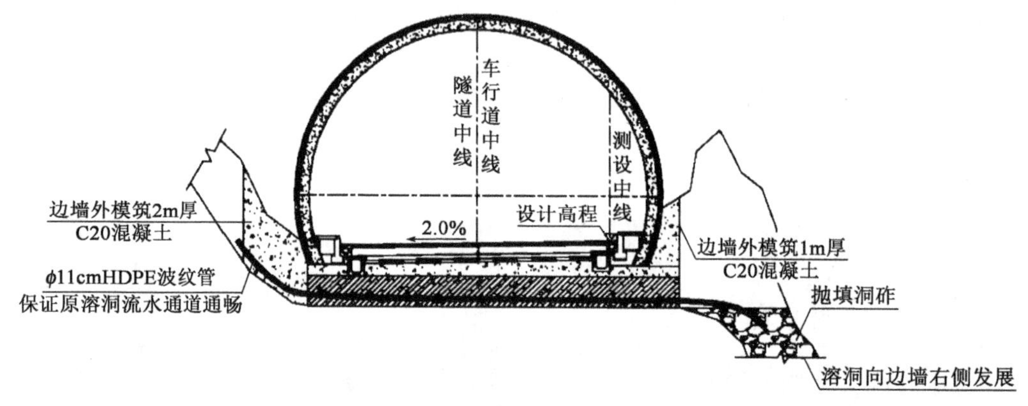

图7-48 牛塘隧道YK64+649底板溶洞处治示意图

(2)在施作钢筋混凝土板前,应对溶腔两侧搭接底基岩进行钻孔验证,确保混凝土板搭接位置下方5m范围内无溶洞。

(3)对于隧道左线左侧ZK64+622处溶洞,在边墙外模筑2m厚C20混凝土,并预埋两道Φ11cmHDPE波纹管,保证回填后原溶洞流水通道通畅。

(4)对于隧道左线右侧ZK64+627处溶洞,在边墙外模筑1m厚C20混凝土。

(5)隧道左线右侧斜向下发育的溶洞应抛填洞渣进行回填,回填至C30钢筋混凝土板底部。

7.3.7 白岩脚隧道YK98+326溶洞处治

1)工程概况

恩来恩黔高速白岩脚隧道为分离式隧道。隧道起讫里程桩号左幅:ZK97+978~ZK98+362,长384m;右幅:YK97+983~YK98+372,长389m;隧道最大埋深约70m,洞轴线进口走向方位角约269°,洞轴线走向方位角约191°。根据沿线地貌分区,隧址区属构造溶蚀侵蚀中低山峰丛地貌区。隧道穿越山体呈近似锥形,山体顶部地面标高860m,山脚地面标高770m,相对高差约90.00m,地势起伏相对较小。

隧址山体覆盖层广泛发育,坡度较缓处厚度稍厚,揭露覆盖层最大厚约7.00m,主要为坡积成因的粉质黏土及角砾,隧址下伏基岩岩性主要为二叠系下统大冶组(T^{1d})灰岩及炭质灰岩。隧道区处于咸丰背斜北西翼,岩层产状340°∠32°,隧址区无断裂构造带通过,区内岩层产状分布较稳定。

岩溶裂隙水、溶洞水赋存于基岩岩溶裂隙、溶洞中,隧址区岩溶总体较发育,以溶洞为主,少量溶蚀。由于隧址处于岩溶垂直循环带中，地下水径流以垂直方向为主，岩体中的溶隙、溶洞为地下水的过境通道，赋存于溶隙、溶洞的地下水较少。但需注意的是，在大气降雨时，大量地表水顺岩溶通道下渗至洞室内，会造成洞室短时间较大水量突水。

2）溶洞揭示情况

2012年3月23日，白岩脚隧道出口右幅YK98+326处揭示溶洞，溶洞纵向长度（YK98+326~YK98+312）14m，横向长度23m，深度25~30m。溶洞左侧有一个直径4m、深21m的竖井，如图7-49所示。溶洞内围岩破碎，易掉块；节理发育，岩层厚度呈水平状，岩层厚度约0.4m，中间夹黏性土，溶洞顶部围岩极不稳定，掉块严重，溶洞无填充，多处有滴水。白岩脚隧道YK98+326处溶洞位置平面示意图如图7-50所示。

a)

b)

图7-49 白岩脚隧道YK98+326处溶洞揭示照片

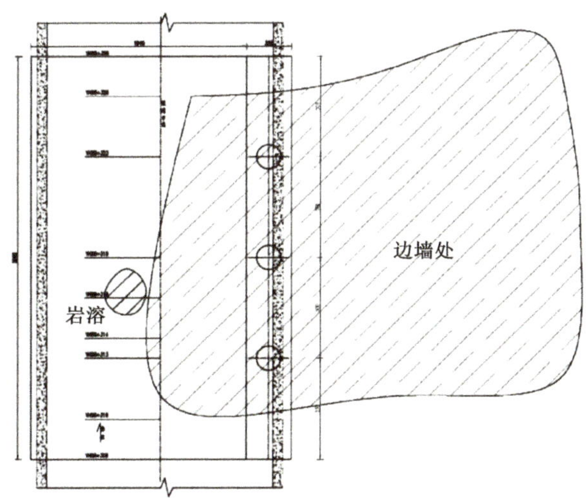

图7-50 白岩脚隧道YK98+326处溶洞位置平面示意图（尺寸单位：mm）

3）溶洞处治方案

先采用洞渣回填，初期支护采用18工字钢支护通过溶洞，在拱顶形成防护罩，然后回头对溶洞采取梁板方案通过，采用如下处治措施，如图7-51所示。

（1）先排险，清除溶洞范围内不稳定、易垮塌的岩体。

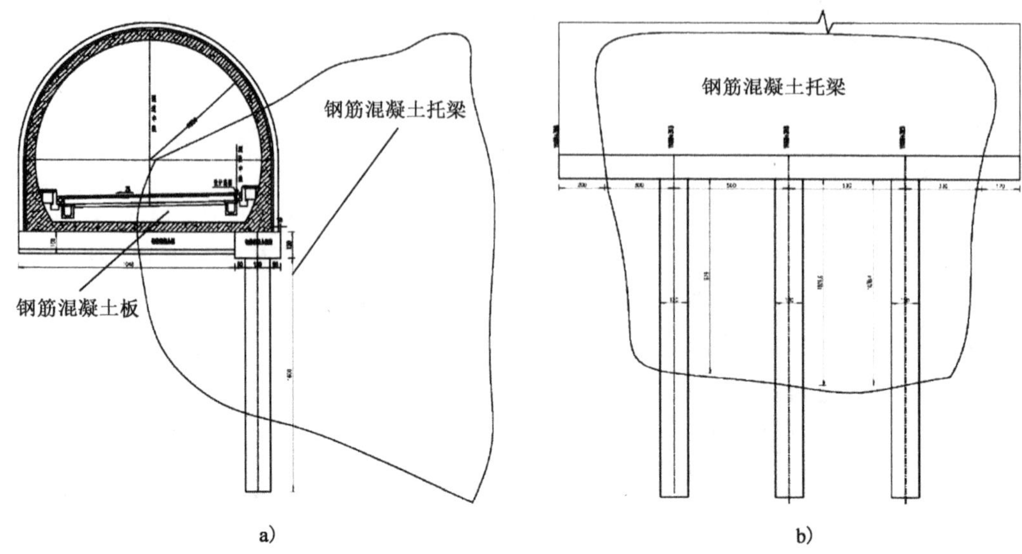

图 7-51 白岩脚隧道 YK98 +326 溶洞处治示意图(尺寸单位:mm)

(2)溶洞底部采用洞渣回填,至钢筋混凝土板底部,并预留排水通道。对溶腔壁进行初喷封闭,并施作临时支护。

(3)对 YK98 +328 ~ YK98 +308 段衬砌支护参数应进行加强,并增设超前支护,以确保施工安全。

(4)拱墙部初期支护通过溶腔之后,采用梁板结合方案通过该溶洞,边墙外侧溶洞空腔应进行回填处理,具体参数如下:

①钢筋混凝土板尺寸为 20m ×12m ×0.8m,混凝土为 C30。

②托梁尺寸为 20m ×2.2m ×1.2m,混凝土为 C30,托梁两端均进入围岩内形成支撑。

③桩直径为 1.2m,桩间距 5m,桩基嵌入基岩不小于 5m,混凝土为 C30。

7.3.8 大岩坝隧道 ZK41 +289 溶洞处治

1)工程概况

大岩坝隧道是湖北恩施至重庆黔江公路线上的一座分离式隧道。隧道起讫里程桩号左线:ZK41 +224 ~ ZK42 +559.691,长 1335.691m;右线:YK41 +229.5 ~ YK42 +565,长 1335.5m;为长隧道。隧道最大埋深约 141m,洞轴线方位角约 237° ~230°。隧址山体覆盖层零星分布,主要为残坡积(Q_4^{el+dl})的粉质黏土、坡积(Q_4^{dl})角砾及崩坡积(Q_4^{dl+c})碎石土,出口附近有少量坡冲积(Q_4^{dl+al})粉质黏土,岩层为二叠系下统茅口组(P_1m)灰岩。隧址地质构造为单斜岩层构造,岩层产状在 325°∠28° ~345°∠45°之间。

2)溶洞揭示情况

大岩坝隧道 YK41 + 235 处隧底揭露大型溶洞,溶洞纵向发育长约 35m(YK41 +235 ~ YK41 +270),深约 40m,水平宽度约 55m。在隧道 ZK41 +240 处与地下岩溶通道相连,深不见底,终点处岩层倾角约 75°。溶洞区最大边长超过 22m,平面投影面积超过 300m²,洞高 1.0 ~ 11.00m,洞宽 0.5 ~3.5m。自 ZK41 +262 ~ZK41 +240 大约呈 25°自上向下发展。溶洞揭露照片如图 7-52、图 7-53 所示。

a)

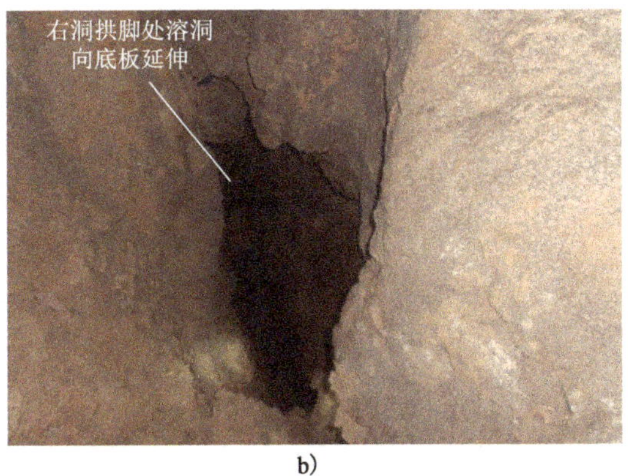

b)

图 7-52　大岩坝隧道 YK41 +235 溶洞揭示现场

a)

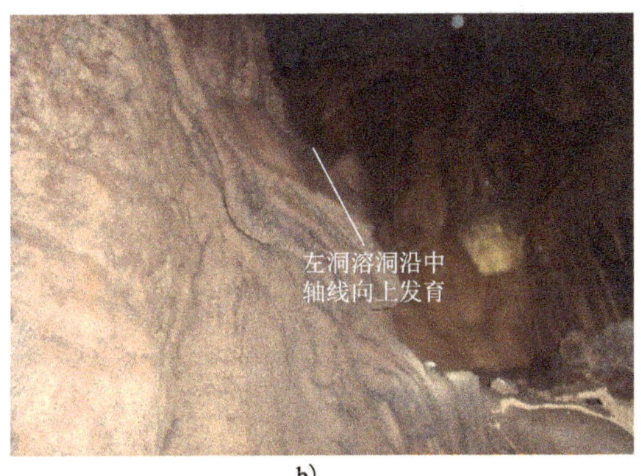

b)

图 7-53　大岩坝隧道 ZK41 +240 溶洞揭示现场

3)溶洞处治方案

由于该溶洞距离洞口 15m,隧底洞身地质条件较差,采用 V 级围岩支护。溶洞顶板距离隧底有一定的厚度,溶洞净空太高,如果采取梁板跨越方案需爆破隧底扩宽溶洞入口,很容易造成洞口段洞身塌方,而且施工周期长。经过论证采取回填方案,如图 7-54、图 7-55 所示。

(1)溶洞入口采取如下处治措施:

①开挖轮廓线以上边墙坍塌部位采用 Φ42mm 注浆小导管挂网防护,小导管长度 3.5m,梅花形布置,间距为 1m × 1m;挂 Φ8mm 钢筋网,间距为 20cm × 20cm,喷 10cm 厚 C20 混凝土进行封闭。

②开挖轮廓线以下直至溶腔底部采用 Φ22mm 砂浆锚杆挂网防护,形成安全施工通道;砂浆锚杆长度 1.5m,梅花形布置,间距为 1.2m × 1.2m;挂 Φ8mm 钢筋网,间距为 20cm × 20cm,喷 10cm 厚 C20 混凝土进行封闭。

(2)溶洞底部施作碎石盲沟,与溶洞周边及溶洞底部地下水系相连,保证地下水通畅。

(3)溶洞底部采用 3m 厚度干砌片石回填。

(4)在片石上面采用隧道洞渣进行回填,对回填洞渣要分层夯实,回填至距离溶洞空腔顶约 2m 高度。

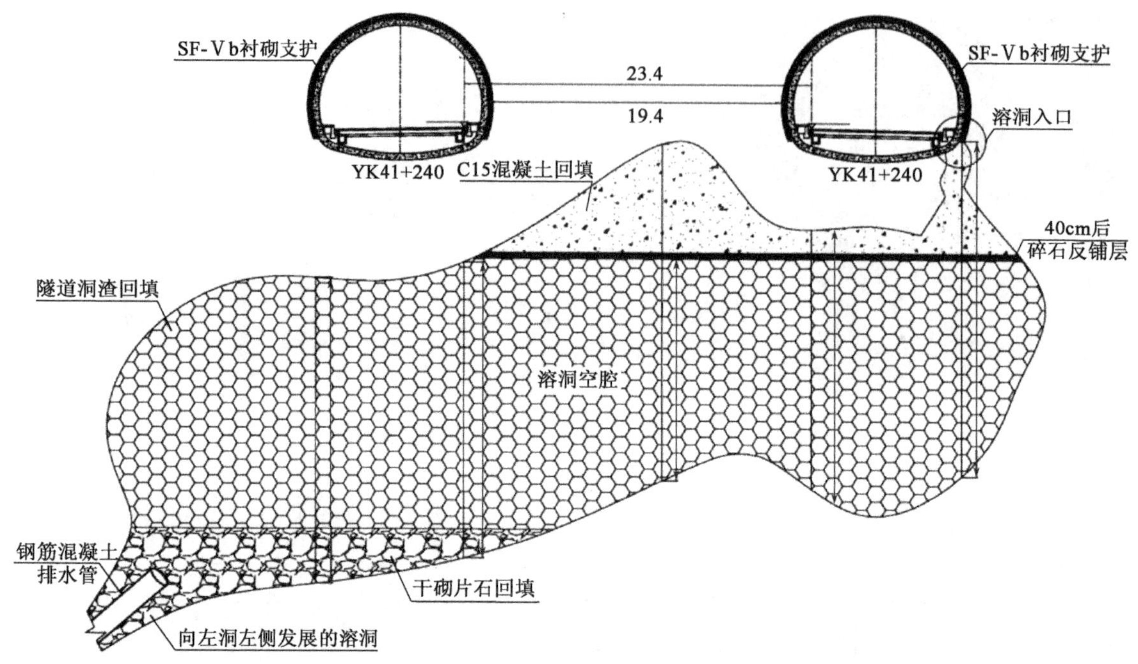

图 7-54 大岩坝隧道 YK41 +235 溶洞处治纵断面示意图(尺寸单位:mm)

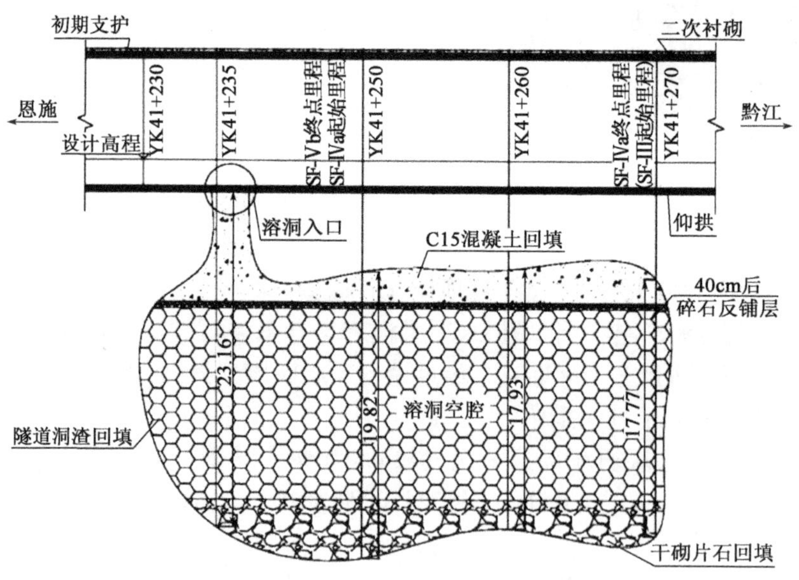

图 7-55 大岩坝隧道 YK41 +235 溶洞处治平面示意图

(5)待洞渣沉降稳定后,顶部铺设钢筋网及喷射混凝土封闭。

(6)喷射混凝土封闭以上溶洞空腔采用 C15 混凝土进行回填,直至充满溶洞预留空腔。

(7)待溶洞回填全部结束后,在回填顶面预埋 2 ~3 根混凝土泵送管和检查管,然后再进行隧道仰拱及仰拱回填施工。如有溶洞空腔回填混凝土沉降,可通过预埋的混凝土泵送管注浆或泵送混凝土将空洞回填密实。

7.3.9　鸡公岭隧道突水处治

1)工程概况

翻坝高速公路位于湖北省宜昌市,起于秭归县334省道曲溪桥,止于宜昌长江公路大桥桥南,接沪渝高速公路宜昌至恩施段,穿越"两坝一峡",建成后可通过水陆联运方式,缓解长江航运翻坝运输压力。对于提高三峡水利枢纽的运行安全,完善区域综合交通运输网络,加快库、坝区资源开发,具有十分重要的战略、经济和社会意义。

鸡公岭隧道进口位于宜昌市点军区土城乡艾家河右岸斜坡坡脚处,出口位于小溪沟右岸斜坡坡脚处。设计为分离式隧道,走向约126°。左幅里程桩号:ZK17+690~ZK22+195,右幅里程桩号:YK17+690~ YK22+230,隧底标高约249~306m,最大埋深338.5m,属深埋特长岩溶隧道。

2)岩溶发育特征

鸡公岭隧址区位于长江南岸扬子地台、黄陵背斜东南翼,属于我国南方典型的岩溶地质灾害易发区。区内大型断裂构造少,黄陵背斜内部次级褶皱不发育,岩层产状稳定,为130°~150°∠10°~16°。但岩体内节理裂隙发育,地表与地下河水系多沿走向为230°~270°与310°~350°的裂隙带发育。

区内溶丘、洼地、槽谷与开放性沟谷并存,河网、沟谷密度大,切割深,地形被强烈切割为大小不等的岩溶地块,并具有多级排泄基准面特点,岩溶水系统补径排条件具有波动性和不稳定性,区域气候属中亚热带湿润气候,植被覆盖好,岩溶强发育。

如图7-56所示,隧道进口段穿过非可溶岩(石牌组页岩)与可溶岩(天河板组泥灰岩与石龙洞组白云质灰岩、灰岩)接触带内,岩溶强发育,地下水位高于隧道底板150~200m,地表可见多处沿接触带发育的岩溶水泉点,施工穿越此带时,极易遭遇大型突水突泥。

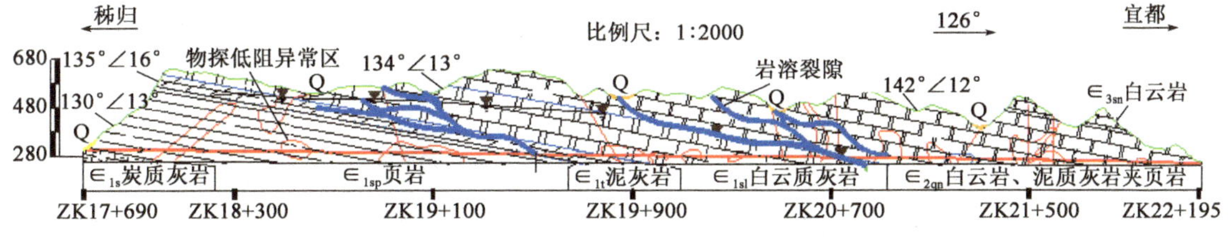

图7-56　鸡公岭隧道地质剖面示意图

3)鸡公岭隧道高风险段灾害防治实践

鸡公岭隧道进口ZK19+240~ZK20+180段依次为非可溶岩、弱可溶岩、强可溶岩,岩溶发育,地下水位高,有较大突水突泥风险。

施工中,采用了施工许可机制控制施工风险,见表7-1机制运行过程包括:①宏观超前地质预报(地质分析)、长期超前地质预报(TSP)、短期超前地质预报(地质雷达、超长炮孔、30m超前水平钻探)、地质灾害临近预报(瞬变电磁与激发极化地下水探测、超长水平钻探)的多步预警预报与评估体系;②监控量测、开挖支护方案动态反馈、评价与修正;③风险状态实时在线评估、控制与预警。

鸡公岭隧道 ZK19 +240 ~ ZK20 +180 灾害防治措施　　表 7-1

<table>
<tr><th></th><th>ZK19 +240 ~
ZK19 +420</th><th>ZK19 +420 ~
ZK19 +460</th><th>ZK19 +460 ~
ZK19 +509</th><th>ZK19 +509 ~
ZK19 +610</th><th>ZK19 +610 ~
ZK20 +180</th></tr>
<tr><td>初步评估</td><td colspan="5">Ⅰ风险：S = 82.115</td></tr>
<tr><td rowspan="3">灾害防治</td><td colspan="5">地质分析宏观预报、TSP 长期预报，局部采用地质雷达短期预报</td></tr>
<tr><td>局部补充：超长炮孔</td><td>瞬变电磁地下水定性探测</td><td>超长炮孔短期预报
瞬变电磁地下水定性探测</td><td>超长炮孔短期预报
激发极化地下水半量探测
危险地段补充：超长水平钻探</td><td>危险地段补充：1 ~ 2 种探测</td></tr>
<tr><td colspan="5">监控量测、开挖支护方案实时反馈与调整、突水突泥风险动态评估
危险地段补充：加强支护，局部采用抗水压衬砌</td></tr>
</table>

(1)ZK19 +240 ~ ZK19 +420 段灾害防治

措施：地质分析 + TSP + 监控量测 + 动态风险评估。

隧道通过 ZK19 +240 以后，掌子面仍完全处于石牌组页岩内时，主要采用加密监测，加强地质分析，结合 TSP 超前预报的方式，动态评估与控制施工风险。

(2)ZK19 +420 ~ ZK19 +460 段灾害防治

措施：地质分析 + TSP + 瞬变电磁 + 监控量测 + 动态风险评估。

①瞬变电磁超前地质预报

据勘测资料隧道将于 ZK19 +480 左右开始由石牌组页岩进入天河板组泥灰岩，为确保施工安全，在 TSP 长期超前地质预报基础上，于 ZK19 +423 处补充了瞬变电磁探测，如图 7-57 所示。探测结果表明 ZK19 +445 ~ ZK19 +483 段不存在充水充泥溶腔等含水构造，但岩体质量和完整性较差，节理裂隙发育，局部发育裂隙水，隧道在加强监测与地质分析的情况下掘进。

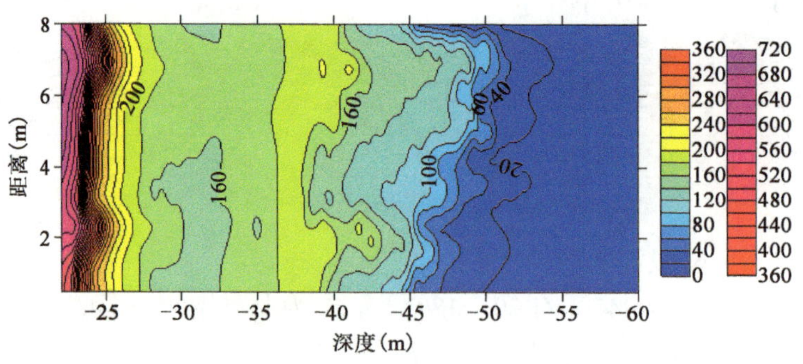

图 7-57　视电阻率等值线图

②开挖揭露

隧道掘进至 ZK19 +438 时，拱顶有褐红色铁锈染出现，开始进入天河板组泥灰岩地层，并有渗滴水现象，施作超前钻探未发现掌子面前方有裂隙水或岩溶水，隧道在加强监测与地质分析的情况下掘进。

如图 7-58 所示，开挖至 ZK19 + 450 时，掌子面上半部分进入天河板组薄层泥灰岩中，岩体十分破碎；下半部分仍处于石牌组页岩中，整个掌子面干燥无水，无岩溶发育迹象。结合瞬变电磁探测成果分析，隧道将于 ZK19 + 461 左右完全进入天河板组泥灰岩中，隧道在加强监测与地质分析的情况下掘进。

图 7-58　ZK19 + 450 掌子面

(3)ZK19 + 460 ~ ZK19 + 509 段灾害防治

措施：地质分析 + TSP + 瞬变电磁 + 超长炮孔 + 监控量测 + 动态风险评估。

①瞬变电磁超前地质预报

ZK19 + 460 处再次施作瞬变电磁探测，探测范围为 ZK19 + 467 ~ ZK19 + 504，如图 7-59 所示，探测发现掌子面前方无大型充水充泥溶洞，仅局部岩溶发育，但岩体较破碎。

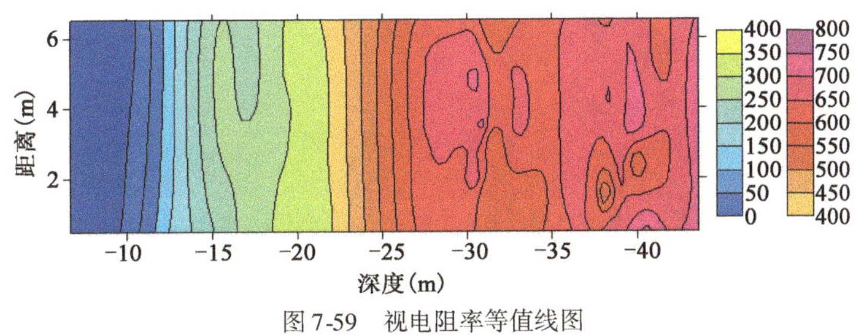

图 7-59　视电阻率等值线图

②开挖揭露

隧道施工至 ZK19 + 487 后，掌子面开始出现大量渗水，但水压力较小。鉴于瞬变电磁探测表明无大型含水构造，施工中采取加强监测与地质分析、增设超长炮孔(深约 5m)探测后向前掘进。

(4)ZK19 + 610 ~ ZK20 + 180 段灾害防治

措施：地质分析 + TSP + 监控量测 + 动态风险评估。

依据动态风险局部选用 1 ~ 2 种补充探测措施：超长炮孔、瞬变电磁、超前水平钻探、激发极化。

ZK19 + 610 ~ ZK20 + 180 段亦根据不同的地质情况采用地质与物探相结合、长期超前地质预报与短期超前地质预报相结合、洞内与洞外相结合的综合超前地质预报方法，以及局部加强监测与支护的措施，将动态的施工风险降低为Ⅱ、Ⅲ或Ⅳ级以后施工。

7.3.10　季家坡隧道突水处治

1)季家坡隧道工程概况

三峡翻坝高速位于湖北省宜昌市境内，总体呈北西西向延伸，位于三峡大坝上游，起于宜昌市秭归县 334 省道曲溪桥，止于宜昌长江公路大桥桥南，是为缓解三峡坝区、葛洲坝坝区水运压力而建的一条重要水陆联运通道。对完善湖北省高速公路网布局，改善湖北省交通面貌、经济布局和投资环境，开发利用鄂西地区水利、电力、矿产与旅游资源，促进湖北省经济均衡发展,整合湖北省和重庆市旅游资源具有重要意义。

季家坡隧道进口位于宜昌市三斗坪镇陶家溪附近,出口位于季家坡艾家河附近,设计为分离式隧道,走向约140°。左幅里程桩号:ZK13+728~ZK17+255,右幅里程桩号:YK13+726~YK17+310,隧底标高约248~304m,最大埋深约440m,属深埋特长岩溶隧道;洞室净宽10.25m,净高5.0m,纵向坡度为1.6%。

如图7-60所示,隧址区大地构造属于扬子准地台区黄陵背斜东南翼,地处长江南岸岩溶—溶丘—洼地区,洼地多分布在400~700m的古溶蚀台面上。受长江排泄基准面和区域构造裂隙影响,水系极为发育,沟谷切割与溯源侵蚀强烈,洼地多呈半封闭状。可溶岩与非可溶岩相间分布,岩溶水系统分布与排泄受基控和层控两种影响,隔水顶底板对岩溶发育与岩溶水赋存条件都具有重要影响。

如图7-60、图7-61所示,隧道从进口陶家溪方向至出口艾家河方向,依次穿过震旦系下统莲沱组砂岩、粉砂岩、砂质页岩与含砾砂岩,南沱组冰碛砾岩、冰碛含砾砂岩,震旦系上统陡山沱组炭质页岩夹泥质页岩、含燧石结核(或燧石条带)白云岩或硅质白云岩,灯影组灰白色中厚层状含燧石团块(或条带)白云岩夹黑色薄层白云岩,寒武系水井沱组灰黑色、黑色页岩、炭质页岩夹薄层灰岩或透镜体。

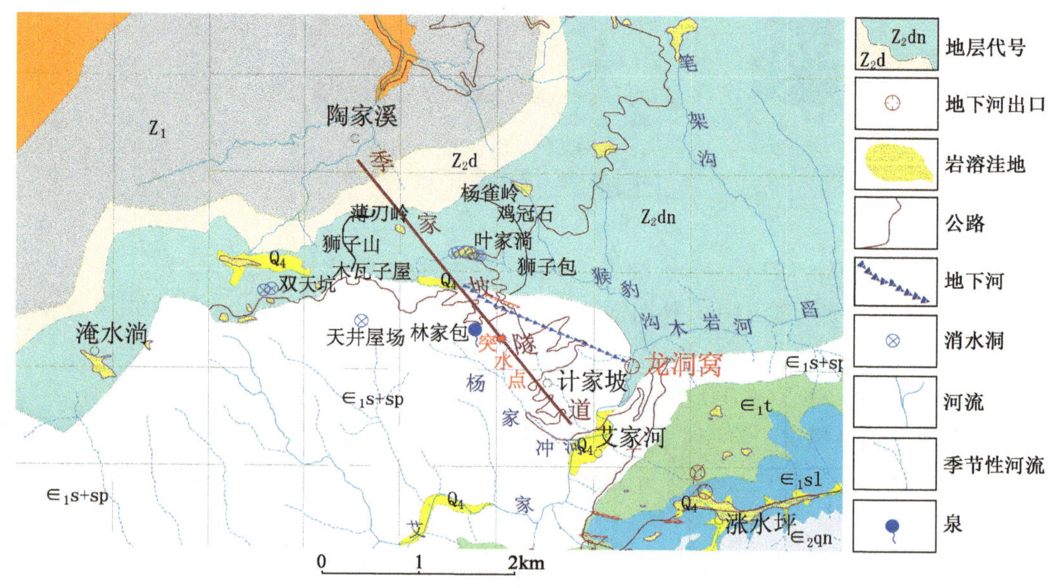

图7-60　季家坡隧道岩溶水文地质示意图

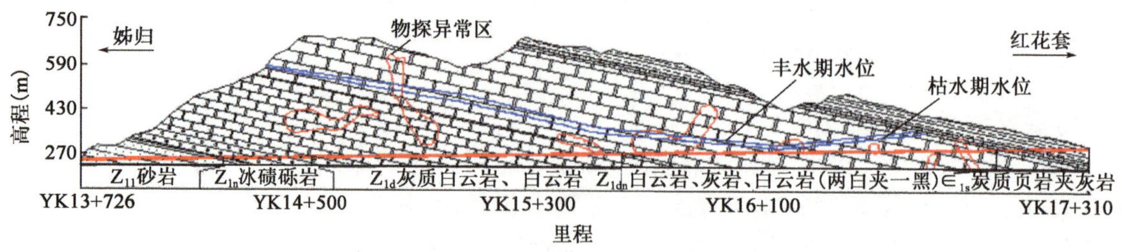

图7-61　季家坡隧道地质剖面示意图

其中,灯影组下部为灰白色碎屑白云岩、硅质白云岩,与下伏陡山沱组顶部黑色炭质页岩(非岩溶层)接触;中部为黑色、灰黑色薄板状含硅质、沥青质微晶灰岩;上部为灰白色块状硅质白云岩、白云岩、内碎屑白云岩,含燧石团块或燧石结核,与上覆水井沱组底部黑色页岩(非岩溶层)接触。

受隔水顶底板和区域张扭性、张性裂隙影响,灯影组岩溶发育,为中等岩溶含水层,岩溶多沿非可溶岩与可溶岩接触带和区域张性裂隙带发育。隧道穿过中部含硅质、沥青质灰岩时,揭露高陡倾充填型岩溶裂隙蓄水构造,造成了隧道突水与衬砌压裂灾害。

2)季家坡隧道溶洞揭示情况

季家坡隧道右洞施工至 YK16 +042,多次发生突水灾害。

(1)施工阶段

①YK16 +042 突水

2009 年 9 月 30 日,隧道掘进至 YK16 +042 里程时,在施钻过程中,掌子面右上部分多个炮眼出现股状有压突水现象,随后掌子面左下方炮孔中亦发生股状有压突水,并携带有大量黄白色泥沙,初始涌水量约为 100m^3/h。10 月 2 日,涌水量降低到约 70m^3/h,随时间推移,缓慢变小。

②YK16 +040 突水

2009 年 10 月 14 日下午,掌子面积水基本抽完,隧道恢复施工,但爆破掘进至 YK16 +040,掌子面右壁拱脚至洞顶揭露一个大致与隧道走向平行的300°方向溶缝,宽0.2 ~0.4m,缝内充填有半坚硬状黄白色干泥,用手无法掰动,需借助钢筋或铁锹等工具方能铲下。最初无水涌出,但后期涌水量突然增大,约为 350m^3/h,后期涌水量逐渐变小。10 月 15 日,涌水量约为 200m^3/h,10 月 16 日,涌水量降低为 100m^3/h。

随着旱季的来临,降雨量越来越小,涌水量也逐渐变小,施工方开始组织抽水,隧道恢复正常施工,并将 YK16 +042 ~ YK16 +022 段二次衬砌形式由 S3 变更为 S5-2。

(2)衬砌阶段

①YK16 +065 附近底板突水

2010 年 5 月 23 日,受 5 月 11 日至 5 月 16 日宜昌地区连续降雨影响,隧道反坡掘进施工过程中,YK16 +076 ~ YK16 +050 段(YK16 +065 附近)底板调平层在水压作用下,沿施工缝发生底鼓破裂,最大底鼓高度 15 ~ 20cm,初始涌水量约为 100m^3/h,水压较大,最大喷水高度达数米,水色浑浊,携带有大量黄白色黏土。约 2h 后,涌水量增至最大 300m^3/h,突水峰值后约 4h,涌水量降低到约 60m^3/h。5 月 24 日,YK16 +098 ~ YK16 +050 段二次衬砌施工缝发生突水,随后底板涌水量小幅降低,底板与二次衬砌总涌水量约为 120m^3/h,一直持续到 29 日,总涌水量减低到约 50m^3/h,到 6 月 6 日,隧道总涌水量约为 25000m^3,突泥量约为 2000m^3。

2010 年 6 月 7 日 ~8 日,隧址区降雨强度达 60 余毫米,但隧道内涌水水量基本不变,仅局部涌水量小幅增大,总涌水量约为 20m^3/h。

②K16 +086 ~ YK16 +022 段突水

2010 年 7 月 16 日凌晨隧址区降特大暴雨,16 日下午 4 时 30 分,YK16 +086 ~ YK16 +022 段再次突水,水势凶猛,水压、水量较上次突水变大,突水持续约 2 小时 40 分,加上前期积水,淹没隧道 480 余米,并通过车行横洞涌入左洞,淹没左洞掌子面后方 200 余米,总涌水量约为

图 7-62　二次衬砌压裂

15000m³。如图 7-62 所示，由于此次突水压力较大，造成了隧道二次衬砌多处压裂，并沿隧道轴向，距底板约 1.5m 高度处产生多处纵向裂纹。

突水后，底板 YK16 + 050、YK16 + 017、YK16 + 025、YK16 + 040 等处尚有少量突水，约为 30m³/h。

③YK16 + 086 ~ YK15 + 985 段突水

2010 年 7 月 24 日早上，宜昌地区再次普降暴雨，中午 1 时发生突水，持续 2 小时 20 分，加上前期积水，隧道内积水约为 18000m³；水压力大，二次衬砌、底板压裂严重，二次衬砌纵向裂纹延展至 YK15 + 985，为防止二次衬砌加剧破裂，在 YK16 + 040 附近拱顶施作泄压孔放水。突水后，涌水量约为 40m³/h。

④YK16 + 086 ~ YK15 + 938 段突水

2010 年 7 月 26 日，隧址区再降暴雨，7 月 27 日凌晨，沿二次衬砌与底板破裂处，及 YK16 + 040 泄压孔再次突水，持续时间约为 1h，加上前期积水，隧道内积水约为 8000m³。由于已施作泄压孔，且二次衬砌与底板破裂范围广，未造成新的结构破坏。

3）灾害处治与效果评价

如图 7-63 所示，隧道衬砌压裂突水灾害主要集中于 YK16 + 086 ~ YK15 + 938 段。YK16 + 040 处岩溶裂隙被揭露初期是不出水的充填型裂隙，但在长期的水压作用下，涌水量与水压越来越大；充填物发生了渗透失稳，裂隙慢慢被掏空而成为隧道突水的主要通道，水流通量越来越大，衬砌所承受的水压也越来越大，突水规模越来越大，隧道底板调平层与二次衬砌破坏范围越来越广：从 YK16 + 076 ~ YK16 + 050 段（26m），到 YK16 + 086 ~ YK16 + 022 段（64 m），再到 YK16 + 086 ~ YK15 + 985 段（101 m），最后到 YK16 + 086 ~ YK15 + 938 段（148m）。

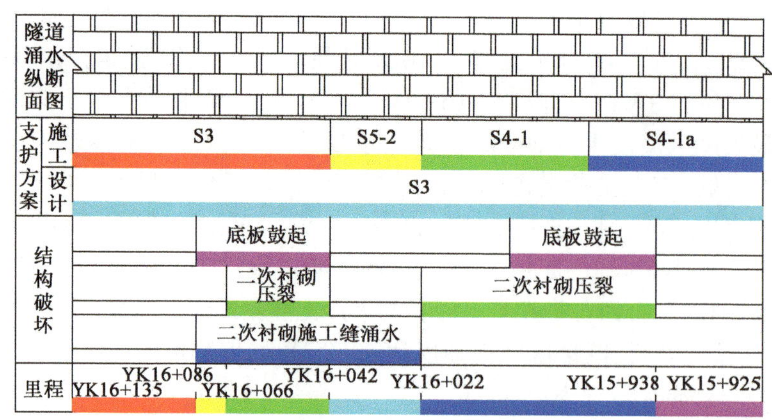

图 7-63　衬砌受损位置示意图

鉴于隧道所揭露的高陡倾充填型岩溶裂隙蓄水构造在突水过程中已被严重掏空，且雨季涌水量与水压陡增，通过多次咨询与讨论，最终确定了“以堵为主，以排为辅，引排结合，限量排放”的方案，采用了裂隙封堵、周壁注浆、排水泄压、结构置换的措施处治灾害（YK16 +096 ~ YK15 +925 段）。

（1）裂隙封堵

①注浆工艺：如图7-64所示，首先在岩溶裂隙口施作封孔体，预埋注浆管，变线状或面状出水为点状、可控排水；然后沿注浆管压浆封堵岩溶裂隙，并形成一定的扩散范围。

岩溶裂隙出水口封孔体施作方法为：采用发泡剂、马力散等具有膨胀性的速凝、抗水流分散与冲刷材料快速封堵岩溶裂隙出水口。现场条件不满足的情况下，可采用棉被等材料快速封堵出水口，并用水泥等材料将其固定于岩溶裂隙壁面，但一定要确保封孔体不会被水压或注浆压力压出。

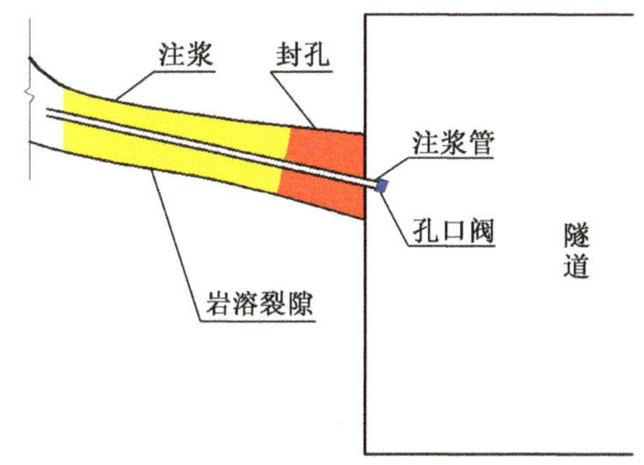

图7-64　岩溶裂隙封堵注浆示意图

封孔的同时，必须设置注浆管穿过封孔体，并插入岩溶裂隙内一定深度，预埋注浆管的作用为：

a. 排水作用：在注浆管上安装孔口阀，将原岩溶裂隙面状出水变为点状、可控排水，同时可避免岩溶裂隙内大量积水导致水压增大，进而将封孔体压出。

b. 监控作用：通过在注浆管上安装水压表和孔口阀，监测水压与水量变化。

c. 注浆作用：可根据实际水压确定，埋设单根或多根注浆管。

水压与水量较小时，埋设单根注浆管，封孔体达到设计强度后，直接压浆封堵岩溶裂隙，并形成一定的扩散范围。

水压与水量较大时，埋设多根注浆管，封孔体达到设计强度后，通过部分注浆管压浆封堵岩溶裂隙，部分注浆管可控限量排水。

d. 泄压作用：注浆管可作为施工期与运营期的限量排水泄压孔。

②注浆材料

a. 依据现场地质条件，决定采用水泥单浆液或水泥—水玻璃双浆液。对于裂隙张开度大，隧道内淋水严重段，采用水泥—水玻璃双浆液，其余部位优先选用水泥单浆液。

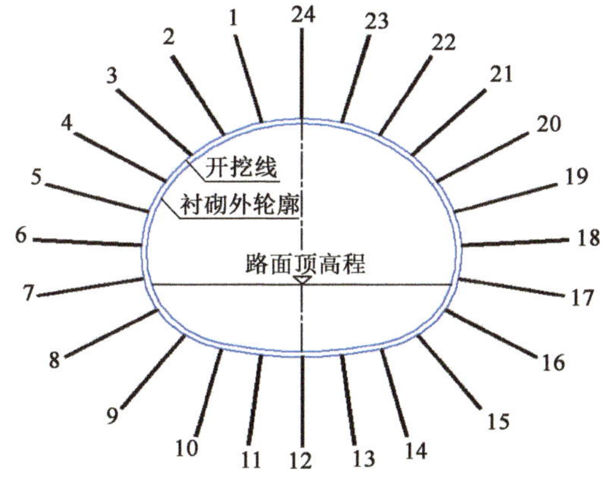

图7-65　周壁注浆钻孔布置图

优先采用水泥单液注浆方式的原因是：一方面可扩大浆液扩散范围，提高注浆效果；另一方面可规避水泥—水玻璃注浆体耐久性不足的缺点。

b. 水泥浆以普通425号硅酸盐水泥制成，水灰比为1:0.6 ~ 1:1。水玻璃的浓度为35Be（玻美度），模数为2.4。水泥与水玻璃的配合比（体积比）为1:0.5 ~ 1:1。

（2）周壁注浆

如图7-65所示，在隧道拱部与仰拱处进行周壁注浆，封堵溶蚀裂隙支管道，及层面与层间节理裂隙。

①注浆加固范围：隧道轮廓线以外3～5m，注浆管长度4m。

②浆液：依据地质情况和突水动态选用水泥单液浆或水泥—水玻璃双液浆。

③钻孔布置：采用Φ108mm花管注浆，单孔注浆扩散半径为2.0m，注浆加固范围为隧道开挖轮廓线外4m以上，注浆孔沿隧道周壁布置，纵横向间距2m×2m。

④注浆压力：0.5～1.0MPa。

⑤效果检查：每5m设置2个检查孔，并测定渗漏水量。当渗漏水量小于20～30L/min时，可认为达到了注浆目的，否则追加钻孔、二次注浆。

(3)排水泄压

①通过钻孔打通岩溶裂隙主通道，设置带阀的可控排水管，并在施工与运营期监控水压与水量变化情况。

②如图7-66所示，通过在衬砌结构中设置纵横向透水管达到限量排水泄压目的，即在隧道原有排水系统基础上，对突水段增设纵横向碎石盲沟：

a.底板注浆完成后，凿除调平层，在两侧水沟底钻Φ110mm垂直排水孔，孔深5m，孔内灌级配碎石，纵向距离5～10m，突水点密集地段间距取小值。

b.在两侧边墙脚打设水平横向排水孔，埋设Φ110mm PVC排水管与隧道边沟连接，降低二次衬砌背后水头，横向排水孔长5m，纵向间距5m。

c.注浆结束、仰拱回填后，每5～10m设置一道横向级配碎石盲沟，并顺隧道轴线方向设置一道纵向级配碎石盲沟，纵横向碎石盲沟与边沟相连接，形成网状排水系统。

d.滤水盲沟施工后，在突水段仰拱顶面采用间距为20cm×20cm、Φ16mm钢筋网满铺，然后施工路面。

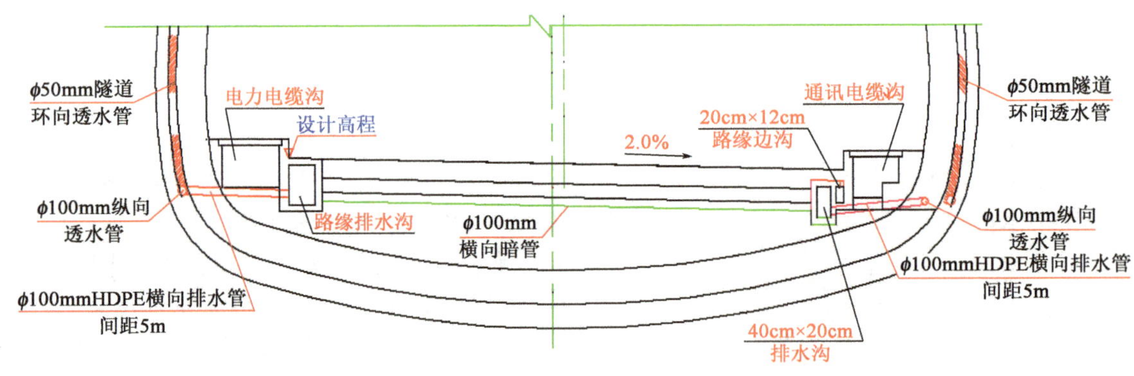

图7-66 排水泄压系统布置图

(4)结构置换

①凿除底板受损调平层，增设仰拱。

②凿除受损二次衬砌与部分初次衬砌，按0.5MPa抗水压衬砌结构类型施工，即采用60cm厚的C30钢筋混凝土施作二次衬砌，并将二次衬砌背后透水盲管由每10m一道调整为每5m一道。

7.4　本章小结

本章归纳总结了岩溶处治的基本原则,即加强超前地质预报、做好应急救援预案、开展风险评估、优化施工顺序、选择最佳施工时机。以利万高速公路齐岳山隧道为例,提出采用“绕、注、排、防”的方法处理岩溶水,建立了不同规模、不同位置、不同充填特性的溶洞处治技术体系,并结合工程实例进行了详细阐述。根据岩溶处治原则和处治技术,结合恩来恩黔高速公路、利万高速公路岩溶隧道典型溶洞进行分析,分别针对不同的溶洞采用不同的处治技术。具体包括:针对花果山隧道 ZK96 +796 处底板下方大型溶洞,采用“液压钢构棚架台车”,并用简支梁跨越的方案进行处治;针对黄土坡 1 号隧道 ZK40 +231 处溶洞突水突泥情况,采用洞渣回填,并用超前小导管灌注水泥浆液方式进行处治;针对齐岳山隧道 ZK19 +167 处溶洞群,采用支撑钢筋(Φ22mm 钢筋)喷射 10cm 厚 C20 混凝土并架设木板做支挡模板进行处治;针对当阳坪隧道 YK67 +265 处大型过水溶洞,采用桥跨方案进行处治;针对高罗隧道 YK62 +585 处溶洞突泥及地表塌陷情况,采用超前小导管注浆进行处治,对于地表塌陷段,采用黏性土回填的方式进行处治;针对牛塘隧道 YK64 +649 处底板下方大型溶洞,采用钢筋混凝土板跨越方式进行处治;针对白岩脚隧道 YK98 +326 处边墙处大型溶洞,采用梁板跨越方式进行处治;针对大岩坝隧道 ZK41 +289 处底板下方大型溶洞,采用回填方式进行处治;根据风险评估结果,提出了鸡公岭隧道 ZK19 +240 ~ ZK20 +180 段灾害防治措施;针对季家坡隧道突水情况,采用裂隙封堵、周壁注浆、排水泄压、结构置换的水害处治措施,处治隧道衬砌压裂岩溶突水。

附 表

鄂西山区溶洞发育统计

利万高速公路谋道连接线齐岳山隧道溶洞发育统计表 表1

序号	里程桩号	溶洞揭示地质特征	图 片
1	GK0 +398 ~ GK0 +405	GK0 + 398 ~ GK0 + 405 掌子面左侧有宽度约为2m,高度17m,长度16m的溶洞,溶腔内表面湿润无裂隙水发育,充填泥质。GK0 + 400 右侧沿隧道向上方延伸,长3.6m,宽4m,拱顶以上垂直高度为7.5m,溶腔内表面湿润无裂隙水发育,充填泥质。GK0 +405 处右侧边墙出现一溶洞,向下方延伸,溶洞直径3.5m,可见深度约6.5m	
2	GK0 +437 ~ GK0 +447	GK0 +437 左侧起拱线上方出现一溶洞,揭露溶洞口可量测长度约5m,宽度约4m,可见高度约15m,溶洞内为泥石填充物,已坍塌泥石约50m^3,该处拱顶至地面约为53m,地表暂时未出现塌陷。GK0 + 437 左侧起拱线上方溶洞至GK0 +447,掌子面拱顶及右侧围岩为泥夹石,自稳性差	
3	GK0 +707 ~ GK0 +720	GK0 +707 处出现一溶洞,溶洞覆盖整个掌子面,纵向深度约6m,拱肩处超出开挖轮廓线约0.5m,溶洞延伸至拱顶以上3m,直径3m。GK0 +718 处拱顶溶洞,纵向深度约6m,高度约2m,宽度约1m	

续上表

序号	里程桩号	溶洞揭示地质特征	图　片
4	GK0 +815	溶洞呈狭长形，竖向发育，可见宽度约 1m，高度约 5m，纵向发育深度约 2m，无填充物	
5	GK0 +880 ~ GK0 +905	GK0 +885 掌子面右下方出现直径为 1m 的孔洞，开挖至 GK0 +902 处揭露溶洞；隧道左侧溶洞口直径约 4m，位于隧底向上 8.4m，水平向左延伸 30m 后与竖向溶腔相连，竖向溶腔直径约 2.5m	
6	GK1 +008 ~ GK1 +017	GK1 +008 拱顶溶洞，径向宽度 10m，高度 3.5m，纵向深度 5m；开挖至 GK1 +013 处，拱顶出现一溶洞，径向宽度 4m，高度 5m，纵向深度 5m；开挖至 GK1 +017 处，线路左侧出现一溶洞，溶洞呈狭长形，高度 5m，纵向深度 3.5m，径向宽度 2m，溶洞继续向左侧延伸 10m	
7	GK1 +080 ~ GK1 +093	GK1 +080 掌子面左侧溶洞，纵向深度 3m，横向宽度 2m，高度 5m，掌子面围岩层理发育，层间夹泥，节理发育，完整性差；GK1 +093 掌子面拱顶左侧揭露一溶洞，纵向深度 2.3m，横向宽度 3.6m，高度 7m，掌子面围岩层理发育，层间夹泥，节理发育，完整性差	
8	GK1 +205 ~ GK1 +216	GK1 +216 掌子面溶洞覆盖整个掌子面，掌子面范围内纵向深度 5m，向上方发育高度无法探明，并在拱顶左侧向前方延伸；向下方发育可见深度 8m，并在底部右侧向后下方发育，经底板钻探，GK1 +215 位置底板 8m 以下为空洞，GK1 +205 底板 10m 以下为基岩	
9	GK1 +270 ~ GK1 +289	GK1 +270 掌子面左侧溶洞，径向宽度 1.6m，高度 6m，纵向深度 4.9m；GK1 +276 掌子面出现一溶洞，自左侧拱腰延伸至拱顶，径向宽度 2.3m，高度 7.2m，纵向深度 4m，左侧下部为黄色黏土；GK1 +289 掌子面出现一溶洞，自左侧拱腰延伸至拱顶，径向宽度 2.8m，高度 8.3m，沿小里程方向纵向深度 3.7m，围岩层理发育，层间夹泥	
10	GK1 +571	GK1 +571 溶洞，自拱顶向掌子面右侧拱腰处发育，纵向长度约 3m，右侧开挖轮廓线以外可见深度约 7m，拱顶以上可见高度约 8m，溶洞壁破碎且有渗水	
11	GK2 +310	GK2 +310 溶洞，纵向长度约 17m，宽约 12m，拱顶以上可见高度约 10m，溶洞内有部分土石填充物，已坍塌土石约 $50m^3$，右侧溶洞纵向长度 8m，宽 2.5m，高 3m，右侧拱脚处为土石填充物	
12	GK2 +440	GK2 +440 拱顶溶洞，与隧道正交，向两侧延伸，尽头未探及，无填充物，拱顶向上高度 0.5 ~ 3.5m，纵向深度 4 ~ 6m	
13	GK2 +470	GK2 +470 溶洞，自拱顶向掌子面右侧拱腰处发育，纵向长度约 3m，右侧开挖轮廓线以外可见深度约 6m，拱顶以上可见高度约 5m，溶洞壁破碎且有渗水	
14	GK3 +050 ~ GK3 +060	GK3 +050 溶洞位于线路左侧，轮廓线以外径向宽度 2.4m，高度 4m，纵向深度 7m；GK3 +060处溶腔位于线路左侧，溶腔径向宽度为 1m，纵向深度为 2m，高度为 5m	
15	GK3 +210 ~ GK3 +272	齐岳山隧道出口特大溶洞群，溶洞起点位于 GK3 +267.5 处，大致走向为由线路左侧斜沿小桩号方向向右下方延伸，与隧道轴线斜交，对隧道形成影响长度达 62m	

利万高速公路齐岳山隧道左线溶洞发育统计表　　表2

序号	里 程 桩 号	溶洞揭示地质特征	图　　片
1	ZK19 + 167 ~ ZK19 + 172	2013 年 8 月 5 日,在 ZK19 + 170 处右侧壁内揭示溶洞,溶洞发育方向距边墙 8m 往里延伸,并向右洞方向延伸,洞内存在溶蚀裂隙水	
2	ZK19 + 185	ZK19 + 185 掌子面右侧溶腔内有少量裂隙发育水(随雨量增大无明显变化),无填充物,溶洞发育情况为:沿隧道前进方向长度为 3.6m,平行掌子面方向宽度为 5.2 ~ 8.5m,斜向上方向可视范围内高度为 12.6m	
3	ZK19 + 188 ~ ZK19 + 190	2013 年 8 月 13 日,在 ZK19 + 188 处拱顶上方揭示溶洞,溶洞位于拱顶正上方掌子面正中间,向上发育 2m,宽度 3m 左右,干溶洞,周边围岩较完整,但颜色偏棕黄,溶蚀作用较强	
4	ZK19 + 198 ~ ZK19 + 203	2013 年 8 月 29 日,在 ZK19 + 198 底板处揭示一含水溶腔,该含水溶腔在右侧位置往下发育近 10m 深,在中间位置向下发育近 7m 深,在左侧向下发育达 16m 深。水量较大	

续上表

序号	里程桩号	溶洞揭示地质特征	图片
5	ZK19 +219 ~ ZK19 +225	2013年9月9日,在ZK19 +220处揭示一大型溶洞,该溶腔在右侧位置往上发育近20m高,向进口方向发育,具体宽度不明,夹大量泥质,约200m^3	
6	ZK19 +752.9	位于ZK19 +752.9处右侧,竖向溶腔。	
7	ZK20 +414	ZK20 +414右侧拱腰小溶洞,溶洞内充填少量夹泥	
8	ZK20 +533	ZK20 +533掌子面中间小型溶洞,溶洞内充填少量泥质	

续上表

序号	里程桩号	溶洞揭示地质特征	图片
9	ZK20 +715	2015 年 1 月 26 日,ZK20 +715 处左侧拱腰揭露一溶腔,岩壁附着少许黄泥,该溶腔从左侧拱腰向右侧边墙发育,横切隧道线路方向,左侧拱腰部位向上发育约 12m,纵向发育 2.1 ~ 2.3m,径向发育 2 ~ 2.5m,右侧拱部及边墙位置向右发育约 8.0 ~ 9.3m,空腔纵向发育 2.1 ~2.4m,径向发育 2.3m,且局部出现少量裂隙水	
10	ZK22 +077	2014 年 10 月 12 日,掌子面右侧拱脚揭露两个溶洞,斜向右上方发育,同时向大里程斜下方发育。两个溶洞下部贯通,利用测绳测量溶洞深度,探测深度 60m 未到底	
11	ZK22 +359	2013 年 5 月 30 日,在 ZK22 +359 上台阶右侧拱脚位置发现溶腔,腔内有裂隙水通过,无填充物。其中向下发育溶腔呈圆柱状,顶端孔口直径约为 1m,深度 15m 左右,拱底以下深度约 5m	
12	ZK22 +367	2013 年 6 月 22 日,ZK22 +367 下台阶底板右侧及左侧揭示溶洞,右侧溶洞有凉风吹出,洞口面积约 1 m^2,向下打入 10m 不见底,做仰拱后预留注浆管;左侧溶洞较浅,有风吹出但不凉	

利万高速公路齐岳山隧道右线溶洞发育统计表　　表3

序号	里程桩号	溶洞揭示地质特征	图片
1	YK19 + 114 ~ YK19 + 116	2013 年 6 月 17 日,在 YK19 + 114 上台阶掌子面右侧底角处揭示溶洞,向侧壁后方延伸 5m,沿里程方向延长 4 ~ 5m,根据钻探情况,溶洞内存在较大孤石。2013 年 6 月 19 日,在 YK19 + 116 处上台阶掌子面右侧揭示溶洞,该溶洞与 YK19 + 114 处的溶洞紧挨着但没有连通,溶洞高度 7 ~ 8m,上方塌落软泥,从裸露情况看为孤溶洞	
2	YK19 + 150 ~ YK19 + 160	2013 年 7 月 24 日,在上台阶掌子面后方底板 YK19 + 150 左侧揭示溶洞。溶洞洞口较小,洞内有水,水面距洞口 1 ~ 2m;26 日将溶洞挖开至二台阶,溶洞揭露,溶洞向下发展情况不明,但溶洞向左侧壁延伸 4 ~ 6m,狭长状,且溶洞上方不断滴水,溶洞右侧壁破碎且含夹泥带,喷锚后留有注浆管,管内吹凉风,根据工人介绍推测,溶洞左右两侧可能经地板下方裂隙连通;28 日溶洞内水位下降 20cm 左右,后方三台阶右侧有积水,溶洞完全揭露,将掌子面完全包括,且向右延伸,下方情况不明,凉风吹出	 
3	YK19 + 164 ~ YK19 + 174	掌子面左侧出现溶洞	

续上表

序号	里程桩号	溶洞揭示地质特征	图片
4	YK19 + 194	YK19 + 194 处揭露一溶腔,宽度为 6.7m,纵向发育长度为 4.5m,向上发育高度约为 16.5m。溶腔内无填充物,有少量岩溶裂隙发育水	
5	YK19 + 430 ~ YK19 + 448	溶洞位于 YK19 + 430 ~ YK19 + 448 右侧拱腰	
6	YK20 + 351.8 ~ YK20 + 361.4	出现溶洞	
7	YK20 + 439	出现溶洞	
8	YK20 + 723	2015 年 01 月 27 日,YK20 + 723 左侧拱腰位置揭露一溶腔,岩壁附着少许黄泥,存在少量裂隙水。该溶腔从左侧拱腰向左侧发育,从左侧拱腰部位斜向上发育约 8m,纵向发育 4.5 ~ 5.2m,径向发育 3 ~ 3.4m	
9	YK21 + 353 ~ YK21 + 365	出现溶洞	

续上表

序号	里程桩号	溶洞揭示地质特征	图　片
10	YK22 +248	掌子面右侧揭露一夹泥溶腔,含水	
11	YK22 +270	拱部发育一小型溶腔	
12	YK22 +365	2013 年 7 月 25 日,上台阶掌子面揭示溶洞,右侧洞口 1 m^2大小,向前延伸 3m 可见,向上延伸 4 ~5m,洞壁为黄泥	

续上表

序号	里程桩号	溶洞揭示地质特征	图片
13	YK22 +384	2013 年 6 月 6 日，YK22 +384 处掌子面上方及左侧揭示一小溶洞，洞体上方较破碎；6 月10 日拱顶上方出现松散堆积体，溶洞完全揭露，高度 3m，宽度 2m	
14	YK22 +382	2013 年 6 月 12 日，YK22 +382 掌子面左侧及掌子面后方 YK22 +382 左侧壁出现溶洞。其中，掌子面后方左侧壁溶洞向下延伸 0.8m	
15	YK22 +389	出现小型溶洞	
16	LK0 +481	2013 年 6 月 16 日，LK0 +481 处拱顶上方揭示溶洞，右侧壁出现大溶洞向上看不到顶，工人向下扔石头听不见落地的声音，掌子面有渗水现象，岩石较破碎；17 日右侧壁溶洞，突泥量达两车；18 日右侧壁溶洞又突泥两车，将地板覆盖，掌子面渗水加重，并伴有滴水现象，掌子面有裂缝出现，可能是突泥造成的；溶洞不断突泥，在 6 月 27 日冒顶，面积$(4\times4)m^2$	

续上表

序号	里程桩号	溶洞揭示地质特征	图　片
17	LK0 +468	2013 年 7 月 15 日，LK0 +468 处掌子面前方揭示溶洞，溶洞前方(掌子面后方)有一个大的夹泥裂隙带，从拱顶继续往上延伸，与溶洞连通。溶洞为竖向溶洞，沿溶洞壁往下渗水，有较冷风吹出且夹杂水汽，溶洞向下延伸 10m 左右，向上延伸见不着顶，溶洞中间有竖向隔层，将溶洞分为两个竖向连通的部分	

沪蓉西高速公路齐岳山隧道左线溶洞发育统计表　　表 4

序号	里程桩号	溶洞揭示地质特征	图　片
1	ZK326 +080 ~ ZK326 +087	ZK326 +080 ~ ZK326 +083、ZK326 +086 ~ ZK326 +087 中厚层微晶灰岩，白云岩，围岩破碎且风化严重，节理裂隙发育，层理结合力差，存在小型溶洞群，拱顶局部出现塌方，有部分黏性黄泥，夹杂孤石及碎石，局部有裂隙水渗入	
2	ZK326 +090 ~ ZK326 +092.5	中厚层微晶灰岩，白云岩，围岩破碎且风化严重，节理裂隙发育，层理结合力差，存在小型溶洞群，拱顶和掌子面出现塌方，局部有部分黏性黄泥，夹杂孤石及碎石，局部有裂隙水渗入	
3	ZK326 +092.5 ~ ZK326 +097.5	中厚层微晶灰岩，白云岩，围岩破碎且风化严重，节理裂隙发育，层理结合力差，有裂隙水渗入。线路左侧有一溶洞，长度为 1.0m，宽度为 0.8m	
4	ZK326 +129 ~ ZK326 +131	中厚层微晶灰岩，白云岩，围岩破碎且风化严重，节理裂隙发育，层理结合力差，拱顶有夹层泥岩且有一直径 1.9m 小溶洞，右侧拱脚有泥状堆积物	
5	ZK326 +133 ~ ZK326 +139	中厚层微晶灰岩，白云岩，围岩破碎且风化严重，节理裂隙发育，层理结合力差，线路右侧拱腰处有一小溶洞，洞壁岩层破碎，有裂隙水渗入现象	
6	ZK326 +145 ~ ZK326 +147	中厚层微晶灰岩，白云岩，围岩破碎且风化严重，节理裂隙发育，层理结合力差，左侧有一溶洞，右侧有夹层，局部有裂隙水渗入	
7	ZK326 +153 ~ ZK326 +156	中厚层微晶灰岩，白云岩，围岩破碎且风化严重，节理裂隙发育，层理结合力差，左侧有一溶洞，右侧有夹层，局部有裂隙水渗入	
8	ZK326 +160 ~ ZK326 +165	中厚层微晶灰岩，白云岩，围岩破碎且风化严重，节理裂隙发育，层理结合力差，ZK326 +160 ~ ZK326 +163 左侧有一溶洞，右侧有夹层，局部有裂隙水渗入。ZK326 +163 ~ ZK326 +165 线路右侧拱腰处有一小溶洞，洞壁岩层破碎，有裂隙水渗入现象	
9	ZK326 +208 ~ ZK326 +211	中厚层微晶灰岩，白云岩，围岩破碎且风化严重，节理裂隙发育，层理结合力差，线路右侧拱腰处有一小溶洞，洞壁岩层破碎，有裂隙水渗入现象	
10	ZK326 +221 ~ ZK326 +224	中厚层微晶灰岩，白云岩，围岩破碎且风化严重，节理裂隙发育，层理结合力差，线路右侧拱腰处有一小溶洞，洞壁岩层破碎，有裂隙水渗入现象	

续上表

序号	里程桩号	溶洞揭示地质特征	图片
11	ZK326 +230 ~ ZK326 +235	ZK326 +230 掌子面右侧上方出现溶腔。ZK326 +232 右侧靠边部位有一条形溶洞，内有黄泥，滴水，拱顶岩层不稳定。YK326 +235 拱顶偏右有一溶洞，呈裂隙状，层间结合力差，有部分黏性黄泥	
12	ZK326 +235 ~ ZK326 +238	中厚层微晶灰岩，白云岩，节理裂隙发育，左拱脚有小型溶洞，拱顶局部出现塌方，有部分黏性黄泥，局部有裂隙水渗入	
13	ZK326 +247 ~ ZK326 +249.5	中厚层微晶灰岩，白云岩，节理裂隙发育，整体较稳定，有部分黏性黄泥，拱部有裂隙水渗入。ZK326 +249.5 里程处揭露一个大型溶洞，里程桩号为 ZK326 +225 ~ ZK326 +266	
14	ZK326 +252 ~ ZK326 +258	中厚层微晶灰岩，白云岩，受构造影响较重，节理裂隙发育，纵向有小型溶洞群，拱顶局部出现塌方	
15	ZK326 +267.5 ~ ZK326 +270.5	中厚层微晶灰岩，白云岩，受构造影响较重，节理裂隙发育，稳定性差，拱顶部有小型溶洞，拱顶局部出现塌方	
16	ZK326 +300 ~ ZK326 +310	中厚层微晶灰岩，白云岩，受构造影响较重，风化严重，节理裂隙发育，拱顶、左右两拱脚有夹层，局部黄泥出现，拱顶处有溶洞，无裂隙水	
17	ZK326 +332	中厚层微晶灰岩，白云岩，受构造影响较重，风化严重，节理裂隙发育，核心处有 1 条夹层，长度 5m 左右，夹层厚度 38cm；右侧有一溶洞，洞内有裂隙水，黄色泥岩	
18	ZK326 +347 ~ ZK326 +350	中厚层微晶灰岩，白云岩，受构造影响较重，节理裂隙发育，拱顶有一个溶洞，无裂隙水	
19	ZK326 +375.6 ~ ZK326 +378	中厚层微晶灰岩，白云岩，围岩较破碎且风化较严重，节理裂隙发育，拱顶局部出现塌方，局部有部分黏性黄泥，夹杂孤石，拱部有溶洞垂直伸向洞顶正上方且伴裂隙水渗入，溶洞侧壁岩层稳定性较好	
20	ZK326 +378 ~ ZK326 +381	中厚层微晶灰岩，白云岩，围岩破碎且风化严重，节理裂隙发育，拱顶局部出现塌方，局部有部分黏性黄泥，夹杂孤石，左侧拱脚有小溶洞，裂隙水渗入，溶洞侧壁岩层稳定性较好	
21	ZK326 +390 ~ ZK326 +392	中厚层微晶灰岩，白云岩，节理裂隙发育，拱顶局部出现塌方，局部有部分黏性黄泥，夹杂孤石，拱部有溶洞垂直伸向洞顶正上方且伴裂隙水渗入，溶洞侧壁岩层稳定性较好	
22	ZK326 +444 ~ ZK326 +448	掌子面处有泥岩夹层，有裂隙水渗入，呈滴水状。线路左侧拱腰处岩层破碎、松散、出现掉块，拱部出现溶洞，侧边岩层风化严重、强度较低	
23	ZK326 +448 ~ ZK326 +450	掌子面处有泥岩夹层，有裂隙水渗入，呈滴水状。线路左侧拱腰处岩层破碎、松散、出现掉块，拱部及右侧拱腰处至边墙出现溶洞，侧边岩层风化严重、强度较低	
24	ZK326 +450 ~ ZK326 +454	掌子面处有泥岩夹层，有裂隙水渗入，呈滴水状。线路左侧拱腰处岩层破碎、松散、出现掉块，拱部及右侧拱腰处至边墙出现溶洞，侧边岩层风化严重、强度较低	

续上表

序号	里程桩号	溶洞揭示地质特征	图片
25	ZK326 +454 ~ ZK326 +457	溶洞从线路右侧拱腰向左侧拱腰过渡，岩层破碎、松散	
26	ZK326 +457 ~ ZK326 +460.5	中厚层微晶灰岩、白云岩，受构造影响较重，线路左侧拱腰至拱脚处有一溶洞，岩层破碎	
27	ZK326 +466.5 ~ ZK326 +470	岩层整体性较差，岩层破碎、松散，强度较低，有裂隙水涌入，右侧有一小型溶洞，溶洞内有泥巴，存在滴水现象	
28	ZK326 +478.5 ~ ZK326 +491	中厚层微晶灰岩、白云岩，受构造影响较重，岩层整体性较差，岩层破碎、松散，强度较低，掌子面围岩呈青色，右侧有一小溶洞，溶腔内有泥巴，滴水	
29	ZK326 +488 ~ ZK326 +504	中厚层微晶灰岩、白云岩，受构造影响较重，岩层整体性较好，风化不明显，侵蚀不严重，强度较高，左侧有一大溶洞，溶腔内有泥巴，滴水	
30	ZK326 +504 ~ ZK326 +507	中厚层微晶灰岩、白云岩，受构造影响较重，岩层整体性较好，风化不明显，强度较高，拱顶有一大溶洞，溶腔内有泥巴，滴水	
31	ZK326 +507 ~ ZK326 +522	中厚层微晶灰岩、白云岩，受构造影响较重，岩层整体性较好，风化不明显，强度较高，右侧有一大溶洞，溶腔内有泥巴，滴水	
32	ZK327 +250 ~ ZK327 +263	ZK327 +252 ~ ZK327 +258.8 段，左侧壁出现溶洞，溶洞从边墙向上延伸至拱腰，高度超过拱顶。溶腔内有大量黄泥，泥夹孤石，并有滴水现象	
33	ZK328 +322 ~ ZK328 +324.4	中厚层微晶灰岩，白云岩，围岩较破碎且风化较严重，节理裂隙发育，拱顶局部出现塌方，局部有部分黏性黄泥，夹杂孤石，拱部有溶洞垂直伸向洞顶正上方且伴裂隙水渗入，溶洞侧壁岩层稳定性较好	
34	ZK328 +324.4 ~ ZK328 +325.4	中厚层微晶灰岩，白云岩，围岩破碎且风化严重，节理裂隙发育，拱顶局部出现塌方，局部有部分黏性黄泥，夹杂孤石，左侧拱脚有小溶洞，裂隙水渗入，溶洞侧壁岩层稳定性较好	
35	ZK328 +328.4 ~ ZK328 +329.4	中厚层微晶灰岩，白云岩，节理裂隙发育，拱顶局部出现塌方，局部有部分黏性黄泥，夹杂孤石，拱部有溶洞垂直伸向洞顶正上方且伴裂隙水渗入，溶洞侧壁岩层稳定性较好	
36	ZK328 +345.4 ~ ZK328 +346.9	中厚层微晶灰岩、白云岩，受构造影响较重，溶洞从线路右侧拱腰向左侧拱腰过渡，岩层破碎、松散	
37	ZK328 +346.9 ~ ZK328 +348.4	中厚层微晶灰岩、白云岩，受构造影响较重，线路左侧拱腰至拱脚处有一溶洞，岩层破碎	
38	ZK328 +582 ~ ZK328 +587	开挖至掌子面里程 ZK328 +587，揭露围岩为中厚层微晶灰岩，溶蚀作用强，岩溶发育，局部岩层松散、破碎有掉快；ZK328 +582 ~ ZK328 +587 段自线路内侧拱脚向上至拱顶一直延伸到线路外侧拱脚位置，环向发育一溶洞，溶洞顶高于隧道 2 ~ 3m，溶蚀作用明显，无充填物。在线路外侧拱脚外形成一溶腔，溶腔斜向上，向外侧发育	
39	ZK329 +544 ~ ZK329 +549	齐岳山隧道在掘进到 ZK329 + 546 ~ K329 +549段外侧时，层间结合力弱，开挖时出现了坍塌；在掘进到 ZK329 + 544 ~ ZK329 +547段内侧拱腰位置遇到一溶洞，溶洞高度为4m，长度和宽度为1.5m	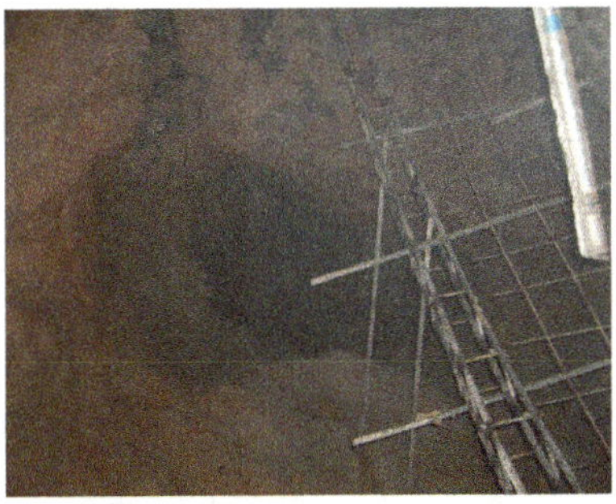

续上表

序号	里程桩号	溶洞揭示地质特征	图片
40	ZK329 +563 ~ ZK329 +567	该段内侧拱腰位置出现溶洞，溶洞斜向外向上延伸至拱顶，溶洞内有大量泥夹石，没有滴水现象	
41	ZK329 +615 ~ ZK329 +625	该段围岩为泥夹石且岩溶裂隙水较发育	
42	ZK329 +650 ~ ZK329 +660	薄层微晶灰岩，页岩，节理较发育，侧壁稳定，层状结构面发育，抗风化能力强，层与层之间较厚	
43	ZK329 +769 ~ ZK329 +784	薄层微晶灰岩，页岩，节理较发育，侧壁稳定，层状结构面发育，抗风化能力强，层与层之间较厚	
44	ZK329 +973 ~ ZK329 +984	ZK329 +973 ~ ZK329 +984 区间的溶洞	

沪蓉西高速公路齐岳山隧道右线溶洞发育统计表 表5

序号	里程桩号	溶洞揭示地质特征	图片
1	YK326 +068 ~ YK326 +076	YK326 +069、YK326 +070、YK326 +072 处岩性为中厚层微晶灰岩，断层破碎带，节理裂隙发育，围岩微倾斜，层理结合力差，拱顶有一小溶洞，内有部分黏性黄泥，夹杂孤石及碎石	
2	YK326 +180 ~ YK326 +186	中厚层微晶灰岩，断层破碎带，节理裂隙发育，围岩直立，有部分黏性黄泥，拱顶溶洞	
3	YK326 +188 ~ YK326 +189	中厚层微晶灰岩，断层破碎带，节理裂隙发育，围岩直立，有部分黏性黄泥，右侧出现溶洞	
4	YK326 +189 ~ YK326 +207	中厚层微晶灰岩，受构造影响较重，YK326 + 192、YK326 + 194、YK326 + 197、YK326 + 199、YK326 + 201 右侧出现溶洞，YK326 + 204、YK326 + 207 右侧出现溶洞，右侧拱脚处出现溶腔。YK326 + 193 ~ YK326 +195 左侧拱墙出现溶洞	
5	YK326 +438	掌子面掘进到 YK326 +438 时发现一溶洞，在此后约 3h 内，该溶洞泻下大量的泥石，出现冒顶	

续上表

序号	里程桩号	溶洞揭示地质特征	图　片
6	YK326 +446.5	掌子面开挖到 YK326 +446.5 时,右侧拱腰出现一溶洞,该溶洞直径约 3.5m,深度约 6m,向上发育呈倒锥形	
7	YK326 +485	左拱腰出现溶洞,直径约 1.5m,深 3m	
8	YK326 +493 ~ YK326 +495	拱顶出现溶洞,直径约 1.5m,深度为 4m	
9	YK326 +490 ~ YK326 +495	左侧拱腰遇到一溶洞,该溶洞长度约 5.5m,宽度约 1.5m,深度约 3m	
10	YK326 +496 ~ YK326 +499	拱顶遇到一溶洞,该溶洞长度约 3m,宽度约 2m,深度约 6m	
11	YK326 +500	掌子面右侧拱腰处遇到一 V 形沉溶洞,长度为 2m,深度为 1m,高度为 3m,溶洞出现塌方,且围岩比较破碎	
12	YK326 +504 ~ YK326 +507.3	YK326 +504 ~ YK326 +507.3 拱脚出现溶洞	
13	YK326 +508.6 ~ YK326 +514	该段围岩较破碎,且在拱顶拱腰处有三处溶洞发育,溶洞直径约 1 ~3m,深度约 2 ~6m	
14	YK326 +512、 YK326 +514 ~ YK326 +520	YK326 +512 与 YK326 +514 ~ YK326 +520 拱顶溶洞连通,直径约 2m,深度为 3m;YK326 +520 左侧拱腰处溶洞,直径约 2.5m,深度为 3m,裂隙发育	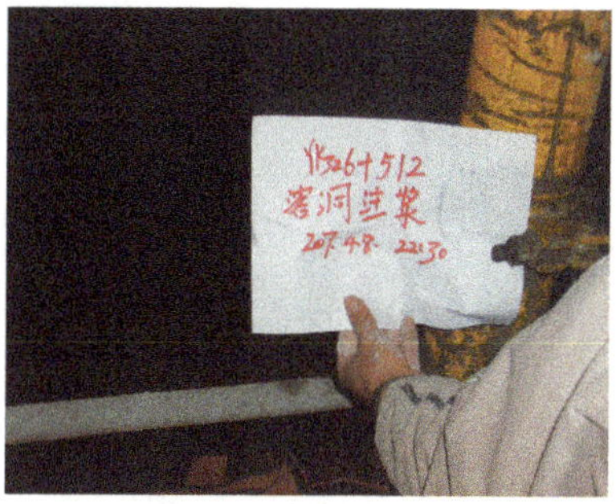

续上表

序号	里程桩号	溶洞揭示地质特征	图片
15	YK326 +515.1 ~ YK326 +517.1	YK326 +515.1 ~ YK326 +517.1 段围岩较破碎，且在拱顶拱腰处有三处溶洞发育，溶洞直径约1 ~2m，深度约2 ~5m	
16	YK326 +518 ~ YK326 +526	该段左侧拱顶和右侧拱腰处遇到两溶洞，YK326 +518.7 ~ YK326 + 521.5 段其直径约3m，深约5m；YK326 +519.1 ~ YK326 +526 段其直径约2m，深度为3m，后有一道裂隙长度约5m，宽度为0.5m	
17	YK326 +566 ~ YK326 +575	该段在右侧拱腰和拱顶处遇到一溶洞，其直径约3m，深度约6m	
18	YK326 +625 ~ YK326 +632	YK326 +625 ~ YK326 +629 的溶洞延伸到YK326 +629 ~ YK326 +632 拱顶，溶洞长度约3m，宽度约3m，深度约6m	
19	YK326 +632 ~ YK326 +639	拱顶出现溶洞。掌子面揭露中部为坚硬灰岩，拱顶节理发育，呈水平分层	
20	YK326 +652 ~ YK326 +660.2	YK326 +652 ~ YK326 +660.2 出现溶洞。掌子面揭露中部为坚硬灰岩，拱顶节理发育，呈水平分层	
21	YK326 +665	掌子面里程YK326 +665，掌子面揭露中部为坚硬灰岩，拱顶节理发育，呈水平分层，左侧出现宽度约1.1m的纵向溶洞，向上发育到拱腰，右侧出现宽度约2.7m的斜向溶洞，向外发育到侧壁外，无流水痕迹	
22	YK326 +681 ~ YK326 +688	该段出现溶洞。掌子面揭露两侧为坚硬灰岩，拱顶节理发育，呈水平分层	
23	YK326 +697	掌子面揭露两侧为坚硬灰岩，拱顶节理发育，呈水平分层，中部出现底宽约0.7m，拱顶宽约1.2m的纵向裂隙发育的小溶洞，无流水痕迹	
24	YK326 +735	揭露左侧中部为坚硬灰岩，拱顶呈水平分层，右侧出现溶洞，溶洞呈斜向前、上方发育，底部充填黄泥夹孤石	
25	YK326 +742	隧道开挖揭露掌子面为坚硬灰岩，岩层呈竖直分层，右侧出现溶洞，向前向左向上斜发育，溶洞内充填黄褐色软塑状岩溶物，内夹大块孤石	
26	YK326 +795 ~ YK326 +806	该段出现溶洞。掌子面围岩揭露左侧为红褐色、红色页岩，右侧为灰色泥岩，风化严重，节理发育，侧壁及左侧拱顶围岩有溶蚀、裂隙现象	
27	YK326 +806	掌子面中部及右侧为灰岩，整体性较好，强度较高；掌子面左侧壁至拱顶为溶洞，高于20m，洞壁湿润但无明水且呈直立状，靠近中部有一巨型孤石	
28	YK326 +846 ~ YK326 +860	YK326 +846.5 左侧壁出现一直立形溶洞，溶腔底宽度近2m，长度约6m，高不见顶，溶腔四周岩壁有黄泥，边墙部位发育有裂隙。YK326 +857 ~ YK326 +860 段左侧壁至拱腰处出现溶洞，溶洞呈漏斗状，宽度约3.5m，高不见顶，溶腔壁较光滑，内夹一大块孤石，拱脚有裂隙发育并夹有黄泥	

续上表

序号	里程桩号	溶洞揭示地质特征	图片
29	YK327 +153 ~ YK327 +160.2	掌子面围岩为中厚层微晶灰岩,掌子面右侧拱腰至拱顶及右侧拱脚位置有溶洞,溶洞填充物为硬塑状岩溶物	
30	YK327 +205.5	围岩为中厚层微晶灰岩,掌子面右侧拱顶出现溶洞,溶洞上方围岩水平分层,溶洞上口宽度约1.5m,溶洞下边缘距离拱顶高度约3.5m,长度约2.5m,溶洞内有坍塌物	
31	YK327 +825 ~ YK327 +842	该段出现溶洞。揭露的围岩岩溶裂隙发育,岩层松散、破碎,夹有黄泥,风化严重,溶蚀作用强烈,拱顶及拱腰围岩为泥夹石,自稳能力差,有少量的裂隙水渗出	
32	YK328 +465 ~ YK328 +470	YK328 +470 揭露围岩呈灰色,风化溶蚀作用较强,岩溶裂隙较发育,拱顶局部易出现掉块现象;YK328 +465 ~ YK328 +470 段拱顶及线路内侧拱腰发育小型溶腔,溶腔内有黄色软塑状充填物,有少量岩溶裂隙水,充填物在开挖后出现掉落	
33	YK328 +610 ~ YK328 +613	该段线路外侧底板发育一小溶洞,孔口直径约3.1m,溶洞向下斜向底板外侧发育,深度较深,没有充填物;拱顶垂直发育一直径约0.5m岩溶管道,内侧拱腰发育一岩溶裂隙	
34	YK328 +678 ~ YK328 +688	YK328 +678 ~ YK328 +684 段隧道线路拱顶和 YK328 +686 ~ YK328 +688 段线路外侧拱腰分别发育一溶腔,溶腔内充填有黄泥,无水	
35	YK328 +953 ~ YK328 +983	该段出现溶洞。围岩为微晶灰岩,节理较发育,呈灰黑色,岩层石质较硬,强度较高,在掌子面拱顶左侧出现充水含泥溶洞,溶洞之间岩溶管道相通,是马槽洞地下河东侧向西排泄的支流,施工过程中经常出现突泥、突水,存在很大安全隐患	
36	YK329 +038 ~ YK329 +063	该段出现溶洞群	
37	YK329 +068	线路前进方向右侧拱腰至拱顶部位出现溶洞,溶洞朝正北方向发育,溶洞内充填物有黄泥、细砂,溶洞与溶隙岩溶管道相通	
38	YK329 +446.6 ~ YK329 +450.2	YK329 +446.6 ~ YK329 +450.2 出现溶洞,围岩为中厚层微晶灰岩,细晶白云岩,节理较发育,侧壁稳定,岩层间结合力较差,岩溶较发育,强度较低	
39	YK329 +630 ~ YK329 +672	该段出现溶洞。YK329 +672 掌子面发现溶洞,溶洞方向与隧道方向基本平行,溶洞发育逐渐扩大,呈不规则喇叭状向前延伸,围裹整个隧道断面。于 YK329 +630 处,溶洞扩展宽约60m,高度约72m,溶腔长约34m,溶洞内填充物为岩溶坍塌物含岩溶裂隙水,呈软塑状,颜色为黄褐色、黄色、红褐色,隧道底局部软塑状坍塌物厚度超过4m	
40	YK329 +893	马槽洞地下河与齐岳山隧道右线在 YK329 +893 处相交,YK329 +879 ~ YK329 +911 段为马槽洞地下河段主洞处理段	
41	YK329 +957 ~ YK329 +970	出现溶洞	
42	YK329 +969 ~ YK329 +980	路面下小溶洞	

恩黔恩来高速公路当阳坪隧道溶洞发育统计表 表6

序号	溶洞里程	溶洞揭示地质特征	图片
1	YK67 +985	2011年12月25日，YK67 +985断面地表下伏溶洞底板厚度约1.5～2.5m，溶洞高度约4m，洞长度7m，宽度约2m。中部发育一岩溶破碎富水区；断面左侧发育溶洞一直向左后方向延伸，长度约30m，宽度约1.5～3m，高度约2～5m；YK67 +970～YK67 +980地表下0～5m范围岩溶发育，存在岩溶溶蚀、溶腔，岩体破碎，存在夹泥含水区，局部富含水。溶洞投影面积约118m^2	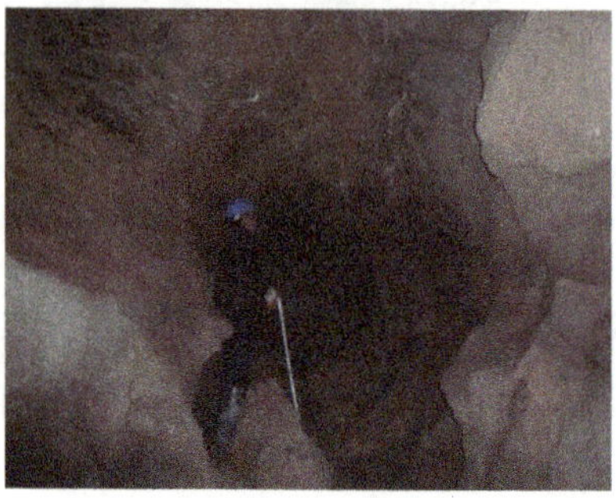
2	ZK67 +768～ZK67 +795	2011年12月30日，ZK67 +785揭露溶洞，自掌子面前方ZK67 +768～ZK67 +777范围洞身顶部向下发育至边墙，揭露溶洞洞口处，经隧道底下部向出口方向发展，并与底板揭露溶洞相连接，后与地下河相通。边墙处揭露溶洞最高处约13m，洞宽最大值约5m，洞长最大值约8m	
3	ZK67 +136～ZK67 +145、ZK67 +024～ZK67 +057	2012年10月27日，ZK67 +138～ZK67 +143段隧底有充填性溶洞，发育范围从隧底2.4m至4.8m；ZK67 +120～ZK67 + 125段隧底7.3～9.4m范围内溶蚀破碎；ZK67 +035～ZK67 +055段隧底0.5～1.2m范围内溶蚀破碎，裂隙夹泥；ZK67 +026～ZK67 +033段隧底1.1～3.2m范围内溶蚀破碎，裂隙夹泥	
4	ZK66 +981～ZK66 +995、YK67 +104～YK67 +126	2012年11月2日，ZK66 +988处清理洞渣后发现岩体裂隙发育并有少量夹泥，ZK66 +983～ZK66 +993段隧底表层0.7m以下岩体破碎、裂隙发育；YK67 +119处，清理洞渣后发现岩体裂隙较发育并有夹泥；YK67 +114处，发现岩体裂隙较发育并有夹泥	

续上表

序号	溶洞里程	溶洞揭示地质特征	图片
5	ZK67 +454 ~ ZK67 +495、ZK67 +398 ~ ZK67 +411	2012 年 6 月 17 日,当阳坪隧道 ZK67 + 404 ~ ZK67 +409、ZK67 +417 ~ ZK67 +425、ZK67 + 4456 ~ ZK67 + 462、ZK67 + 470 ~ ZK67 +493范围表层有溶槽、裂隙发育,发育深度在隧底以下 1 ~ 3m,ZK67 + 400 ~ ZK67 +404段有充填型溶洞发育,发育深度 2 ~4m	
6	YK67 +032	2012 年 10 月 15 日,YK67 +035 掌子面出现裂隙突水,之后进行超前水平钻探发现有浊水涌出,预测有突水突泥可能。10 月 17 日上午,掌子面施工至 YK67 +032 时,拱顶出现溶洞,并有大量黑色泥水涌出,将隧底淹没,之后从 YK67 + 145 车行横洞涌向左洞,并继续向来风端涌出,最终排入 YK67 + 270 地下河。19 日,在突泥情况稳定后开始清理隧道积泥,至 25 日,隧道内仍有 70m 正在清理中。26 日,对掌子面左中右进行超前水平钻孔 20m,未发现异常。27 日现场察看出现,拱顶有 5 处溶洞,呈喇叭口状,腔体向上延伸,高度不可测。其中 4 个洞口直径约 40cm,另 1 个洞口直径约 80cm。直径较大,洞口有泥水涌出,遇雨天水量加大	 

恩黔恩来高速公路高罗隧道溶洞发育统计表　　表 7

序号	溶洞里程	溶洞揭示地质特征	图片
1	YK62 +483.7	2012 年 4 月 4 日,当开挖至 YK62 + 483.7 时,拱顶正上方揭露溶洞,向下突水、突泥,泥为黄色,黏性较大,将掌子面前方覆盖,长度约 15m(YK62 + 468 ~ YK62 +483.7),厚度 0.5 ~ 1.5m。伴随黄泥掉落时有坍塌轰鸣声,并带动顶部局部掉块	

续上表

序号	溶洞里程	溶洞揭示地质特征	图片
2	ZK62 +547	2012年5月4日，揭露溶腔，ZK62+547为溶腔起点，充填软塑粉质黏土，局部夹有大块孤石。拱部有两处溶腔向上发育：偏左侧发育深度距拱顶约2m，环向长度5m，纵向距离3.5m；中部发育深度约2m，环向长度5m，纵向距离3.5m。拱顶偏右侧有突出岩体伸向溶腔，长度2m（桩号ZK62 +549），突出岩体在ZK62+547处有一道裂隙向右发育，裂隙中间有小型溶腔，裂隙与洞身溶腔间岩体形似孤石	
3	YK62 +527	2012年7月1日，揭露溶洞，YK62+527为溶腔起点，拱部有溶腔向上发育：从拱顶偏左向右侧环向长度8m，发育深度距拱顶约2m，纵向长度1m，左右侧壁有裂隙发育，充泥，有点状渗水	
4	ZK62 +549.8 ~ ZK62 +556	从2012年7月15日开始拱顶间断掉落孤石，ZK62+552处部分已施工完成的超前锚杆也随石掉落。个别石块尺寸达到2.5m×1.5m×1.2m，将ZK62+549.8~ZK62+552.2段已架设好的工字钢砸断。因掉落拱顶出现空腔，实测空腔垂直高度7.4m，环向宽度8m，纵向长度3.5m。7月21日，拱顶不断掉落大块巨石及黏土，造成拱顶空腔进一步扩大，实测空腔垂直高度约10m，环向宽度9m，纵向长约7m，但仍时有石块及黏土掉落	
5	ZK62 +624 ~ ZK62 +634	2012年11月22日，左线施工至ZK62+624，掌子面右侧边墙出现一处溶腔，高度约12m，向上延伸至拱部拱轮廓线外5m，环向宽度6m，纵向长度5m。溶腔顶部岩体不稳，有黏土夹孤石掉落，边墙有水渗出，有向前方（来风端）发展趋势	

续上表

序号	溶洞里程	溶洞揭示地质特征	图　片
6	ZK62 + 640 (1 号人行横洞)	2012 年 12 月 6 日,1 号人行横洞位于左线 ZK62 + 640,设计长度 17m(里程标号 K0 + 000 ~ K0 + 017 表示从左测设线至右测设线),设计为Ⅱ级围岩。施工时发现拱部出现溶腔,充填可塑状粉质黏土,围岩的完整性和稳定性差。其中在 K0 + 004 处拱顶溶洞向上发育,洞口直径约 1m,深度约 3m,有水渗出,不时有黏土掉落	

恩黔恩来高速公路李家槽隧道溶洞发育统计表　　表 8

序号	溶洞里程	溶洞揭示地质特征	图　片
1	ZK37 + 356 ~ ZK37 + 361	2011 年 11 月 3 日左洞施工时,发现溶洞,溶洞自 ZK37 + 356 至 ZK37 + 361 右侧拱腰斜向上发育,直径约 1m,长度约 10m,溶洞内腔填充物为黄泥,无水	
2	ZK37 + 400 ~ ZK37 + 408	2011 年 11 月 29 日,ZK37 + 400 掌子面处有一较大溶洞,左侧拱腰斜向上发展,纵向约 3m,环向约 6m,溶洞空腔内黄泥充填	
3	ZK37 + 408	2011 年 12 月 7 日,ZK37 + 408 处发现溶洞,在拱腰处斜向上发育,可见洞口长度 2m,宽度 70cm,溶腔内黄泥填充,有少量滴水,掌子面围岩破碎,裂隙发育	

续上表

序号	溶洞里程	溶洞揭示地质特征	图片
4	ZK37 +437	2011 年 12 月 20 日，ZK37 +437 处发现溶洞，溶洞在左拱脚侧向发育，长度约 3 m，高度约 60cm，深度约 3m，溶腔内无填充物，无水。隧道施工至 ZK37 +440 掌子面围岩破碎，节理裂隙发育，拱顶有少量坍塌	
5	ZK37 +508	2012 年 5 月 9 日，在左侧拱腰发现溶洞，溶腔纵向长度 3m，并向外侧及前方延伸，环向长度 8m，高度 6m，斜向上发育，并向下发展，局部黄泥填充。下雨时，有淋雨状滴水。掌子面围岩属中风化灰岩，产状近水平，层间结构面结合强度较弱，围岩较完整～较破碎，开挖易掉块或局部坍塌	
6	ZK37 +518	2012 年 5 月 15 日，在右侧拱腰发现溶洞，溶腔纵向长 5m，并斜向上及前方延伸，环向长度 3m，高度 3.5m，向外侧发育，无填充、无水。ZK37 +520 掌子面围岩属中风化灰岩，产状近水平，层间结构面结合强度较弱，围岩较完整～较破碎，开挖易掉块或局部坍塌	
7	ZK37 +528	2012 年 5 月 19 日，围岩属中风化灰岩，产状近水平，节理、裂隙发育，薄层～中厚层状构造，层间结合强度较差，围岩较完整～较破碎，受地质构造影响严重，开挖易掉块或局部坍塌，在拱顶发现溶洞，溶腔纵向长 2m，环向长度 3m，高度 6m，斜向上发育，无填充，下雨时，有淋雨状出水	

续上表

序号	溶洞里程	溶洞揭示地质特征	图　片
8	ZK37+583	2012年6月9日，ZK37+583右侧拱腰发现溶洞，可见溶腔纵向约4m，并且斜向上发育，横向约5m，侧向发育，高度约4m；溶腔内黄泥填充，无水；掌子面ZK37+585围岩属中风化灰岩，产状近水平，层间结合度差，围岩较完整～较破碎，受地质构造影响严重，开挖易掉块或局部坍塌	
9	YK37+437～YK37+442	2012年4月16日，YK37+437左侧拱腰处发现溶洞，溶洞自拱脚向拱腰斜左上发育，可见溶洞纵向长度5m，横向宽2m，高度3m，无水。在YK37+442掌子面为中风化灰岩，倾角约25°，层间结构面结合强度一般。拱顶发育一大型岩溶裂隙，可见溶洞纵向长度为3m，横向宽度2m，高度6m，斜向上发育，深不可测，可能通天，无水	
10	YK37+447	2012年4月16日在右线掌子面YK37+442发育的溶洞继续向前发展并延伸，原变更终点里程未完成对该溶洞的处理。YK37+447掌子面情况如下：中厚层状灰岩，倾角约25°，层间结构面结合强度一般；拱顶可见溶洞空腔纵向长度为3m，横向宽度2m，斜向上发育，深不可测，可能通天，无水；在掌子面中间偏右处发育一垂直贯穿掌子面岩溶裂隙，裂隙宽度约为20cm	
11	YK37+458	2012年4月25日，在YK37+458左侧拱腰发现溶洞，溶腔纵向长度2m，横向宽度1m，高度4m，局部黄泥填充，无水。掌子面围岩属中风化灰岩，层间结构面结合强度一般，围岩较完整～较破碎，开挖易掉块或局部坍塌	

恩黔恩来高速公路大岩坝隧道溶洞发育统计表　　表9

序号	溶洞里程	溶洞揭示地质特征	图片
1	ZK41 +240 ~ ZK41 +262	2011年10月22日，隧道开挖至桩号ZK41 +262左前方显现溶洞，自掌子面前方约22m处，沿约270°方向发育，最终在隧道ZK41 +240处与地下岩溶通道相连，不可见底终点处岩层倾角约75°。溶洞区最大边长度超过22m，平面投影面积超过300m²，洞高度1~11m，洞宽度0.5~3.5m。底板自ZK41 +262~ZK41 +240大约呈25°自上向下发展	
2	ZK41 +279 ~ ZK41 +294	2011年11月27日，在ZK41 +280至ZK41 +282段拱腰发现溶洞，斜向上发展，直径约2m，并自ZK41 +279开始至ZK41 +294向拱腰发展裂隙，溶洞宽度为25~40cm。在ZK41 +286至ZK41 +289拱顶发现溶洞，沿拱顶向上发展，直径约3m，溶洞内腔填充物为黄泥，少量滴水	
3	ZK41 +367 ~ ZK41 +368	2011年12月27日，在ZK41 + 367 ~ ZK41 +368右侧拱腰处发现溶洞，横向约2m，高度约5m，向右上方发育，纵向约1m，有少量滴水；隧道施工至ZK41 +368掌子面围岩破碎，裂隙发育	
4	ZK41 +460 ~ ZK41 +470	2012年4月12日，ZK41 +460掌子面右侧拱腰处发现溶洞，溶洞自拱腰至拱顶斜向上发育，可见溶洞纵向分布ZK41 +460 ~ ZK41 +463，横向宽度2m，高度3m，溶洞内黄土填充	

恩黔恩来高速公路牛塘隧道溶洞发育统计表 表10

序号	溶洞里程	溶洞揭示地质特征	图片
1	ZK64+452.5~ZK64+457.5	2011年11月23日,ZK64+453~457.3边墙底部仰拱开挖过程中出现大型溶洞,溶洞内为粉质黏土充填	
2	ZK64+625	2012年2月20日,ZK64+625溶洞处进行现场查勘,溶洞宽度3~6m,与隧道斜交,从隧道左洞左侧斜向右侧发育,与路线斜交,右侧边墙外继续向下发育,无充填物	
3	YK64+666	2012年7月17日,YK64+666掌子面进行现场查勘,围岩设计为Ⅱ级围岩,支护形式采用SF-Ⅱ型支护,开挖揭示右线YK64+666掌子面出现溶洞,溶洞从拱顶左侧斜向右侧拱脚分布,左侧拱顶溶洞纵向约7m长,深度约5m,宽度约5m,纵向向掌子面前方延伸	
4	YK64+649	2012年8月12日,右线YK64+649~YK64+655隧道底板距右侧边墙约1m处发育溶洞,溶腔内有黏土填充,溶洞纵向长度约6m,宽度约6m,深度约6m	

恩黔恩来高速公路白岩脚隧道溶洞发育统计表　表 11

序号	里程桩号	溶洞揭示地质特征	图片
1	YK98 +326	2012 年 3 月 23 日开挖 YK98 +326 上半断面时揭示溶洞。溶洞纵向长度 14m (YK98 +312 ~ YK98 +326),横向长度 23m,深度 25 ~ 30m。溶洞左侧有一个直径 4m、深度 21m 的竖井。溶洞内围岩破碎,层间结合能力差,易发生坍塌掉块;岩层产状近似水平,中间夹黏性土。为无填充溶洞,多处有滴水;溶洞曾发生多起塌方	 
2	YK98 +313	2012 年 5 月 23 日,拱顶左侧发现溶洞,环向宽度约 4.5m,纵向长度约 5.1m,竖向深度约 3m,溶腔内裂隙渗水,无填充。该溶洞为 YK98 +326 ~ YK98 +312 溶洞向拱顶的延伸。围岩为中风化灰岩层间结合较差,属较硬岩、较破碎,节理发育,中厚层状构造,块石砌体结构围岩。岩层倾角 25° ~30°,岩层倾向斜切掌子面。雨季呈点滴状出水	
3	YK98 +307	2012 年 5 月 28 日,围岩为中风化灰岩层间结合较差,属较软岩、较破碎,节理、裂隙发育,裂隙内黏土充填,裂面被铁锰质氧化物浸染,掌子面左侧见一小溶洞,有向上发展趋势,中厚层状构造,块石砌体结构围岩,层间结构度差。岩层倾角 25° ~30°,岩层倾向斜切掌子面。雨季呈点滴状出水	

续上表

序号	里程桩号	溶洞揭示地质特征	图片
4	ZK98 +328	2012 年 6 月 29 日，ZK98 + 328 处掌子面拱顶右侧发现溶洞，环向宽度约 3.5m，纵向长度约 3.1m，竖向深度约 3m，溶腔内裂隙渗水，为泥夹石填充	
5	YK98 +262	2012 年 8 月 13 日，掌子面拱顶至起拱线处发现溶洞，环向宽约 8.1m、纵向长度约 6.2m、竖向深度约 4.7m 的溶洞，溶洞内充填粉质黏土和块石，地下水为滴水状。裂隙内黏土充填，裂面被铁锰质氧化物浸染，中厚层状构造，块石砌体结构围岩，层间结构度差。岩层倾角 25° ~30°，岩层倾向斜切掌子面	

恩黔恩来高速公路熊家槽隧道溶洞发育统计表　　表 12

序号	里程桩号	溶洞揭示地质特征	图片
1	YK99 +845	2012 年 8 月 25 日，掌子面左侧拱腰出现溶洞，溶洞纵向 3m、横向 5m、深度 3m，无填充。掌子面围岩为中风化灰岩夹黏土，较硬岩夹软岩，中厚层状构造，岩体较破碎，节理、裂隙较发育，裂隙内充填粉质黏土，层间结合度差，受地质构造影响严重，呈碎块压碎结构，开挖时易掉块及坍塌	
2	YK99 +854	2012 年 8 月 29 日，掌子面左侧拱腰出现溶洞，溶洞纵向 3m、环向 3m、深度 2 ~4m，无填充。掌子面为岩溶发育区，围岩为中风化灰岩夹黏土，较硬岩夹软岩，中厚层状构造，岩体较破碎，裂隙内充填粉质黏土，层间结合度差，呈碎块压碎结构，开挖时易掉块及坍塌	

恩黔恩来高速公路花果山隧道溶洞发育统计表 表13

序号	里程桩号	溶洞揭示地质特征	图片
1	ZK94 +366	2011年10月28日,ZK94 +366拱顶出现溶洞,溶洞呈台体贯穿山顶,上口约2.8m×2m、下口约3m×6m、深度约6.5m,地表塌空与洞内相通,还有向大里程发展趋势	
2	YK94 +675 ~ YK94 +685	2012年5月19日,YK94 +675处掌子面揭示溶洞。拱顶溶洞继续向线路方向延伸,与隧道纵向轴线呈45°,溶洞口尺寸为纵向约20m,横向约1.5m。围岩为中风化灰岩,夹少量薄层炭质灰岩,较破碎、中~厚层层状砌体结构围岩,层间结合程度较差,开挖时少量掉块	
3	YK94 +685 ~ YK94 +700	2012年5月19日,YK94 +685处掌子面揭示溶洞。拱顶溶洞继续向线路方向延伸,与隧道纵向轴线呈45°,溶洞口尺寸为纵向长度约40m,横向宽度约1.5m,高度无法探测。围岩为中风化灰岩,夹少量薄层炭质灰岩,较破碎、中~厚层层状砌体结构围岩,层间结合程度较差,开挖时少量掉块	
4	YK94 +780 ~ YK94 +796	2012年6月15日下午5时左右,掌子面(YK94 +780)正前方下半断面处出现溶洞。溶洞尺寸纵向约10m,横向约16m,深度约8m。溶洞左侧有一个直径约6m、深度约15m的竖井,溶洞内围岩为微风化灰岩,中厚层构造,为较硬岩;岩体水平发育,层厚为20~40cm,溶腔内拱顶易塌方。溶腔存在巨大孤石,无裂隙水,降雨时,为点滴状出水	

续上表

序号	里程桩号	溶洞揭示地质特征	图　片
5	ZK94 +860 人行横洞	2012 年 8 月 16 日，ZK94 +860 人行横洞处掌子面拱顶出现溶洞，溶腔环向约 5m，纵向约 2.5m，深度暂无法探测	
6	ZK97 +572	2011 年 12 月 20 日，ZK97 +572 处掌子面发现溶洞。溶洞横向宽度约 3.0m，纵向长度 2.2m，竖向深度约 5m，溶洞淤泥填充，有渗水。掌子面围岩破碎，岩面潮湿，岩层接近水平产状	
7	YK97 +477 ~ YK97 +475	2011 年 12 月 30 日，YK97 +477 溶洞延伸至右侧边墙，竖向高度约 5.5m，纵向长度约 3.0m，横向深度约 2.0m。掌子面拱顶围岩风化严重，易坍落。 2011 年 12 月 31 日，上台阶进尺至掌子面桩 YK97 +476.5，累计进尺 94.5m，YK97 +477 溶洞继续向小里程延伸、扩大。 2012 年 1 月 1 日，上台阶进尺至掌子面桩 YK97 +476，累计进尺 95m，YK97 +477 溶洞继续向小里程拱顶延伸、扩大。溶洞尺寸暂时无法探明。 2012 年 1 月 3 日，上台阶进尺至掌子面桩 YK97 +475，累计进尺 96m，YK97 +475 整个掌子面均为泥加石填充，中午 12:30 掌子面垮塌，溶洞尺寸暂时无法探明。 2012 年 1 月 5 日，YK97 +475 处掌子面拱顶泥夹石填充垮塌(约 $200m^3$)	 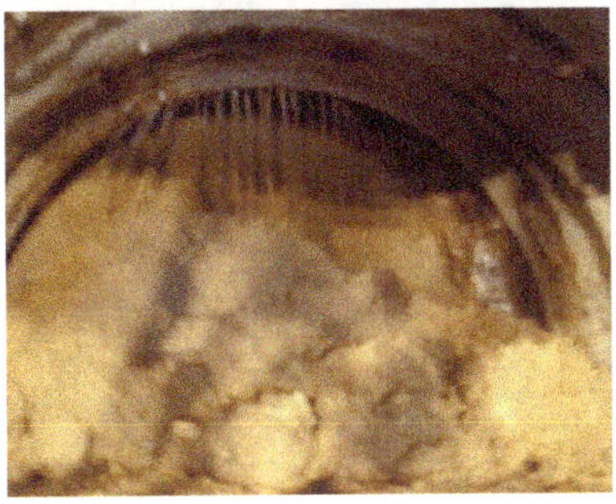

续上表

序号	里程桩号	溶洞揭示地质特征	图片
8	ZK97 +461	2012 年 3 月 13 日，ZK97 +461 掌子面拱顶出现溶洞，环向宽度约 14m，纵向长度约 4m，深度最小处约 2.5m、最大处约 10m，溶洞为泥土填充。掌子面围岩为强风化中厚层灰岩加薄层钙质、炭质页岩，岩体裂隙发育，岩体破碎，拱部易塌方掉块，产状为水平分层，局部有可见水流。溶洞为泥夹石填充	
9	ZK97 +451	2012 年 3 月 22 日，ZK97 +451 处掌子面拱顶偏左发现溶洞，环向宽度约 4.5m，纵向长度约 4.0m，竖向深度约 6.0m。围岩为中风化灰岩夹薄层页岩，属较硬岩夹软质岩、较破碎、薄～中厚层状砌体结构围岩。拱顶页岩和灰岩结合程度较差，开挖易掉块，点滴状出水，局部淋雨状	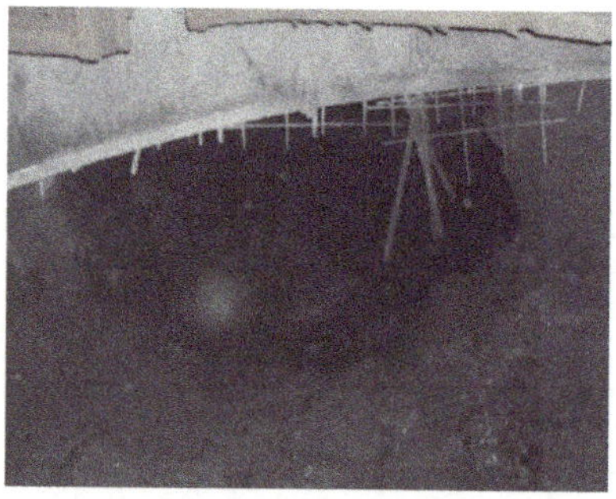
10	ZK97 +110	2012 年 8 月 14 日，ZK97 +110 处掌子面右侧拱肩至拱脚发现溶洞，溶腔内泥夹石充填，已垮塌。竖向高度约 7.0m，纵向长度约 2.5m，横向宽度最大处约 1.5m，最小处约 1.0m	
11	YK97 +104	2012 年 8 月 21 日，YK97 +104 处掌子面拱顶发现溶洞，环向宽度约 7.5m，纵向长度约 4.0m，竖向深度约 1.5m。围岩为微风化灰岩，属较硬岩，中厚层状结构围岩，岩层倾角 10°～15°。围岩强度较高，稳定性较强，拱部岩溶发育，裂隙夹泥	

续上表

序号	里程桩号	溶洞揭示地质特征	图　　片
12	ZK97 +092、YK97 +100	2012 年 8 月 22 日，ZK97 +092、YK97 +100 处掌子面拱顶发现溶洞，溶腔内泥夹石充填，已垮塌。ZK97 +092 拱顶溶洞纵向长度约 6.0m，环向宽度约 6.0m，竖向高度约 1.8 ~3.4m；YK97 +100 拱顶溶洞纵向长度约 6.0m，环向宽度约 7.5m，竖向高度约 1.7 ~2.8m	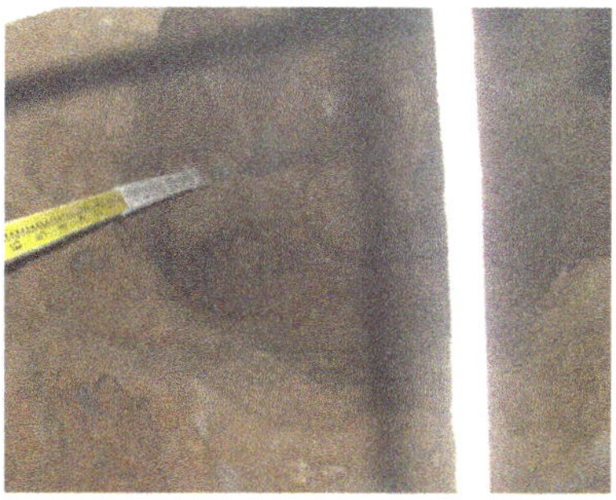
13	YK97 +055 ~ YK97 +065	2012 年 8 月 31 日，ZK97 +065 处掌子面为岩溶发育区，围岩为中风化灰岩，中厚层碎块状构造，节理、裂隙发育，宽度约 5 ~10cm，裂隙内充填粉质黏土，受地质构造影响严重，层间结合度差，开挖时掉块较严重或产生小型坍塌。 2012 年 9 月 3 日，ZK97 +062 处掌子面拱顶至左侧拱脚发现溶洞群，相互连通，并向上方和左下侧及小里程方向发展，可见溶洞尺寸环向约 12m，纵向约 11m，深度无法探测，溶腔内围岩破碎，掉块严重，拱顶见一处降泉，泉眼直径约 5 ~8cm	
14	YK97 +029	2012 年 9 月 16 日，YK97 +029 处掌子面拱顶发现溶洞，环向宽度约 5.5m，纵向长度约 2.6m，竖向深度约 2.0m	
15	ZK97 +047	2012 年 9 月 17 日，ZK97 +047 处掌子面拱顶偏左发现溶洞，环向宽度可见约 4.0m，纵向长度可见约 4.0m，竖向深度可见约 2.5m，并向上方和右下侧及小里程方向发展	

续上表

序号	里程桩号	溶洞揭示地质特征	图片
16	YK96 +919 ~ YK96 +921	2012 年 10 月 22 日，YK96 +921 掌子面左侧发育溶洞，环向可见宽度约 12m，纵向可见长度约 8m，横向可见深度约 4m。岩溶通道在左侧拱肩位置继续向小里程延伸，在左侧拱腰位置向外延伸。溶洞区域，围岩破碎，岩层倾角 25° ~ 30°，倾向洞内，结构不稳，易产生顺层滑塌，危及拱顶围岩的稳定性	
17	ZK96 +917 ~ ZK96 +921	2012 年 10 月 29 日，ZK96 +921 掌子面右侧拱腰位置发现溶洞，掌子面背后可见溶腔。 2012 年 10 月 30 日，ZK96 +917 右侧拱脚至拱腰处发现溶洞，纵向可见长度约 4m，竖向可见高度约 7m，横向可见深度约 2m。岩溶通道继续向小里程拱顶右上方发展，溶洞区域，围岩破碎，岩层倾角 10° ~ 20°，倾向洞内，结构不稳，易产生顺层滑塌，危及拱顶围岩的稳定性。 2012 年 10 月 31 日，ZK96 +914 处掌子面拱顶偏右发育溶洞，环向宽度约 6m，纵向长度约 3m，横向深度约 2.5m，岩溶通道在右侧拱肩位置继续向小里程延伸	 
18	YK96 +884	2012 年 11 月 2 日，YK96 +884 处掌子面拱顶至右侧拱脚为中风化灰岩，中厚层状构造，岩层倾角 10° ~ 15°，节理裂隙较发育，裂隙内充填粉质黏土。掌子面中下部、右侧拱腰处发现溶洞。中下部溶洞宽度约 2m，高度约 4m；右侧拱腰处溶洞纵向长度约 4m，竖向高度约 5m，横向深度约 2m，并继续向小里程发展	

参考文献

[1] 葛颜慧.岩溶隧道突水风险评价与预警机制研究[D].济南:山东大学,2010.

[2] 黄鑫.隧道突水突泥致灾系统与充填溶洞间歇型突水突泥灾变机理[D].济南:山东大学,2019.

[3] 李利平.高风险岩溶隧道突水灾变演化机理及其应用研究[D].济南:山东大学,2009.

[4] 黄镇东,巩德顺,邹广严.西部大开发 交通要先行[N].人民日报,2000-08-28(012).

[5] 王梦恕.21 世纪山岭隧道修建的趋势[J].铁道标准设计,2004,9:38-40.

[6] 林蓉辉.减轻自然灾害预警系统国际讨论会在德国举行[J].国际地震动态,1999,(3):16-18.

[7] 中国国际减灾十年委员会.中华人民共和国减灾规划[J].中国减灾,1998,(3):3-10.

[8] 张之淦.岩溶圈系统及其研究方法[J].中国岩溶,2007,26(1):1-10.

[9] Folk R L. Practical Petrographic Classification of Limestones[J]. AAPG Bulletin,1959,43(1):1-38.

[10] Wilson J L. Characteristics of Carbonate-Platform Margins [J]. AAPG Bulletin. 1974,(5):810-824.

[11] Bathurst R. Carbonate sediments and their diagnosis [J]. Elsevier scientific publishing company,1976.

[12] Burger A,Dubertret L. Hydrogeology of karstic terrains[M]. IAH,Paris,1975.

[13] Quinlan J F. Special problems of ground-water monitoring in karst terrains[J],Ground water and vadose zone monitoring[J]ASTM STP,1990,1053.

[14] Filipponi M,Jeannin P Y,Parriaux A. Improvements for the prediction of karst occurrences intunneling[C]. geoscience-meeting. scnatweb. ch,2001.

[15] Philipp Häuselmann,Pierre-Yves Jeannin,Thomas Bitterli. Relationships between karst and tectonics:case-study of the cave system north of Lake Thun (Bern,witzerland) Relations entre karst et tectonique:I´exemple du réseau spéléologique du nord du lac de Thoune (Berne,Suisse)[J]. Geodinamica Acta,1999,12(6):377-388.

[16] Plan L,Decker K,Faber R. Attributed sinks-a GIS-tool quantifying morphological vulnerability parameters in karstic catchment area,geophysical research abstract[J]. European geophysical society,2003.

[17] Pascal F, N N Cat, Claude D, et al. Influence of tectonics and neotectonics on the morphogenesis of the peak karst of Halong Bay,Vietnam[J]. Geodinamica Acta,1999,12(3-4):193-200.

[18] Orndorff R C,George E H. Hydrogeologic framework of the northern Shenandoah valley carbonate aquifer system[C]. US geological survey karst interest group proceedings,Shepherdstown,west Virginia,2002:20-22.

[19] Orndorff R C, David J W, Stanka S. Geologic framework of the ozarka of south-central

Missouri—contributions to a conceptual model of karst[C]. geological survey karst interest group proceedings, water-resources investigations report 01-4011, 2001.

[20] 卢耀如. 中国南方喀斯特发育基本规律的初步研究[J]. 地质学报, 1965, 45(1): 108-128.

[21] 任美锷, 刘振中, 王飞燕, 等. 中国岩溶发育规律的若干问题[J]. 南京大学学报(自然科学版), 1979, 4: 95-108.

[22] 易志雄. 醴陵市区岩溶发育规律与岩溶地基工程分类[J]. 湖南地质, 1998, 17(2): 127-131.

[23] 陈佑德. 贵阳市开阳县香火岩风景区的岩溶风景类型及成因探讨[J]. 地质地球化学, 2001, 29(2): 100-103.

[24] 沈继方, 李焰云, 徐瑞春, 等. 清江流域岩溶研究[M]. 北京: 地质出版社, 1996.

[25] 王增银, 万军伟, 姚长宏. 清江流域溶洞发育特征[J]. 中国岩溶, 1999, 18(2): 151-158.

[26] Benson A K. Applications of ground penetrating radar in assessing some geological hazards: examples of groundwater contamination, faults, cavities[J]. Journal of Applied Geophysics, 1995, 33(1-3): 177-193.

[27] Ulriksen P F. Application of impulse radar to civil engineering[J]. Lund university. of technology, 1982.

[28] Black K, Kopac P. The application of ground penetrating radar in highway engineering [J]. Public Roads, 1992, 56(3): 96-103.

[29] Casas A, Lazaro R, Vilas M, et al. Detecting karstic cavities with ground penetrating radar at different geological environments in Spain [C]// Proceedings of the 6th International Conference on Ground Penetrating Radar. Sendai, Japan, 1996: 455-460.

[30] John W B. Applications of GPR Technology to Humanitarian Demining Operations in Cambodia: Some Lessons[J], Brooks Enterprises International, Inc., 1996.

[31] Christian D K. Fuzzy rule-based expert system for short-range seismic prediction [J]. Computers & Geosciences, 2002, 28(3): 377-386.

[32] Inazaki T, Isahai H, Kawamura S, et al. Stepwise application of horizontal seismic profiling for tunnel prediction ahead of the face[J]. The Leading Edge, 1999, 18(12): 1429-1431.

[33] Nobuyuki S, Takuro K. Development and application of seismic reflection survey in a tunnel using hydraulic impactor and Vibrator, SEGJ International Symposium, 2004.

[34] Dtto R, Button E, Bretterebrer H, et al. The Application of TRT-Ture Reflection Tomogaphy-at the Unterwald Tunnel[J]. Geophysics, 2002, 2: 51-56.

[35] Ioannis F L, Antonios P V, Filippos I L, et al. The use of geophysical prospecting for imaging the aquifer of Lakkacarbonate [J]. Journal of the Balkan geophysical society, 2002, 5(3): 97-106.

[36] Franjo S, Mario W. Evaluation of resistivity and seismic methods for hydrogeologycal mapping in karst terrains[J]. Journal of Applied geophsics, 2001, 7: 13-38.

[37] Pitambar G, Surendra R P, Hisao A. Mapping of subsurface structure with gamma ray and

electrical resistivity profiles: a case study from Pokhara valley, central Nepal [J]. Journal of applied geophysics, 2000, 45(2): 97-110.

[38] 王梦恕. 对岩溶地区隧道施工水文地质超前预报的意见[J]. 铁道勘查, 2004, 1: 7-10.

[39] 白冰, 周健. 探地雷达测试技术发展概况及其应用现状[J]. 岩石力学与工程学报, 2001, 20(4): 527-531.

[40] 吴俊, 毛海和, 应松, 等. 地质雷达在公路隧道短期地质超前预报中的应用[J]. 岩土力学, 2003, 24 (S1): 154-157.

[41] 余志雄, 薛桂玉, 周创兵. 复信号分析技术及其在地质雷达数字处理中的应用[J]. 岩石力学与工程学报, 2005, 24(5): 798-802.

[42] 刘斌, 李术才, 李树忱, 等. 复信号分析技术在地质雷达预报岩溶裂隙水中的应用研究[J], 岩土力学, 2009, 30(7): 2191-2196.

[43] 柳刚, 李术才, 薛诩国, 等. 基于小波变换的雷达低信噪比信号处理技术及应用研究[J]. 工程勘察, 2009, 9: 85-90.

[44] 王鹰, 陈强, 魏有仪, 等. 红外探测技术在圆梁山隧道突水预报中的应用[J]. 岩石力学与工程学报, 2003, 22(5): 855-857.

[45] 李貅, 郭文波. 瞬变电磁法在煤田矿井涌水通道勘察中的应用[J]. 西安工程学院学报, 2000, 22(3): 35-38.

[46] 李貅, 武军杰, 曹大明, 等. 一种隧道水体不良地质体超前地质预报方法-瞬变电磁法[J]. 工程勘察, 2006, (3): 70-75.

[47] 苏茂鑫, 李术才, 李貅. 瞬变电磁三维成像技术在地质预报中的应用[J]. 山东大学学报(工学版), 2009, 39(4): 61-64.

[48] 吴有信. 宜万铁路马鹿箐隧道瞬变电磁法勘察效果[J]. 工程地球物理学报, 2007, 4(1): 21-26.

[49] 肖书安, G. Sattel. 瑞士隧道工程中的地质超前预报测量[J]. 广东公路交通, 1998, (S1): 115-120.

[50] 齐传生. TSP202 隧道地震波超前地质预报系统的应用[J]. 世界隧道, 1999, (1): 36-40.

[51] 刘志刚. 隧道地震勘探(TSP)在工程中的应用[J]. 铁道建筑技术, 2001, (5): 1-3.

[52] 刘志刚, 刘秀峰. TSP(隧道地震勘探)在隧道隧洞超前预报中的应用与发展[J]. 岩石力学与工程学报, 2003, 22(88): 1399-1402.

[53] 刘秀峰, 李忠. TSP 探测数据采集和处理中应注意的几个问题[J]. 石家庄铁道学院学报, 2002, 15(2): 56-59.

[54] 李忠, 刘秀峰, 黄成麟. 提高 TSP202 超前预报系统探测距离的技术措施的研究[J]. 岩石力学与工程学报, 2003, 22(3): 472-475.

[55] 薛翊国, 李术才, 张庆松, 等. TSP203 超前预报系统探测岩溶隧道的应用研究[J]. 地下空间与工程学报, 2007, 3(7): 1187-1191.

[56] 许振浩, 李术才, 张庆松. TSP 超前地质预报地震波反射特性研究[J]. 地下空间与工程学报, 2008, 4(4): 640-644.

[57] 孙克国, 李术才, 张庆松. TSP 在岩溶区山岭隧道预报中的应用研究[J]. 山东大学学报

(工学版),2008,38(1):74-79.

[58] 钟世航. 陆地声纳法的原理及其在铁路地质勘测和隧道施工中的应用[J]. 中国铁道科学,1995,16(4):48-55.

[59] 钟世航,曹大明. 隧道中用陆地声纳法在开挖的岩面或衬砌表面测围岩松弛带深度[J]. 岩石力学与工程学报,2005,24(10):1722-1727.

[60] 朱劲,李天斌,李永林,等. Beam 超前地质预报技术在铜锣山隧道中的应用[J]. 工程地质学报,2007,15(2):258-262.

[61] 杨卫国,王立华,王力民. BEAM 法地质预报系统在中国 TBM 施工中应用[J]. 辽宁工程技术大学学报,2006,(S2):161-162.

[62] 孙广忠. 军都山隧道快速施工超前地质预报指南[M]. 北京:中国铁道出版社,1990.

[63] 刘志刚. 概论岩溶或地质复杂隧道隧洞地质灾害超前预报技术[J]. 铁道建筑技术,2003,(2):1-5.

[64] 曲海峰,刘志刚,朱合华. 隧道信息化施工中综合地质预报技术[J]. 岩石力学与工程学报,2006,25(6):1246-1251.

[65] 齐传生,王洪勇. 圆梁山隧道综合超前地质预报技术[J]. 铁道勘察,2004,(5):52-56.

[66] Zang C W, Huang H W, Zhang Z X. Forecasting the strata condition of along road tunnel by using synthetic judgement[J]. International Journal of Rock Mechanics and Mining Sciences, 2004,41(3):406-407.

[67] 谢勇谋. 国道 317 线鹧鸪山隧道施工地质预报研究[D]. 成都:成都理工大学,2004.

[68] 闫红江. 牛岭界隧道施工综合地质预报技术[J]. 现代隧道技术,2005,42(5):60-65.

[69] 王锦山,王力,曹志刚,等. 厦门海底隧道综合超前地质预报实践[J]. 岩石力学与工程学报,2007,26(11):2309-2317.

[70] 李术才,薛翊国,张庆松,等. 高风险岩溶地区隧道施工地质灾害综合预报预警关键技术研究[J]. 岩石力学与工程学报,2008,27(7):1297-1307.

[71] 李术才,李树忱,张庆松,等. 岩溶裂隙水与不良地质情况超前预报研究[J]. 岩石力学与工程学报,2007,26(2):217-224.

[72] 张庆松,李术才,韩宏伟,等. 岩溶隧道施工风险评价与突水灾害防治技术研究[J]. 山东大学学报(工学版),2009,39(3):106-110.

[73] 薛翎国,李术才,张庆松,等. 隧道信息化施工岩溶裂隙水超前地质预报[J]. 岩土力学,2008,29(12):3360-3364.

[74] 李术才. 隧道突水突泥灾害源超前地质预报理论与方法[M]. 北京:科学出版社,2015.

[75] Einstein H H, Vick S G. Geological model for tunnel cost model[J]. Proc Rapid Excavation and Tunneling Conf,1974:1701-1720.

[76] Einstein H H, Chiabverio F, Koppel U. Risk analysis for Alder tunnel[J]. Tunnels & Tunneling, 1994,26(11):28-30.

[77] Einstein H H, Risk and risk analysis in rock engineering[J]. Tunneling & Underground Space Technology,1996,11(2):141-155.

[78] 陈龙. 城市软土盾构隧道施工期风险分析与评估研究[D]. 上海:同济大学,2004.

[79] Snel A J M,Van Hasselt D R S. Risk management in the Amsterdam North/South Metro line A matter of process-communication insteas ofcalculation[A]. Proceedings of the world tunnel congress 99,1999:179-186.

[80] Snel A J M. Society,Tolerable and the ALARP principle[J]. Probabilistic risk and hazard assessment. 1993:243-295.

[81] Sharp J V,Kam J C,Birkinshaw M. Review of criteria for inspection and maintenance and artic engineering[J]. (OMAE 1993),1993,2:363-371.

[82] Sturk R. Olsson L,Johansson U. Risk and Decision Analysis for Large Underground Projects as Applied to the Stock holm Ring Road Tuniels [J]. Tunnelling and Underground Space Technology,1996,11(2):157-164.

[83] Nilsen B,Palmstrom A,Stille H. Quality control of a sub-sea tunnel project in complex ground conditions[J]. Challenges for the 21st century,1992,(3):137-145.

[84] Heinz D. Challenges to Tunnelling Engineers [J]. Tunnelling and Underground Space Technology,1996,11(1):5-10.

[85] 左藤久,田中胜雄. 日本隧道工程的发展和灾害情况的统计[J]. 先明其译. 隧道及地下工程,1998,(4):9.

[86] 先明其. 隧道工程灾害事例调查报告[J]. 隧道译丛,1994,(5):63.

[87] Reilly J J. The management process for complex underground and tunneling projects[J]. Tunnelling and Underground Space Technology,2000,15 (1):31-44.

[88] Clark G T,Borst A. Addressing risk in Seattle's underground[J]. PB Network,2002,(1):34-37.

[89] Søren Degn Eskesen,Per Tengborg,Jorgen Kampmann,et al. Guidelines for tunnelling risk management:International Tunnelling Association,Working Group No. 2 [J]. Tunnelling and Underground Space Technology. 2004,19(3):217-237.

[90] Reilly J,Brown J. Management and control of cost and risk for tunneling and infrastructure projects[C]. Proceedings of the30th ITA-AITES World Tunnel Congress,2004:22-27.

[91] 黄宏伟. 隧道及地下工程建设中的风险管理研究进展[J]. 地下空间与工程学报,2006,(01):13-20.

[92] 范益群. 地下工程深基坑施工过程安全性分析若干理论问题研究及其工程应用[D]. 大连:大连理工大学,1998.

[93] 黄慷,杨林德. 崇明越江盾构隧道工程耐久性失效风险研究[J]. 现代隧道技术,2004,41(2):8-13.

[94] 陶履彬. 工程风险分析理论与实践-上海崇明越江通道工程风险分析[M]. 上海:同济大学出版社,2006.

[95] McFeat-Smith I,Harman K W. IMS risk evaluation system for financing and insuring tunnel projects[J]. Tunnelling and Underground Space Technology,2004,19(4-5):334.

[96] 陈龙. 盾构隧道施工期风险分析与评估研究[D]. 上海:同济大学,2004.

[97] 杨林德,黄慷. 水底隧道管片构件耐久性失效风险研究[J]. 地下空间与工程学报,2004,

24(1):1-6.
[98] 陶履彬,张奎鸿,汪炳鑑.长江口越江工程桥隧方案比选风险评估[J].上海公路,2004,(1):43-47.
[99] 苏燕,周健.隧道抗震风险评估初探[J].福州大学学报(自然科学版),2004,32(1):65-68.
[100] 王岩,黄宏伟.地铁区间隧道安全评估的层次-模糊综合评判法[J].地下空间与工程学报,2004,24(3):301-305.
[101] 黄宏伟.隧道及地下工程建设中的风险管理研究进展[C].2005 全国地铁与地下工程技术风险管理研究会论文集 2005.
[102] 黄宏伟,朱琳,谢雄耀.上海地铁 11 号线关键节点工可阶段工程风险评估[J].岩土工程学报,2007,29(7):1103-1107.
[103] 闰玉茹,黄宏伟,胡群芳,等.大连湾海底隧道钻爆法施工风险评估研究[J].岩石力学与工程学报,2007,26(S2):3616-3624.
[104] 尤建新,谭旋,杜学美.以风险管理为核心的地铁工程一体化体系整合[J].地下空间与工程学报,2006,2(1):28-31.
[105] 姚浩,周红波,蔡来炳,等.软土地区土压盾构隧道掘进施工风险模糊评估[J].岩土力学,2007,28(8):1753-1756.
[106] 沈荣喜,吴秀仪,刘长武,等.海底隧道施工过程中突水风险研究[J].武汉理工大学学报(交通科学与工程版),2008,32(3):385-388.
[107] 李剑.基于模糊综合评价的水中悬浮隧道风险分析[J].地下空间与工程学报,2008,4(2):383-386.
[108] 赵延喜,徐卫亚.基于 AHP 和模糊综合评判的 TBM 施工风险评估[J].岩土力学,2009,30(3):793-798.
[109] 刘丹,杨立中.利用环境同位素预测秦岭特长隧道的突水风险[J].西南交通大学学报,2003,38(6):629-632.
[110] 韩行瑞.岩溶隧道涌水及其专家评判系统[J].中国岩溶,2004,23(3):213-218.
[111] 白明洲,许兆义,王连俊,等.深埋隧道岩溶突水灾害的地质条件研究[J].铁道工程学报,2006,3:21-24.
[112] 白明洲,许兆义,王连俊,等.复杂岩溶地区隧道施工突水地质灾害研究[J].中国安全学报,2006,16(1):114-118.
[113] 李冰,白明洲,许兆义.宜万铁路野三关隧道施工期岩溶灾害危险性分析与安全对策研究[J].中国安全学报,2006,16(1):114-118.
[114] 杜毓超,韩行瑞,李兆林.基于 AHP 的岩溶隧道涌水专家评判系统及其应用[J].中国岩溶,2009,28(3):281-287.
[115] 张庆松,李术才,韩宏伟,等.岩溶隧道施工风险评价与突水灾害防治技术研究[J].山东大学学报(工学版),2009,39(3):106-110.
[116] 匡星,白明洲,王成亮,等.基于模糊评价方法的隧道岩溶突水地质灾害综合预警方法[J].公路交通科技,2010,27(11):100-103.

[117] 毛邦燕,许模,蒋良文. 隧道岩溶突水、突泥危险性评价初探[J]. 中国岩溶,2010,29(2):183-189.

[118] 许振浩,李术才,李利平,等. 基于层次分析法的岩溶隧道突水突泥风险评估[J]. 岩土力学,2011,32(6):1757-1766.

[119] 李利平,李术才,陈军,等. 基于岩溶突涌水风险评价的隧道施工许可机制及其应用研究[J]. 岩石力学与工程学报,2011,30(7):1345-1354.

[120] LI Shucai, ZHOU Zongqing, Li Liping, et al. Risk assessment of water inrush in karst tunnels based on attribute synthetic evaluation system [J]. Tunnelling and Underground Space Technology, 2013, 38:50-58.

[121] LI Xueping, LI Yunan. Research on risk assessment system for water inrush in the karst tunnel construction based on GIS: case study on the diversion tunnel groups of the Jinping Ⅱ Hydropower Station[J]. Tunnelling and Underground Space Technology, 2014, 40:182-191.

[122] 朱珍,王旭春,袁永才,等. 基于加权平均法的岩溶隧道突涌水风险评估[J]. 公路工程,2015,40(6):51-54.

[123] YANG Xiaoli, ZHANG Sheng. Risk assessment model of tunnel water inrush based on improved attribute mathematical theory [J]. Journal of Central South University, 2018, 25(2):379-391.

[124] 黄鑫,李术才,许振浩,等. 暗河发育区隧道选线与突涌水灾害预控分析[J]. 中国公路学报,2018,31(10):101-117,140.

[125] 米契尔. 商业循环问题及其调整[M]. 陈福生,陈振骅,译. 北京:商务印书馆,1962.

[126] 朱应庚,王锟,哈伯勒. 繁荣与萧条[M]. 北京:商务印书馆,1963.

[127] 张泽厚. 中国经济波动与监测预警[M]. 北京:中国统计出版社,1992:56-62.

[128] 第42届联合国大会第169号决议[J]. 中国减灾,1991,1:11-12.

[129] 第44届联合国大会. 国际减轻自然灾害十年国际行动纲领[J]. 中国减灾,1991,1:12-14.

[130] Smith K. Environmental hazards: assessing risk and reducing disaster[M]. Routledge, London, 1996.

[131] Twigg J. The human factor in early warnings: Risk perception and appropriate communications [J]. Springer, 2003:19-25.

[132] 余昆. 成昆线南段泥石流预警系统的研制和应用[J]. 铁道工程学报,1986,3 (4):206-209.

[133] 刘传正. 关于地质灾害涵义及其分类分级的探讨[J]. 中国地质灾害与防治学报,1994,5(S1):398-401.

[134] 刘传正. 地质灾害预警工程体系探讨[J]. 水文地质工程地质,2000,27(4):1-4.

[135] 刘传正. 区域滑坡泥石流灾害预警理论与方法研究[J]. 水文地质工程地质,2004,31(3):1-6.

[136] 刘传正. 突发性地质灾害的监测预警问题[J]. 水文地质工程地质,2001,28(2):1-4.

[137] 廖育民. 地质灾害预报预警与应急指挥及综合防治实务全书[M]. 哈尔滨:哈尔滨地图

出版社,2003.
[138] 佘廉,姚志勋,茅荃.公路交通灾害预警管理[M].石家庄:河北科学技术出版社,2004.
[139] 佘廉,李睿,李红九.铁路交通灾害预警管理[M].石家庄:河北科学技术出版社,2004.
[140] 佘廉,王超,陈胜军,等.水运交通灾害预警管理[M].石家庄:河北科学技术出版社,2004.
[141] 李红杰,吴荣俊,许永胜,等.采掘业灾害预警管理[M].石家庄:河北科学技术出版社,2004.
[142] 刘志刚,赵勇.隧道隧洞施工地质技术[M].北京:中国铁道出版社,2001.
[143] 隋海波,程久龙.矿井工作面底板突水安全预警系统构建研究[J].矿业安全与环保,2009,36(1):58-60.
[144] 霍灵军,张炜,王志山.余吾煤业公司奥灰突水水质分析预警系统的开发及应用[J].煤,2008,17(9):4-6.
[145] 高延法,章延平,张慧敏,等.底板突水危险性评价专家系统及应用研究[J].岩石力学与工程学报,2009,28(2):253-258.
[146] 胡子平.复杂岩溶隧道突水突泥防灾报警系统设计[J].现代隧道技术,2007,44(6):48-54.
[147] 马士伟,梅志荣,张军伟,等.岩溶隧道涌突水灾害预警与防治技术[J].山东大学学报(工学版),2009,39(04):12-16.
[148] 杨寅静.岩溶区隧道突水地质灾害的临界预警特征研究[D].北京:北京交通大学,2011.
[149] 孙荣波.岩溶隧道突水突泥预警机制研究[J].建筑技术开发,2015,42(03):28-33.
[150] 王成亮.铁路隧道岩溶突水灾害风险识别与预警方法研究[D].北京:北京交通大学,2015.
[151] 王升.隧道突涌水灾害区域性动态风险评估与预测预警及工程应用[D].济南:山东大学,2016.
[152] 佟淑娇,林秀丽,陈宝智.地铁土建施工隧道防坍塌应急演练[C].中国职业安全健康协会2007年学术年会论文集,2007:394-397.
[153] 柳孝荣,陈程.隧道工程塌陷事故应急救援的实践[J].建筑安全,2008,(11):17-20.
[154] 杨培中,金先龙,任中.隧道火灾数值仿真与应急响应研究[J].东华大学学报(自然科学版),2008,34(03):249-254.
[155] 叶英.隧道施工不良地质应急预案研究[J].中国地质灾害与防治学报,2009,20(02):60-64.
[156] 叶英.隧道施工实时预警与应急响应系统研究[J].市政技术,2009,27(06):599-602.
[157] 刘辉,张智超.公路隧道施工危险源辨识与应急预案[J].工业安全与环保,2009,35(01):45-47.
[158] 柳林超.盾构隧道施工灾害(安全)评估和灾害应急处治系统研究[D].重庆:重庆交通大学,2010.
[159] 宋福渊,耿冬青.城市地铁隧道施工中的应急措施研究[J].西部探矿工程,2011,23

(04):155-157,160.
[160] 蔡广逸.隧道施工中若干安全问题解决方法研究[D].西安:长安大学,2013.
[161] 祝河清.浅谈隧道安全应急演练的组织与实施[J].科技视界,2014,(03):299-300.
[162] 魏世玉.地铁隧道施工中应急监测解决方案研究[J].测绘工程,2014,23(04):72-75,80.
[163] 张姬.公路隧道施工危险源辨识及应急预案剖析[J].建材与装饰,2016,(18):237-238.
[164] 何水源.浅析高速公路隧道施工安全管理及应急处置能力[J].黑龙江交通科技,2019,42(07):180-181.
[165] 陈科.七曜山隧道"特大突泥突水灾害"应急救援成功处置的经验和启示[J].四川水泥,2019,(04):306,317.
[166] 董爱斌,张慧敏.浅谈地铁高瓦斯隧道施工中的应急管理[J].四川水力发电,2019,38(S1):28-31.
[167] 王四伟.富水富砂断层隧道施工安全措施及应急救援技术[J].中国标准化,2019,(04):66-67.
[168] 黄木林,孙嘉明.108 国道大普吉隧道的地质特征及其岩溶地下水的处治[J].云南交通科技,2000,16(03):35-39.
[169] 罗昭辉,李勇.渝合高速公路尖山子隧道岩溶涌水段处治设计[J].公路交通技术,2001,(03):51-53.
[170] 刘汝明,吴华金,鲁志强,等.嵩待公路岩溶的勘察与处治[J].云南交通科技,2002,18(02):22-27.
[171] 杨丽若,李德宏.牛角山隧道岩溶处治措施[J].公路隧道,2007,(01):43-47.
[172] 吴跃华,郑极新.隧道岩溶与处治技术探讨[J].西部探矿工程,2007,19(09):154-156.
[173] 范波.垫邻高速公路铜锣山隧道岩溶地段施工技术研究[D].西安:长安大学,2008.
[174] 雷华,李志厚,周应新,等.湾田 3 号隧道岩溶处治方案设计[J].公路,2009,(04):41-45.
[175] 陈扬勇,肖了林,徐林生.施家梁隧道 K44 +090 岩溶水处治设计[J].公路交通技术,2009,(S1):133-138.
[176] 吴臻林,侯继荣,怀超,等.Douar Sidi Yahia 岩溶的发育特征及处治措施[J].中外公路,2009,29(03):304-306.
[177] 赵向阳.鹰嘴岩隧道岩溶突水探测及处治技术[J].公路交通技术,2010,(01):109-112.
[178] 王珏,王浩.渝湘高速公路彭武段长滩隧道大型溶洞处治[J].公路交通技术,2010,(02):104-109.
[179] 薛斌,申志军.宜万铁路隧道岩溶规模化处治技术[J].铁道标准设计,2010,(08):68-72.
[180] 朱海涛.齐岳山隧道衬砌水压力特征与岩溶处治技术研究[D].北京:北京交通大学,2011.

[181] 田军,杨献章.羊角脑隧道施工时的岩溶灾害及处治[J].公路工程,2011,36(02):129-132.
[182] 王木群.岩溶对隧道工程的影响及岩溶处治技术研究[D].长沙:中南大学,2011.
[183] 杨兵.宜万铁路马鹿箐隧道岩溶灾害的工程处治技术[J].地下空间与工程学报,2011,7(03):581-586.
[184] 马栋.深埋岩溶对隧道安全影响分析及处治技术研究[D].北京:北京交通大学,2012.
[185] 杨秀飞.高速公路隧道大型复杂岩溶坍塌涌泥处治实例分析[J].黑龙江交通科技,2012,35(06):91-92.
[186] 董志明,郑鹏武.大直径自进式锚杆在隧道工程岩溶处治中的应用[J].现代隧道技术,2013,50(02):187-191.
[187] 程邦富.充水溶洞对隧洞施工的影响及岩溶的治理技术研究[D].成都:西南交通大学,2013.
[188] 郭明.隐伏溶洞对隧道围岩稳定性的影响规律及鄂西山区岩溶处治技术研究[D].济南:山东大学,2014.
[189] 张建国.鸡口山岩溶隧道处治方法适用性模拟对比分析[J].隧道建设,2014,34(08):731-736.
[190] 孙柏林,王升,徐学军,等.岩溶区隧道充填型溶洞的塌方处治优化研究[J].公路工程,2015,40(05):187-192.
[191] 李建伟.华北丘陵区某隧道岩溶发育特征及处理措施研究[J].铁道标准设计,2017,61(04):116-120
[192] 田珂.中坝岩溶隧道突水突泥施工处治技术研究[D].成都:西南交通大学,2018.
[193] 朱俊霖.近水平向充泥型溶洞对隧道围岩稳定性影响及处治技术研究[D].成都:成都理工大学,2018.
[194] 张文峰.穿越巨型溶腔铁路隧道回填路基沉降机理研究[D].济南:山东建筑大学,2019.
[195] 刘彦波.荷香隧道穿越岩溶暗河处治设计[J].西部探矿工程,2019,31(10):191-193,196.
[196] 张之淦.岩溶发生学—理论探索[M].桂林:广西师范大学出版社,2006.
[197] 任美锷,刘振中.岩溶学概论[M].北京:商务印书馆,1983.
[198] 许振浩,李术才,李利平,等.基于风险动态评估与控制的岩溶隧道施工许可机制[J].岩土工程学报.2011,33(11):1714-1725.
[199] 张英俊,缪钟灵,王建全等.应用岩溶学及洞穴学[M].贵阳:贵州人民出版社,1985.
[200] 袁道先.中国岩溶学[M].北京:地质出版社,1994.
[201] 刘光亚.基岩地下水[M].北京:地质出版社,1979.
[202] 李术才,许振浩,黄鑫,等.隧道突水突泥致灾构造分类、地质判识、孕灾模式与典型案例分析[J].岩石力学与工程学报,2018,37(05):1041-1069.
[203] 黄鑫,许振浩,林鹏,等.隧道突水突泥致灾构造识别方法及其工程应用[J].应用基础与工程科学学报,2020,28(01):103-122.

[204] 葛颜慧,李术才,张庆松,等. 基于风险评价的岩溶隧道综合超前地质预报技术研究[J]. 岩土工程学报,2010,32(07):1124-1130.

[205] 周轮. 基于位移监测的隐伏溶洞预测方法及围岩变形特征分析[D]. 济南:山东大学,2017.

[206] 郭明. 隐伏溶洞对隧道围岩稳定性的影响规律及鄂西山区岩溶处治技术研究[D]. 济南:山东大学,2014.

[207] 刘招伟,张民庆,王树仁. 岩溶隧道灾变预测与处治技术[M]. 北京:科学出版社,2007.

[208] 朱海涛. 齐岳山隧道衬砌水压力特征与岩溶处治技术研究[D]. 北京:北京交通大学,2011.

[209] 王之汉,李卧东,李启光,等. 岩爆预测的模糊数学综合评判方法[J]. 岩石力学与工程学报,1998,17(5):493-501.

[210] 刘端伶,谭国焕,李启光,等. 岩石边坡稳定性和Fuzzy综合评判法[J]. 岩石力学与工程学报,1999,18(2):170-175.

[211] 许传华,任青文. 地下工程围岩稳定性的模糊综合评判法[J]. 岩石力学与工程学报,2004,23(11):1852-1855.

[212] 刘伟韬,张文泉,李加祥. 用层次分析-模糊评判进行底板突水安全性评价[J]. 煤炭学报,2000,25(3):278-282.

[213] 刘伟韬,李加祥,张文泉. 顶板涌水等级评价的模糊数学方法[J]. 煤炭学报,2001,26(4):399-403.

[214] 王彩华,宋连天. 模糊论方法学[M]. 北京:中国建筑工业出版社,1988.

[215] 肖盛燮. 模糊数学与工程应用[M]. 成都:成都科技大学出版社,1993.

[216] 赵焕臣,许树伯,和金生. 层次分析法-一种简易的新决策方法[M]. 北京:科学出版社,1986.

[217] 秦寿康. 综合评价原理与应用[M]. 北京:电子工业出版社,2003.

[218] 黄顺康. 公共危机预警机制研究[J]. 西南师范大学学报(人文社会科学版),2006,32(6):115-119.

[219] 张曹力. 关于我国公共危机预警机制的研究[D]. 成都:西南交通大学,2007.

[220] 杨军. 关于防灾减灾预警机制及预警工程的若干讨论[J]. 防灾减灾工程学报,2003,23(2):1-9.

[221] 张维平. 突发公共事件社会预警机制的建构基础[J]. 西安交通大学学报(社会科学版),2006,26(1):14-17.

[222] Deful P L, Kaszuba M. Implementing the precautionaryprinciple [J]. The Science of the Total Environment,2002,288(1-2):155-165.

[223] 董华,张吉光. 城市公共安全-应急与管理[M]. 北京:化学工业出版社,2006.

[224] Kostas G. Zografos,Teti Nathanailand Panos Michalopoulos. Analytical Framework for Minimizing Freeway-Incident Response Time [J]. Journal of Transportation Engineering. 1993,119(4):535-549.

[225] Fraser-Mitchell,J. N. An object-oriented simulation (CRISP Ⅱ) for fire risk assessment. Fire

Safety Science,1994,4:793-804.

[226] Fiedrich,F. Gehbauer,U. Rickers. Optimized resource allocation for emergency response after earthquake disasters[J]. Safety Science,2000,35:41-57.

[227] 付恩俊,唐安东. 井下火灾期间最佳避灾路线的选择[J]. 煤矿安全,2006,37(10):32-34.

[228] 肖国清,温丽敏,陈宝智. 基于遗传算法的毒气泄漏时最佳疏散路径的研究[J]. 湘潭矿业学院学报,2001,16(4):9-11.

[229] 刘彦波. 岩溶富水地层隧道施工处治技术研究[D]. 重庆:重庆交通大学,2008.

[230] 许振浩,李术才,李利平,等. 一种典型的岩溶隧道衬砌压裂突水灾害成因与防治[J]. 岩石力学与工程学报,2011,30(07):1396-1404.

[231] 张霄,李术才,张庆松,等. 关键孔注浆方法在高压裂隙水封堵中的应用研究[J]. 岩石力学与工程学报,2011,30(07):1414-1421.